周易与百事

杜新会　著

新星出版社

前　言

周易是理，奇门遁甲是术。由周易派生出的术数有二百多种，清代官纂的《四库图书提要》肯定说："（遁甲）实乃《乾凿度》太乙行九宫之法也，于诸数术中，最有理致。"奇门遁甲能不能预测，是不是传统文化中的优秀文化，正是大家关心的问题。经过多年的研究，我认为北京大学于希贤教授说的"凡是能建立数理模型的知识，它一定是科学的"是正确的，而科学的理论是能够重复的。奇门遁甲就是一个能够重复的时空数理模型，它的理论依据是周易。因此，在中国传统的术数之中，奇门遁甲应该是最为靠近科学的一种数理模型分析预测的理论。本书的要点就是奇门遁甲术的预测原则，这些原则均是根据时空数理的内容含义去分析的。

我在中国联通石家庄分公司工作期间，有人曾经问过我："你在高科技公司工作，研究传统文化有什么收获?"我回答："最大的收获是把传统文化中的管理理念和管理方法运用到现代企业管理中去了。"一个企业如果单是运用西方的管理理念和管理方法管理企业，我认为是不够的，若再加上传统文化的管理思想，则如虎添翼。例如：领导为阳，员工为阴，领导和员工和谐了则团队精神就好，若领导属于集权式管理方法，什么事都是自己说了算，虽然员工听从领导的，但员工的积极主动性发挥不出来，不和谐，团队精神就不好，即便你说得对，团队作用也不会好。按照周易的原理，事物只有平衡了才能稳定，稳定了才能有规律的运动，企业才能更好的向前发展。企业是这样，家庭是这样，任何事物都是这样，这就是中国传统文化中“阴阳和谐”的道理，也是自然规律。

由于时代背景不同，文化的价值观随着时代发展而发生了巨大的变化，尤其是随着现代科学技术的发展，我们对传统预测之术确实需要科学的扬弃。

在中国古代，本来我们的先哲们发现、发明了许多具有深厚科学内涵的预测理论，但是，在宗天神学和谶纬神学主导的封建社会，这些很好的科学理论，大都披上了神学的外衣，愚弄民众，以达到神秘化。而当今时代，我们民族一些优秀的传统文化理论，必须运用现代科学给予解析和阐释，剖去封建迷信的伪装，展示科学合理的内核。

长期以来，我一直想在这方面作一些探索，为我们民族传统文化的扬弃作一些贡献。于是，我用实例验证、探索符合科学的奇门遁甲数理模型，运用科学的理论解析奇门遁甲的时空关系和相关信息。

我在出版了《奇门遁甲实例精解》、《周易与婚姻》、《周易与商战》和《周易与三十六计》四部书之后，在周易界产生了一定影响，关注的人越来越多。书中我对奇门遁甲的理论和实践进行了一些探索，实践证明奇门模型不是封建迷信，而是我们民族优秀传统文化中需要深入探索的领域。作为炎黄子孙，应继承和弘扬这门优秀文化。期间不断有人要求、鼓励我将研究的经验和心得写出来。我考虑再三，决定借鉴古人的著作，借用现代科学技术知识，写出自己在新时空条件下的运用体会，特别是对奇门遁甲模型的特点、事物的规律进行了一些理论上的探索。同时，也在实践中摸索出了一些若干事物预测的原则，并努力用现代语言和现代科学知识进行表达，目的是让我们民族优秀文化传承下去。一则，可以消除人们对传统数术神秘化的迷信心理；二则，用科学解答神秘文化，也使一些爱好者在研究时少走弯路。

本书中写了一些自己在研究奇门遁甲时的体会和心得，并在一些特殊的领域作了一些探究。譬如体育比赛、年运的判断、讨债等，特别是对于规避凶灾的分析和预测，我做了大胆的尝试，摸索出了一些预测和规避灾害的方法，还配了一些实践中的例题，供爱好者研究时参考。

目　录

前言　/1

第一部分　基础知识　/1

一、什么是周易　/1

二、周易与术数的关系　/3

三、时空数理模型的六个特点　/5

1. 它是以时间、空间、数理三大要素构成的模型　/5

2. 它是一个系统论的模型　/5

3. 它是一个宇宙全息模型　/6

4. 它是一个代入模型　/6

5. 它是一个运筹学的模型　/6

6. 它是一个体现宇宙运动规律的模型　/7

四、时空数理模型的内容　/9

(一)空间内容　/10

1. 河图、洛书　/10

2. 九宫八卦　/10

3. 阴阳五行　/16
（二）时间内容　/20
1. 天干、地支　/20
2. 二十四节气　/33
3. 六十甲子　/35
（三）数理内容　/38
（四）奇门时空数理运行规律　/39
1. 奇门时间运行规律　/39
2. 奇门空间运行规律　/44
3. 奇门时空数理模型的构成要素　/46
（五）格局　/55
（六）判断原则　/68
1. 主客论　/68
2. 定应期　/71
3. 判断方法　/72

第二部分　实例解析　/74

奇门彰显神威　美誉海外名扬　/74
一、战争风云　/77
美伊剑拔弩张　战争是否打响　/80
二、洪水灾害　/83
1. 预测气象灾害　是岁洪涝频发　/84
2. 地质凶灾难免　舟曲祸不单行　/88
三、刑事侦破　/90
1. 四用奇门之术　侦破诈骗要案　/92

2. 案起奸情蹊跷　难逃恢恢法网　/102
3. 运用奇门攻心　击溃对手防线　/105
四、出行吉凶　/112
1. 海啸肆虐泰国　是否还去星国　/114
2. 远行虽然平安　琐事麻烦不断　/116
3. 难阻出行之意　祸至追悔莫及　/120
4. 旅游不听规劝　幸而有惊无险　/124
五、寻踪觅人　/128
1. 姨夫驾车失踪　奇门断其大凶　/130
2. 家女外出未回　遭遇人犯拐卖　/134
3. 幼童失踪不归　稍待时日回返　/137
4. 少年逃学出走　究竟人躲哪方　/143
5. 英雄抢险遇难　借问奇门判断　/146
6. 工人报复厂长　无端哑女遭殃　/150
六、恋爱婚姻　/154
1. 虽是多日恋人　恐亦难定终身　/155
2. 预测女遇难产　不幸悲剧发生　/157
3. 女博士测身孕　求奇门指迷津　/160
七、吉凶祸福　/165
1. 一失足贪巨款　早坦白获从宽　/168
2. 惊显值符逢空　是岁性命难保　/174
3. 丈夫遭人诬陷　妻子奇门求援　/176
4. 敲诈凭空而至　测后相安无事　/179
5. 近期将有车祸　驾车需加谨慎　/181
6. 美容院遭诈骗　欲擒凶放长线　/183

7. 捉曹放曹有因　再次纠缠必然　/193
8. 只想见识奇门　答非所问见真　/198
八、求财得利　/205
1. 开矿投入巨资　结果得不偿失　/206
2. 开店环境不当　热闹几日关张　/208
九、牢狱官司　/211
1. 儿被警方传唤　为父焦虑不安　/213
2. 被拘缺少证据　近日便得回还　/215
3. 行长被囚一年　罪名难成获释　/217
十、职业生涯　/221
1. 调往县区工作　时在中秋前后　/224
2. 即将干部调整　自测三个职务　/226
3. 盼进步能理解　欲晋升没指望　/228
4. 请假要讲时辰　方能获得批准　/230
十一、升学考试　/232
1. 在美国考执照　遭质疑却顺利　/234
2. 儿考军事院校　母忧奇门来解　/237
3. 不知录取与否　测后心中宽慰　/239
4. 小李拜师匆匆　无奈高师出行　/242
十二、失物寻踪　/245
1. 丢款急煞老太　人老健忘无奈　/246
2. 夫人疏忽大意　银卡失而复得　/248
3. 柜中存款不见　孙儿如实交代　/250
4. 院长丢包懊悔　士兵拾金不昧　/253

十三、健康疾病 /256

1. 笑星突患中风 测后有惊无恐 /259

2. 女儿疑患绝症 母亲忧心忡忡 /261

3. 朋友暴病床前 预测后事凶险 /263

4. 有病不看医生 偏信巫术丧命 /265

十四、故障诊断 /269

1. 设备故障频频 技师如坐针毡 /270

2. 故障隐于何方 直指东南八十 /272

3. 除夕电视故障 何处寻找机师 /274

4. 车子前胎跑气 测得局长服气 /277

5. 断电不是唬人 有备方能无患 /280

6. 借助奇门判断 光缆故障时点 /283

十五、体育赛事 /286

1. 测世界杯大赛 料开局者必败 /287

2. 问世界杯决赛 今晚谁主沉浮? /289

3. 英雄飞越壶口 新郎壮举黄河 /291

十六、气象阴晴 /295

1. 阴雨连绵误工 老天何时放晴 /296

2. 难求晴空万里 开通仪式有雨 /298

十七、诸事百问 /300

1. 不懂手相抱歉 掌上格局灵验 /301

2. 思维模式不同 异意却是真理 /304

3. 老汉操劳够多 分家又起风波 /306

4. 疑惑真品赝品 起局一测即准 /309

5. 年轻酒后胆壮 闯祸隐情显现 /311

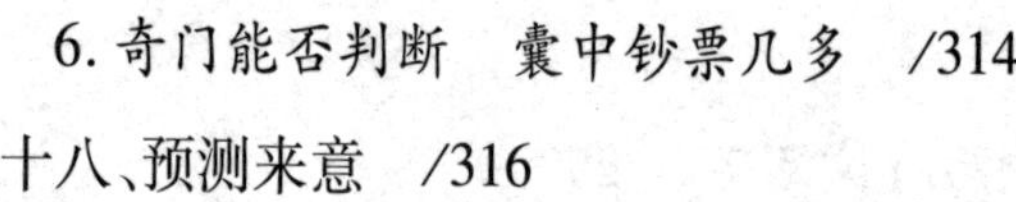

6. 奇门能否判断　囊中钞票几多　/314

十八、预测来意　/316

1. 来者尚未开口　预知何事相求　/318

2. 调动实乃上策　升迁还能发财　/320

3. 赵总何事求测　奇门一语道破　/322

十九、一局多断　/325

怀抱琵琶遮面　三女欲语难言　/326

二十、年运综断　/329

女老板测年运　无牵挂出国门　/333

二十一、误判错断　/339

粗心误断错判,认真才是根本　/339

后记　/341

第一部分　基础知识

一、什么是周易

有些人一提《易经》就想到八卦，想到八卦就和手拿鹅毛扇，身穿八卦道袍，留着山羊胡子的人联系起来，甚至少数人把周易与迷信画等号，好像周易和八卦就是恶魔，就是街头算命，在公开场合绝不敢提周易或八卦之类的词语，总怕影响自己的前程。殊不知《周易》虽然是远古的著作，但到今天，《周易》的思想已经成为我们每个人思想的一部分，很多日常用语都是从《周易》而来，比如说：正大光明、文过饰非、物极必反、自强不息、厚德载物、否极泰来、防微杜渐、反目成仇、乐天知命、不速之客、无妄之灾、立竿见影等。这些思想影响了我们每个中国人，而我们平常却没有察觉，也就是“百姓日用而不知”。

还有人讲：周易是一部算卦的书。古人讲“不读易不可为将相”。难道古代圣贤非要把一部算卦的书推崇为将相必读之书，并尊为中华民族的群经之首，是古代圣贤糊涂还是某些人无知？我们应该深思一下：清华大学校训“自强不息，厚德载物”来自八卦中的乾卦和坤卦，难道是错的。外国的学者对易经均有极高的评价，例如：1701 年，德国数学家莱布尼兹通过《周易》的两张图《伏羲六十四卦次序图和方位图》从而坚定了其

发明二进制的信心。事后，出于对周易文化的敬仰，他在德国法兰克福城创立了中国学院。

19世纪下半叶，日本在明治维新时期提出“不知《易》者，不得入阁”的组阁原则，掀起了学易用易的热潮。

黑格尔说：“《易经》包含着中国人的智慧。”

美国哲学家卡普拉说：“可以把《易经》看成是中国思想和文化的核心。权威们认为它在中国两千多年来所享有的地位只有其他文化中的《吠陀》和《圣经》可以相比。它在两千多年中，保持了自己的生命力。”

欧洲哲学权威C. G捷恩说：“谈到世界人类唯一的智慧宝典，首推中国的《易经》。在科学方面我们所得到的定律常常是短命的，或被后来的事实所推翻，唯独中国的《易经》，亘古常新，相延六千年之久依然具有价值，而且与最新的原子物理学有颇多相同的地方。”

1988年，75位诺贝尔金奖获得者在巴黎发表宣言称：“如果人类要在21世纪生存下去，必须回过头到二千五百年前去汲取孔子的智慧。”难道这些外国人也都是错的？有些中国人不懂自己民族的优秀文化，反而把自己民族的优秀文化看成是糟粕，我认为是不正确的。一个民族如果没有自己的文化，试想这个民族还能存在吗？

《周易》是什么？《周易》是我国现存最早、最具权威、最著名的一部经典著作，它作为群经之首与《诗》、《书》、《礼》、《乐》、《春秋》并称为六经。《周易》是中华文化乃至世界文化的瑰宝，作为中华文化的源头和主干，易道广大，无所不包。

《周易》由《易经》和《易传》两部著作组成。

《易经》由八卦变化而来的六十四卦卦画、卦名、卦辞、三百八十四条爻辞组成，一般认为是周文王所作。《易经》在世界上被称为三大经典著作之一。“易”就是变化，“经”就是方法，《易经》是一本阐述变化的经书，它是一部严谨的哲学著作。

《易传》由《彖》上、下，《象》上、下，《文言》，《系辞》上、下，

《说卦》,《序卦》,《杂卦》等七种十篇构成，故又称《十翼》，相传为孔子带领其弟子所作。1973 年长沙马王堆汉墓出土的帛书中就记载了孔子与弟子研讨《易经》的情况。

《易经》具有朴素的辩证观点，认为事物都具有阴阳两面，承认事物的对立面，承认事物的相互转化，认为事物发展到极点就会转向其反面。

《易传》以《易经》框架结构为表现形式，提出了一个包括天道、地道、人道在内的、关于自然和社会普遍规律的哲学思想体系。它认为天地万物存在或相吸引、或相排斥的关系，一切事物的复杂性和变动性都受阴阳对立统一规律的制约。《易传》将卦爻形式由神学启示录变为客观世界图式，这是质的飞跃！伟大的转变！

二、周易与术数的关系

《周易》是理，术数是方法，中国术数的理论依据是《周易》，术数的原理基本是易经的八卦与阴阳五行。如果把中华文化比喻为一棵树的话，易经就是这棵树的根，而术数则成为了世人眼中最耀眼的果实，它不断汲取和运用着根的精华。如果没有毁誉参半的术数，易经也不会变得这么神秘，而脱离了易经只谈术数，又使得术数成为了无源之水和无根之木，易经和术数互为表里，彰显着古人的无上智慧。

数的模式是世界万物最基本的存在秩序，简单说，数是所有物质的排列秩序，它是由自然规律决定的。万事万物都遵守自己的规律，而易经是所有规律的根本，它能够提供给人们解决问题的思路，是能够解决任何问题的指导方法，能够提供给人们解决自己所面临问题的方法。易经的基本知识就是时空和阴阳五行，是用定位和归类分析的方法来模拟万事万物发展变化的规律，它的工具是“阴阳”和“五行”，而阴阳五行实际上就是一种归类分析的方法，它能够把任何事物进行归类分析，其小无内，其大无外；基本的思路是“时间”和“空间”定位的方法，是一种确定分析

对象范围的思路。

术数一直是中华传统文化的重要组成部分，并且曾经是我国历史上社会生活中的时尚，诸如天文、历法、数学、星占、太乙、六壬、奇门、运气、占候、卜筮、命理、相法、堪舆、择吉、杂占、养生术、房中术、杂术等等都属于术数的范畴，而预测术又是术数的主要成分。

就预测术来说，据不完全统计，由《周易》理论衍生出二百多种预测术，有简有繁，有精华有糟粕。我们大致把它分为上、中、下三类，不难看出，三式是最高层次的预测术。三式是什么？首先说式就是圆盘，是古人根据不同的术制作的圆盘占卜工具。三式即太乙术、奇门术和六壬术，自古就流传“太乙明天道，六壬知人事，奇门晓地理”的说法，并且为历代谋略之士所公认。

不可否认少数人为了混口饭吃或为了经济利益，了解了一点易经的知识就打着《周易》的牌子，做一些故弄玄虚或迷信的事情，鱼龙混杂，这也是难免的，真正的研究者或“大家”不会去到街头为人算命挣钱的！

在诸多术数中，奇门遁甲是一种非常严密的时空数理模型，它以时间入手，通过空间数理分析进行预测，验证率非常高，历来被认为是中国古代预测学中最高深的学问之一。它是数术中一门最高层次的预测术，也是古代天文学者的必修课，号称“帝王之术”。民间也一直流传着“学会奇门遁，来人不用问”的传说。

奇门遁甲运用《周易》的思想方法和理论观点，把事物发展变化的条件概括为天、地、人及影响人类生产生活的某些能量场四个方面，以天体运行和地球运转的规律揭示事物发展的道理，概括出阴阳十八种基本格局，并结合天文历律和阴阳五行的生克制化原理，推测事物的发展趋势和发展结果，来指导人们的行动。

什么叫奇门遁甲？“奇”就是十天干中的乙丙丁三个符号；“门”就是开休生伤杜景死惊八个门，也就是八个符号；“遁甲”就是把十天干中的甲隐藏于戊己庚辛壬癸六仪之下，如甲子隐于戊之下，甲戌隐于己之下。奇门遁甲是时空数理模型，是时空数理公式，这个公式是由九宫八卦等符号组成，它可以预测事物的变化规律。实践是检验真理的惟一标准，笔者通过大量的实践认为：古人创建该模型的理论依据是《周易》，这个模型是能够认识事物规律的。

三、时空数理模型的六个特点

奇门遁甲模型有一整套系统的代入符号，借助模型中的符号进行分析，可以寻找到事物的规律性。北大于希贤教授讲："凡是能建立数理模型的知识，它一定是科学的。"而科学的知识是能够重复的。《四库全书》中认为奇门遁甲"于诸数术中，最有理致"。它为什么最有理致？为什么是能认识事物规律的模型？我认为从以下六点可以看出。

1. 它是以时间、空间、数理三大要素构成的模型

这个模型的架构是多维的、立体的、运动的。三者之间互相联系，互相渗透，时间中有空间和数理，空间中有时间和数理，数理既是时间也是空间。其预测原理是从时间切入，空间比对，数理分析对模型的千变万化的信息进行组合分析。遁甲模型依洛书而建，九宫纵横及对角之和均为十五，模型用数显示了宇宙的均衡性和相对稳定的的秩序。宇宙间任何事物均衡了才能相对稳定，稳定了才能形成秩序，没有秩序就没有规律，没有规律则无法认识事物，更无法预测事物发展变化。

2. 它是一个系统论的模型

奇门遁甲是一个系统论的模型，该模型就是一个符号系统，这个符号系统含有八卦九宫、天干地支、二十四节气、六十甲子、八神、九星、八门符号。奇门遁甲模型把一个物体或事物分为九宫，把九宫看成是一个整体或全局，九个宫每一个宫又可为单元或局部，而每一个宫内的符号又为

元素或因子。按照事物的规律“一事物与它事物有着必然的内在联系”，奇门遁甲中每一个用神符号的状态都会影响到全局。

3. 它是一个宇宙全息模型

山东大学张颖清教授于1985年创立了“生物全息论”，进而发展为宇宙全息论，该理论是一种广泛存在于物质世界、自然界和人类社会文化的普遍法则。这一理论认为：全息系统与全息单位、全息元素之间存在着全息关系，宇宙间任何事物都是全息的。如：一根人的头发写有该人的全部信息；又如：一头牛的单细胞可以克隆出一头牛来。实践证明，奇门遁甲模型就是一个宇宙全息模型，该模型是一个全息系统，该系统中的九宫分别为全息单位，宫中的每一个符号又是全息单位中的全息元素。它们之间互相联系，互相作用，存在着全息关系。实际操作中，从奇门遁甲模型中的相关符号、相关单位可以反映出整个系统的信息，所以，奇门遁甲是一个能够预测事物发展变化的模型。

4. 它是一个代入模型

模型就如代数式一样，把想预测之事的相关符号代入奇门模型中进行分析，便可得出不同的结果。如测官司，奇门遁甲规定，值符代表原告，天乙代表被告，开门代表法官等，根据它们空间的五行生克状态，就可以预测胜败。通俗地说就是把符号人格化，把代表各类的人和事换成符号，然后按照奇门遁甲的时空规律把这些符号放在模型的各个不同位置，再进行旺衰生克分析，则可得出它们之间的相互关系。

5. 它是一个运筹学的模型

奇门遁甲是充满智慧的模型，也是指导人们沿着事物规律运动的模型，更是运筹学的模型。通俗地说，从若干个方法中选取一个最简洁或最有效的方法，这就是运筹学。模型的符号告诉我们，策略上是进攻还是防守？与对手谈判时是先发制人还是后发制人？打官司如何才能取胜？竞标时怎样谋划才能成功？讨债时对欠债人采取什么策略对方才会还债？依据模型符号可以运筹事情的成败，这些都是奇门遁甲体现出来的运筹学的特点，彰显出了帝王之学的神奇力量。

6. 它是一个体现宇宙运动规律的模型

它含有事物的八大自然规律，即阴阳规律、对立统一规律、运动规律、阴阳互含规律、量变到质变规律、物极必反规律、波浪式前进规律和周期规律。唯物主义认为：世界是物质的，物质是运动的，运动是有规律的，规律是可以认识的。奇门遁甲模型是可以认识事物发展变化规律的模型。

下面我们具体分析一下自然界这八大规律。

（1）阴阳规律

阴阳是对自然界相互联系的某些事物和现象对立双方的概括，它象征并说明了宇宙中万物变化现象的刚、柔、动、静的性质与作用。阴阳是事物的基本规律，任何事物都有阴阳，比如说男为阳、女为阴；领导为阳、员工为阴；房子有阳面有阴面，数字有奇数偶数，电池有正极负极，态度积极为阳，消极为阴。奇门遁甲模型分阴阳，九个宫阴阳各占一半，每宫符号属性也分阴阳，阴阳是物质的本质。

（2）对立统一规律

任何事物都是由阴阳两个方面组成的，它们既对立又统一。例如正常的家庭有男有女，才组成了家庭。按照周易的理论，任何事物都是孤阳不长，孤阴不生，任何事物要想繁衍发展，阴阳必须统一到一起。奇门遁甲模型九个宫阴阳符号各半，由对立的阴阳属性符号组成各自的系统，缺一不可。如天干的符号分阴阳，它们既对立又统一，组成天干系统。

（3）运动规律

运动是绝对的，静止是相对的。在物质世界里，钢铁、玻璃、地面貌

似不动，但它们实质都是在运动的，它们的内部结构都由原子组成的，原子里电子围绕着质子高速运转，永不停息。世界是物质的，物质是运动的。奇门遁甲模型是时空模型，两小时变换一局，宫中的所有符号也随之变动。一年可演变4320局。因此，它是有规律运动的模型。

（4）普遍联系规律

世界上的万事万物都是普遍存在联系的，任何事物都受其他因素的影响。比如说，花草的生存与生长是受土地、水和阳光影响的；又比如，一个人的任何决策都会影响到他今后的发展。这就是《易经》中具有丰富普遍联系的思想。《易经》中关于联系的观点反映了人们对于当时的自然和社会中处于相互联系的各种事物和现象的认识。奇门遁甲模型也具有这一规律，它的任何符号都是有机地联系在一起的。如代表某种事物符号的旺衰、宫的生克等都是联系在一起的。

（5）量变到质变规律

事物的量经过一定过程，达到临界点的时候，它会产生质的变化。比如冬至夜最长、昼最短，但冬至以后，白天渐长，黑夜渐短；当时间运转到一定量的时候，即夏至时，它会产生质的变化，昼短夜长的过程就开始了。奇门遁甲模型因为符号的人格化，所以，宫中的吉凶符号也反映事物性质的变化。

（6）物极必反规律

事物发展到极点时就会向相反的方向转化。太极图里由黑变白，由白变黑就体现了这一规律，其他事物也不例外，奇门遁甲模型中如十天干达到帝旺时，就向相反的方向转化，接下来就变为衰、病、死、墓、绝。又如天盘丁加地盘丙，阴火加于阳火之上，极易出现乐极生悲之象。

（7）波浪式前进规律

太极图的曲线变化是波浪式的，不是直线变化的。任何事物都是同太极图一样，是波浪式变化的，比如股市、人生、植物等都是曲线变化的。奇门遁甲模型里天干的旺衰排列表，天干的十二状态就体现了这一规律。

（8）周期规律

天体变化是周期性的，比如说月亮围绕地球旋转、地球自转、公转。又如小草春天发芽，夏天茂盛，秋天枯萎，冬天死亡，周而复始。奇门遁甲时空模型两小时变一次符号，五天换一局等，也是周而复始，有序排列运动的。

上述八大规律适合于天体、自然、人类社会等万事万物，也适合于我们每一个人，我们每一个人的行为都应当遵守这八种规律。例如我在中国联通河北分公司人事部工作期间，在招聘人员的时候，一般主要问求职者一个问题，在学校任过什么职务。通过这个问题，可以看出他有没有组织能力。假如从小就开始担任学生干部的人，一般我会给他打高分。原因是一个人从小开始担任学生干部，他进入社会后，仍然会具有组织领导能力，这就是量变到质变的规律。

再如，人类不注意环境保护，大量砍伐森林，水土保持遭到破坏就会发洪水。不注意草原的保护和绿化，就会起沙尘暴；捕捉野生蛇过多，生物链遭到破坏，老鼠就会成灾；工业过分发展，不注意废气的排放，就引起温室效应。这些全是物极必反规律在环保方面的反映。

我认为最大的科学是自然规律，这八大规律是自然规律、大道之源，是所有事物的发展变化规律，它制约着万事万物，如果不遵循事物的规律办事，必会受挫。

四、时空数理模型的内容

奇门遁甲模型不是虚幻的，它是有空间、时间、数理内容的，而且是有规律运行的、能够重复的模型。

（一）空间内容

奇门遁甲模型的空间内容由河图、洛书、九宫八卦、阴阳五行组成。

1. 河图、洛书

河图、洛书是流传至今的周易八卦体系中重要的内容和组成部分。

中华民族的先人伏羲氏为了弄清日月星辰、季节气候、草木兴衰的变化规律，不断地对当时的事物进行观察。相传有一天，从黄河中忽然浮出了一匹“龙马”，他发现龙马身上的图案（河图）有一定的规律，与自己观察的事物有一定的相似之处。这个图有黑点有白点，一共55个，其中，白点25个，黑点30个。图最下边有1个白点和6个黑点，称为1、6水，最上边是2、7火，左边3、8木，右边4、9金，中央5、10土。这里就是五行生成数水火木金土。

后来洛河里出现一只神龟，龟背上有很多圆点符号，这就是洛书。伏羲氏得到这种天赐的符号，遂据以画成了八卦。洛书的图案圆点数是戴九履一，左三右七，二四为肩，六八为足。洛书确立了最早的“10进位制”。

2. 九宫八卦

九宫是奇门遁甲局的框架结构，它的依据是洛书，洛书每个部分的圆点和九宫的方格一一对应。九宫是由四正宫、四维宫和中宫组成的，也就好像把一个正方体横切两刀，竖切两刀。四正宫就是指位于模型的正左、正右、正上、正下这四个格。四维宫就是指左上、左下、右上、右下这四个位于角上的方格，而中宫就是指中间的那个格。奇门遁甲把任何事物都分成九个方块来看待，九个宫分别代表九个数，比如洛书中还把九宫比作人体各部位，其口诀是：戴九（头部）履一（下腹），左三右七（胸腰），

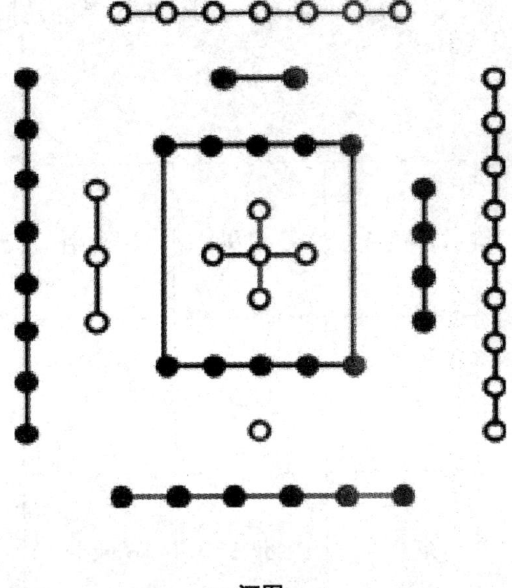

河图

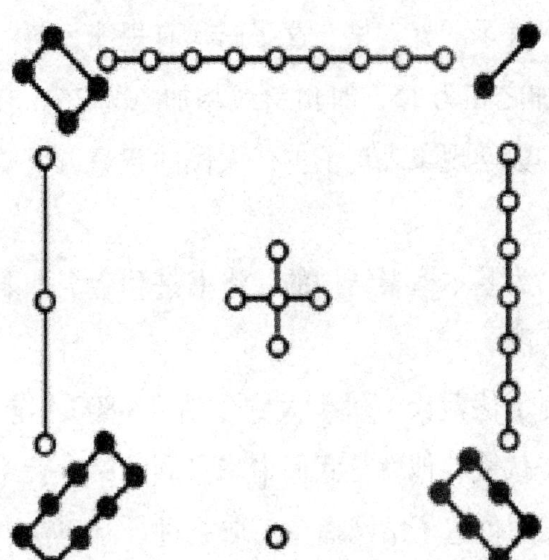

洛书

二四为肩（两臂），六八为足（两腿）。其他事物也是同样区分为九部分看待。

东南 4	南 9	2 西南
东 3	中 5	7 西
东北 8	北 1	6 西北

九宫八卦

这就是用数字表示的九宫格，这张图很有规律，每一横行数字相加之和为 15，竖行相加之和为 15，对角斜线相加也为 15。有人称它为数字的魔方，这种微妙的数学现象表现了古代人民的智慧，反映了古人对宇宙间事物平衡性的看法。

九宫是以洛书为基本框架结构的，洛书是和后天八卦对应的，我们一般称它为九宫八卦图。

八卦最早起源于伏羲氏，伏羲大约生活在 6800 年前，我们常说“三皇五帝”之首就是伏羲，他就是我们中华民族的第一代帝王，之后才是黄帝和炎帝。伏羲发明创造了结网捕鱼、取火种、制历法、创乐器、造书契等。传说发洪水期间，伏羲和其表妹女娲乘坐葫芦漂流到现河北省新乐市的伏羲台北侧，在一块像葫芦的高地处，他们停留下来，之后结为了夫妻。从此中华民族第一个家庭诞生了，社会也由母系社会转为了父系社会。伏羲依据河图、洛书画出了先天八卦。

先天八卦图如下：

先天八卦实际是把宇宙的事物和现象归纳为八类，八卦代表了真实的空间结构，是概括天地自然的一种模式图，主要是讲对峙。八卦代表的天—地、风—雷、山—泽、水—火八类物象分为四组，以说明它的阴阳对峙关系。

乾、坤两卦对峙，称为天地定位；乾卦是天，我们仰头一看，天总是在上面，坤卦是地，地总是踩在脚下。

震、巽两卦对峙，称为雷风相薄，即震巽相薄。这里的相薄，指震、巽二卦相互薄气，相互轻薄，相互看不起，相互不服气。

艮、兑两卦相对，称为山泽通气，宇宙万物只有相互通气、相互依存才能更好的向前发展。

坎、离两卦相对，称为水火不相射。离卦代表太阳，坎卦代表月亮，太阳和月亮交替出现。

到了商末时，自然环境就发生了更大的变化，地理与气候与先天八卦方位不一致。当时商纣王把西伯侯姬昌，也就是后来的周文王关押到了河南的羑里监狱，一关就是七年。人在逆境条件下创造性更强，在这七年里周文王根据当时的天文地理变化情况创造了后天八卦，这就是人们常说的“文王八卦”。

后天八卦周期循环，表示阴阳的相互作用。后天八卦图是从万物的生、长、收、藏中得出的规律，即万物的春生，夏长，秋收，冬藏。

后天八卦图如下：

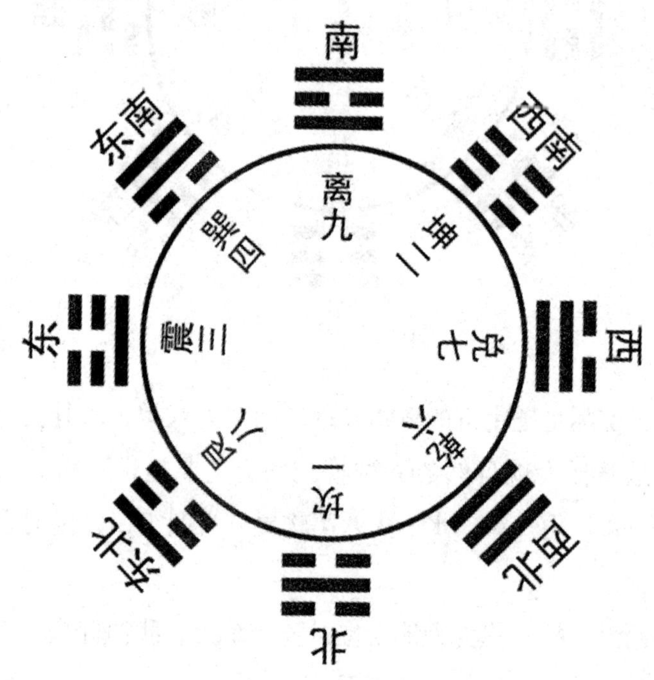

古人把大自然界的万事万物都用八卦来表示，并代表不同的事物状态：

乾卦五行属金。乾为天、代表父亲，老年男子或排行老大的人，性格刚健，为西北方或大城市之人，肤色较白，多在政府机关或科室工作。旺相家庭富有，城市或名门大家之人，聪慧俊秀之人，衰弱孤苦无依。旺相气质高雅，家有权势，衰弱失势。代表数字是一（先天八卦数）、六（后天八卦数)、四（五行金数)、九（五行金数)。

坎卦五行属水。坎为水，代表中年男性或为中间排行的男子，北方之人，肤色稍黑，从事公务员或企业中的机关工作。旺相自在悠闲，衰弱风流。代表数字是六（先天八卦数)、一（后天八卦数)。

艮卦五行属土。艮为山，代表少年男子或排行最小的男子，东北方之人，肤色较白，春天测婚不利，从事保险、金融或建筑行业。旺相较胖，衰弱矮跛。代表数字是七（先天八卦数)、八（后天八卦数)、五（五行土数)、十（五行土数)。

震卦五行属木。震为雷，代表长男或家中排行老大的人，东方之人，肤色中等，秋天不宜测婚，多在工厂工作或从事运输、建筑、机械、体育等工作。旺相神气潇洒，衰弱性急易冲动、多病、落寞、憔悴。代表数字是四（先天八卦数)、三（后天八卦数和五行木数)、八（五行木数)。

巽卦五行属木。巽为风，代表年长女子或排行老大的女子，东南方之人，肤色中等，秋天测婚不利，多从事商业。旺相聪明智慧，衰弱优柔寡断。代表数字是五（先天八卦数)、四（后天八卦数)、三（五行木数)、八（五行木数)。

离卦五行属火。离为火，代表中年女子或排行居中之女，南方之人，肤色红润，冬天测婚不利，多从事文化、娱乐、通信或饮食方面的工作。旺相伶俐大方，衰弱风流。代表数字是三（先天八卦数)、九（后天八卦数)、二（五行火数)、七（五行火数)。

坤卦五行属土。坤为地，代表年龄较大或老女人，西南之人或来自农村，肤色较黑，春天测婚不利，多从事农业、矿产有关工作。旺相朴实，衰弱眼光短浅体质弱。代表数字是八（先天八卦数)、二（后天八卦数)、五（五行土数)、十（五行土数)。

兑卦五行属金。兑为泽，代表少女或排行最小的女子，西方之人，肤色较白，身材瘦小，夏天测婚不利，多从事说教或为服务人员。旺相聪明伶俐或家庭富有，衰弱口舌是非。代表数字是二（先天八卦数)、七（后天八卦数)、四（五行金数)、九（五行金数)。

九宫是空间，是不动的。八卦分先天八卦和后天八卦，九宫和后天八卦相配，形成了九宫八卦图。其旺衰同五行旺衰。如图：

巽卦四宫 属木 东南方	离卦九宫 属火 南方	坤卦二宫 属土 西南方
震卦三宫 属木 东方	中五宫 属土 （寄二宫）	兑卦七宫 属金 西方
艮卦八宫 属土 东北方	坎卦一宫 属水 北方	乾卦六宫 属金 西北方

3. 阴阳五行

阴阳是世界上万事万物生成的基础，它具有事物的相对性、无限可分性及相互制约、相互利用、相互促成性。阴阳象征并说明了宇宙中万物变化现象的刚柔动静的性质与作用，宇宙间一切事物的发生、发展和变化都是阴阳对立统一运动的结果。

例如：房屋的阴面、阳面，电池的正极、负极。天、男、日、刚、动、上、明、前、尊、福等一些积极性的事物属于阳；地、女、月、柔、静、下、暗、后、卑、祸等一些消极性的事物属于阴。八卦中乾、坎、艮、震属阳，巽、离、坤、兑属阴；天干中甲、丙、戊、庚、壬属阳，乙、丁、己、辛、癸属阴；地支中子、寅、辰、午、申、戌属阳，丑、卯、巳、未、酉、亥属阴。阴和阳相互对立，相互制约，相互影响，相互利用，相互消长，阴中包含着阳，阳中包含着阴。阴极变阳，阳极变阴，循环往复而无穷。如冬至交头九，阴气正浓，天气正寒，但“冬至一阳生”，阳气逐渐上升，阴气逐渐下降，所以奇门遁甲用阳局；夏至阳气盛极，天气正热，但“夏至一阴生”，阴气逐渐上升，阳气逐渐下降，奇门遁甲就改用阴局。如此周期循环，年年往复。

五行指的是金、木、水、火、土。五行学说是中国古代哲学思想的重要组成部分。古人认为宇宙是由金、木、水、火、土五种基本物质构成，自然界的各种事物和现象都可以依其性质与这五种物质相比拟而进行归类。这五种物质的相互作用，便形成了宇宙间万物的生长与消亡现象。目前，在我国中医学、武术、易学等方面还在广泛使用。

五行学说是对天地运行规律的直接抽象与运用，五行之间存在着一定的联系。它是一个事物链，既有相生又有相克。

五行相生，表示一事物对另一事物有促进生长的作用，相生一般表示做事能成，一方喜欢另一方。五行相生的规律是：木生火，火生土，土生金，金生水，水生木。

五行相克，表示一事物对另一事物的制约和克制作用，相克一般表示做事不成，一方对另一方不满意。五行相克的规律是：木克土，土克水，水克火，火克金，金克木。

相生相克是一切事物维持相对平衡不可缺少的条件，所以五行生克制化是正常现象。

五行生克示意图：

五行生克是有规律的，它们都是古人在生产生活中积累起来的经验。拿五行相生的规律来说，在古时候，人们用木柴来烧火做饭，这就是五行中木生火的来源。火焰烧完后产生木灰，成为上好的肥料，这就是“土”，是由火把木烧成的“土”，所以说火生土。金属是由矿石提炼出来的，矿石是“土”的一种，含有什么金属的矿就能提炼出什么样的金属，古人认为金属就是由土“生”出来的，所以他们理解就是土能生金。金属在高温下能转化成液体状态，故古人理解为金能生水。水能滋润树木，树木的生

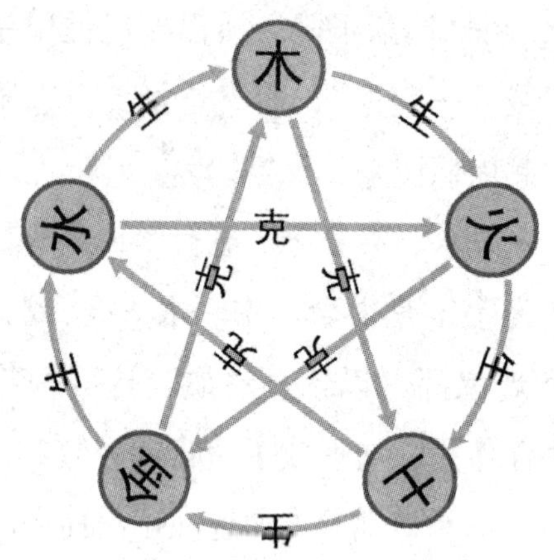

五行生克示意图

长离不开水分，就是水生木。

五行相克的规律也是如此，树根能够穿透土壤，牢牢地抓住土地，这就是木克土。发大水时，我们会用沙石来建堤坝堵住水流，这就是体现的土克水。当起火时，我们会用水来熄灭火焰，这就是水克火。金属会在高温火焰下熔化，自然就是火克金。采伐树木时，我们使用的锯和斧头是用金属材质铸造的，这就是金克木。

九宫配八卦，八卦中也含有五行，九宫中每一个方格之间存有生克关系，九宫中有一水一火两木两金三土。如下图：

五行在九宫的位置

古代科技不发达，所以把世界上的物质归为五类，即木火土金水。每一类都代表了事物的方位、数、性质、颜色、时间等。具体可见下表：

五行	木	火	土	金	水
方位	东	南	中	西	北
数目	三八	二七	五十	四九	一六
性质	曲直	炎上	稼穑	从革	润下
颜色	青	赤	黄	白	黑
时令	春	夏	四季月	秋	冬
气候	风	热	湿	燥	寒
天干	甲乙	丙丁	戊己	庚辛	壬癸
地支	寅卯	巳午	辰戌丑未	申酉	亥子
五脏	肝	心	脾	肺	肾

五行有着自己的生命力，在不同的季节有不同的状态，总结出来的口诀是：当令者旺（“旺”好比“王”的意思，表示旺盛的状态），我生者相（“相”也就是“次旺”的状态），生我者休（“休”就是“休息”的意思，就好比退休后在家中休息），克我者囚（“囚”即被囚困关押的意思），我克者死（“死”就是没有一丝生气，死亡的意思）。五行相生相克的作用是很重要的，任何事物都存在着相生相克的关系。我们用五行相生相克来表示，就能够直接模拟出事物的状态和相互关系。

在春季，木旺、火相、水休、金囚、土死。

在夏季，火旺、土相、木休、水囚、金死。

在秋季，金旺、水相、土休、火囚、木死。

在冬季，水旺、木相、金休、土囚、火死。

在“四季月”里，土旺、金相、火休、木囚、水死。（中国历法中，古人将一年分成四季，以春季开头，分别是春夏秋冬，再细分，每一个季度又分成三个月，第一个月叫“孟”、第二个月叫“仲”、第三个月叫“季”，比方说夏季，四月叫“孟夏”，五月就是“仲夏”，六月就是“季夏”。每个季节的最后一个月合称为“四季月”，即辰、戌、丑、未月。）

（二）时间内容

奇门遁甲的时间内容包括天干、地支、二十四节气、六十甲子。

1. 天干、地支

天干、地支简称干支，又称为“干枝”，就好比树干和树枝，干强枝弱，以干为主。干支是我国古代人民用来记录年、月、日、时的符号，因为古代计时不是根据现代的阳历来计时的，它是用十天干配十二地支来计时的，一个天干配一个地支，年、月、日、时都用天干地支计时。后来天干地支的作用又延伸到生产生活中的很多方面。奇门遁甲称为天干学，主要用天干，但地支也用。

天干、地支也分阴阳和五行。

天干共有十个，甲、乙、丙、丁、戊、己、庚、辛、壬、癸。甲、丙、戊、庚、壬为阳干，乙、丁、己、辛、癸为阴干。在预测时，这些符号就代表预测人的状态和所测事物之间的关系。同性相斥、异性相吸，阳与阳冲、阴与阴冲、阴阳相合，十天干的相冲及相合与它们自身的阴阳有着密切的关系。

甲：在奇门遁甲里遇到甲这个符号，一般表示预测人国字脸，威严，正直。职业多为领导。因为奇门遁甲里把“甲”遁起来了，所以值符就是甲。

乙：性格忧郁，柔弱，逆来顺受，身体微驼。职业多为中医、作家、艺人等。

丙：脾气暴躁，刚猛果断，有权威，圆脸，皮肤白里透红。职业多和火有关，如电厂工作者，炉工等。

丁：性情和顺而有心机，体贴人，头脑中经常有新奇点子。职业多和电子类等微火职业有关，如电脑工作者等。

戊：为钱财、资金的代表符号。表示预测人为人宽厚守信，憨厚，体型敦厚，四方脸。职业多和金融、地产有关，如银行员工、会计、房地产商等。

己：旺则有主意，有创意，想法多；衰则有私欲，花花肠子，阴沟里办事。体态瘦弱，面貌丑陋。职业多与广告策划等有关。

庚：为人性格刚硬，脸较长，皮肤白，骨骼健壮。职业多为军警之人。

辛：衰则主易犯错误，出问题；旺则为变革创新之人。职业多和犯法者或改革之人有关。

壬：旺则有智慧，勇敢；衰则任性。职业多为和水有关或和流动性质的事有关，如在酒吧、澡堂等工作的人。

癸：旺则有悟性有灵性；衰则淫荡，好饮酒，穷困等。测婚多和淫秽有关。

地支一共有十二个：子、丑、寅、卯、辰、巳、午、未、申、酉、戌、亥。地支是根据月亮绕地球旋转，在一年之内圆缺盈亏十二次确定的。地支也分阴阳，子、寅、辰、午、申、戌为阳，丑、卯、巳、未、酉、亥为阴，我们中国人的属相就是根据地支来的，比如十二属相，子鼠、丑牛、寅虎、卯兔、辰龙、巳蛇、午马、未羊、申猴、酉鸡、戌狗、亥猪。在子年生的人属鼠，丑年生的人属牛，寅年生的人属虎，地支可以表示年，也可以表示月、日、时。

把它们和五行联系起来有很深的意义，比如在奇门遁甲预测学里，天干地支的五行生克决定了很多事物的发展和变化关系。

十个天干之间有相合、相冲的关系，即异性相吸，同性相斥。天干自身还有十二状态。

相合示意图：

相合示意图

在奇门遁甲里，天干的相合代表了事物的发展、变化规律。比如“甲”、“己”为中正之合，就像君子间一样的情谊；“乙”、“庚”为仁义之合，就像桃园三结义一样的情谊；“丙”、“辛”为威制之合，就像军队中的将军与部署间的关系；“丁”、“壬”为淫荡之合，有见不得人的勾当；“戊”、“癸”为无情之合。例如：在奇门遁甲里开门代表法官，如果开门所落之宫遇到丁加壬的格局则表明法官与原告或被告某一方有隐晦之事。

十天干相冲就是事物互相对立，冲突的意思，有时候也表示事物被冲开。相冲是根据天干的阴阳属性定的，同性相斥，阳与阳冲，阴与阴冲。“甲”、“庚”相冲，“乙”、“辛”相冲，“丙”、“壬”相冲，“丁”、“癸”相冲。

相冲示意图：

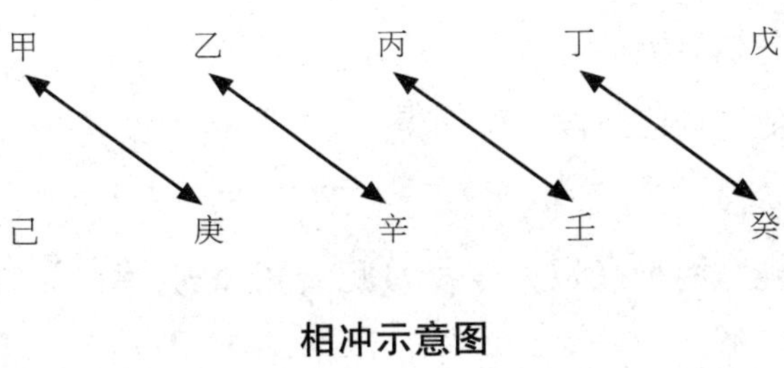

相冲示意图

天干的合与冲虽然异性相吸，同性相斥，但它们的冲与合都是有固定对象的。

在奇门遁甲里，一般遇到相冲的格局都是不太好的格局，被定为凶格，如“乙”和“辛”在一起（乙辛相冲），“乙”在奇门遁甲里表示青龙，“辛”表示白虎，“乙”为阴木，“辛”为阴金，金克木，青龙被克，则不得不逃走，测婚姻遇到这个格局，一般表示女的对男方有意见或不同意而“逃走”，当然，测工作则可能要调动。

任何一个事物都有从出生到灭亡的过程，它是一个闭合的过程，如植物、动物都有这样的规律。用天干表示事物的状态，每一个天干用十二个状态表示事物从出生到灭亡的闭合过程，十天干在不同的空间和不同的时间里状态是不同的，落入相应的位置就反映相应的状态。其状态在预测时就代表所测人及事物的状态。

以下是十天干的十二种状态及解释：

长生：就如小孩刚出生，就像竹笋刚出土。

沐浴：犹如小孩出生后的洗浴阶段，在预测中一般表示有桃花，或有私欲之事。

冠带：如小孩可以穿衣戴帽阶段。

临官（禄地）：比喻人可以工作了，有收入了或生活富裕。

帝旺：即旺盛阶段。

衰：事物开始衰弱。

病：事物更衰弱的阶段，犹如得病。

死：死亡阶段。

墓：分为旺衰两种（以月令衡量旺衰），旺为库，为暂时关押，衰为墓，像人入土一般。

绝：类似寒冬的小草，气已绝尽。

胎：事物已经孕育，但还很衰弱。

养：事物虽已成形，仍为衰弱。

十天干的十二种状态，就是事物由出生到壮大到衰死，然后再出生，反复循环的过程。这种过程是曲折的、波浪式前进的，十二种状态中某一种状态可能持续的时间长，也可能持续的时间短。不管长短，这种过程就反映了事物的真实状态。可见下表。

十天干生旺死绝表

时令 五行 状态	五阳干					五阴干				
	甲木	丙火	戊土	庚金	壬水	乙木	丁火	己土	辛金	癸水
长生	亥	寅	寅	巳	申	午	酉	酉	子	卯
沐浴	子	卯	卯	午	酉	巳	申	申	亥	寅
冠带	丑	辰	辰	未	戌	辰	未	未	戌	丑
临官	寅	巳	巳	申	亥	卯	午	午	酉	子
帝旺	卯	午	午	酉	子	寅	巳	巳	申	亥
衰	辰	未	未	戌	丑	丑	辰	辰	未	戌
病	巳	申	申	亥	寅	子	卯	卯	午	酉
死	午	酉	酉	子	卯	亥	寅	寅	巳	申
墓	未	戌	戌	丑	辰	戌	丑	丑	辰	未
绝	申	亥	亥	寅	巳	酉	子	子	卯	午
胎	酉	子	子	卯	午	申	亥	亥	寅	巳
养	戌	丑	丑	辰	未	未	戌	戌	丑	辰

天干的旺衰在奇门遁甲里有非常重要的作用，一般当我们分析预测某件事，首重的就是代表这件事的天干的旺衰状态，当这个天干旺的时候说明事物的状态比较好，做事比较容易成功，反之则比较难办。

掌握此表有两条记忆规律，第一个规律是十二状态的排列顺序，第二个规律是十天干长生状态的位置。还要清楚，最特殊、最常用的有“长生”、“临官”、“帝旺”、“沐浴”、“入墓”和“六仪击刑”。

见表中天干位置：

长生：凡事物处在“长生”状态时，则表示该事物正处在上升期，是一种吉利状态的征兆。

庚 四宫	乙 九宫	壬 二宫
癸 三宫	五宫	丁、己 七宫
丙、戊 八宫	辛 一宫	六宫

禄地：凡事物处在“禄地”状态时，则表示该事物正处在收获的时期，单位赢利，人则是收入颇丰，表示吉利。

丙、戊 四宫	丁、己 九宫	庚 二宫
乙 三宫	五宫	辛 七宫
八宫	癸 一宫	壬 六宫

帝旺：凡事物处在“帝旺”状态时，则代表事物正处在最旺盛期，吉利。

丁、己 四宫	丙、戊 九宫	辛 二宫
三宫	五宫	庚 七宫
乙 八宫	壬 一宫	癸 六宫

沐浴：凡预测人处在“沐浴”状态时，则代表桃花要开了，也表示其有桃花或私欲之事。

乙 四宫	庚 九宫	丁、己 二宫
丙、戊 三宫	五宫	壬 七宫
癸 八宫	一宫	辛 六宫

入墓：在十天干生旺死绝表上的“库”我们一般称之为“墓”，十天干处于这个状态时我们又叫它“入墓”。入墓是指事物受到了限制，天盘

天干入墓主事情遇到了麻烦或无作为，地盘天干入墓表示犹豫。“入墓”分“入库”和“入墓”，旺相为“入库”，衰为“入墓”，旺衰状态由月令（月令：即月支。月主气候季节，为时令，所以月支又称为月令。）判定。这里注意一点，乙的情况比较特殊，它在未、戌两个位置都为入墓。

辛、壬 四宫	九宫	乙、癸 二宫
三宫	五宫	七宫
丁、己、庚 八宫	一宫	乙、丙、戊 六宫

六仪击刑：“击刑”是地支相刑（见十二支相刑），击刑表示事物受到了损伤或刑罚，如财产受损、人过度劳累、脾气暴躁，还代表单位改制、个人辞职等，三奇没有击刑。

（甲寅）癸 （甲辰）壬 四宫	（甲午）辛 九宫	（甲戌）己 二宫
（甲子）戊 三宫	五宫	七宫
（甲申）庚 八宫	一宫	六宫

上述表格中没有甲，是因为在奇门遁甲里“甲”是十天干的首领，首领是受保护的，是不能轻易抛头露面的。奇门遁甲里一共有六甲大将，它们是甲子、甲戌、甲申、甲午、甲辰、甲寅。它们都隐藏在自己固定的部队中，部队是六仪，即戊、己、庚、辛、壬、癸。甲就藏在六仪之下，所以，六仪中都暗带一个甲，甲子藏在戊下，我们平时称为甲子戊，甲戌藏在己下，称为甲戌己，以下同理，还有甲申庚、甲午辛、甲辰壬、甲寅癸。

例如在实际运用中，如甲申日，在奇门遁甲格局里庚就代表了甲申日的天干，我们找到庚就是找到了甲。再如丙子日甲午时，丙是日干，因为甲午隐藏在辛下，找到了辛的位置，就找到了时干甲的位置。

“六仪击刑表”在奇门遁甲里很重要，它的来源主要和十二地支的相刑有关。

十二地支的相刑就是互相伤害，互相刑罚的意思，就像人被刀子伤着了。十二地支的子和卯遇到一起时，就为子刑卯，称为无理之刑，这个刑含义是不讲道理；寅、巳、申为无恩之刑，恩将仇报的意思；丑、未、戌为持势之刑，倚仗权势伤害别人；辰、午、酉、亥为自刑，因为自己的原因，而受到责罚。

地支除了相刑外还有三个重要的规律。第一个是十二地支相合：子、丑相合，寅、亥相合，卯、戌相合，辰、酉相合，巳、申相合，午、未相合，它们的具体位置见下表。按五行，相合者为和好之意，合中相生者，越合越好；合中相克者，事情先好后坏。

第二个是十二支除了两合以外还有一个三合，三合即三个地支合到一起，三合局表示一种力量的聚集。申、子、辰三个地支相合，亥、卯、未三个地支相合，寅、午、戌三个地支相合，巳、酉、丑三个地支相合。这个相合在奇门遁甲的马星应用中是常用的，所以需要熟记。

第三个是有合就有冲，相冲为散的意思，同性且方位相对的两个地支

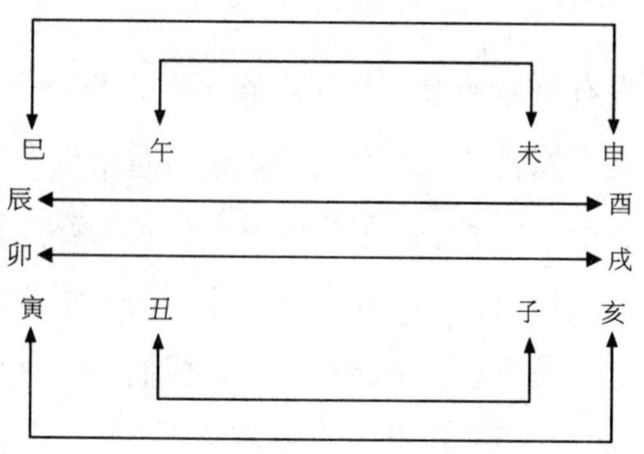

相合示意图

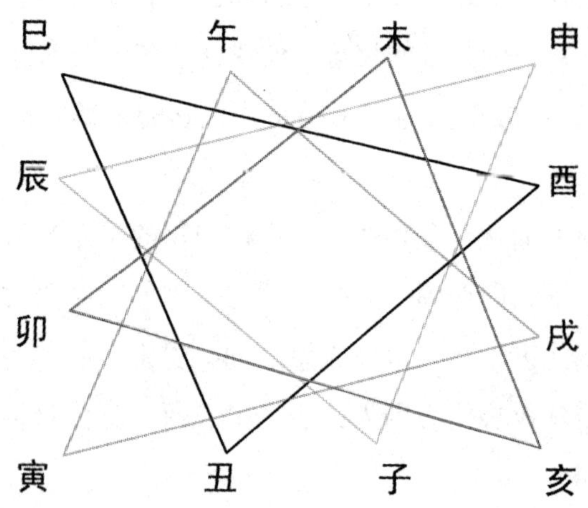

地支三合局示意图

即为相冲。十二支相冲：子和午相冲，丑和未相冲，寅和申相冲，卯和酉相冲，辰和戌相冲，巳和亥相冲。

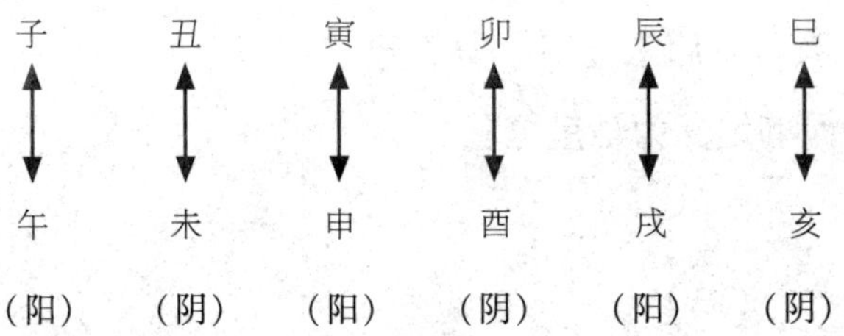

相冲示意图

十二地支的相合与相冲与它们自身的阴阳、五行有着密切的关系。

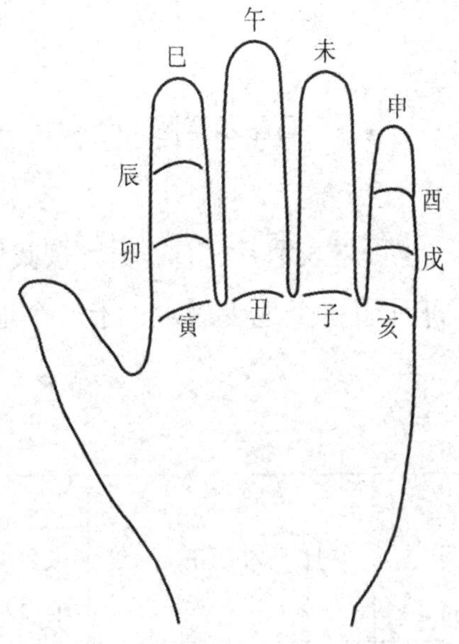

十二地支在手上的位置图

奇门遁甲里的“马星”表示人和事物移动的意思，有快的含义。在预测时主奔波、走动、外出、旅行、出差、搬家、转职等与移动有关的事项。如用神处沐浴状态（桃花）临马星时，桃花运来得快；用神处禄地临马星时，财来得快；日干临马星，变动事、调动事、外出事来得快。

如何找到马星呢？我们以时辰上的地支三合局来寻找马星。

马星有个口诀：申子辰（时）马在寅，寅午戌（时）马在申，巳酉丑（时）马在亥，亥卯未（时）马在巳。

下图内带圈的地支为马星位置。

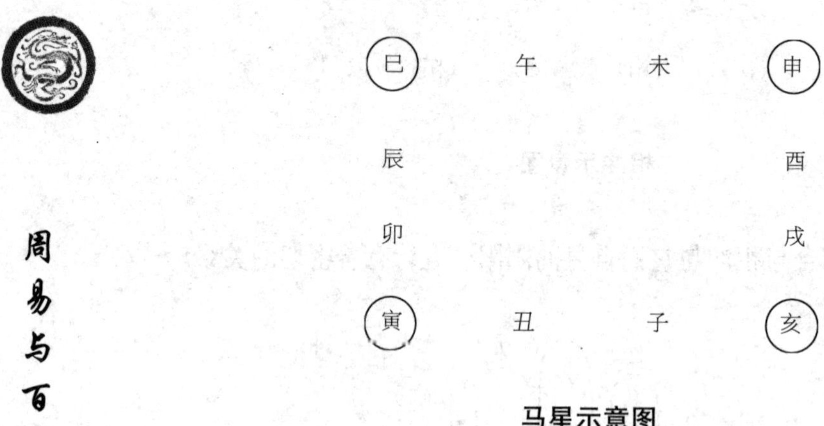

马星示意图

地支可以表示年，也可以表示月、日、时。按我们现在的计时法，把一年分为十二个月，每月用一个地支表示，十二个地支形成一个循环周期。（如下表）

巳月　农历四月 辰月　农历三月	午月　农历五月	未月　农历六月 申月　农历七月
卯月　农历二月		酉月　农历八月
寅月　农历正月 丑月　农历十二月	子月　农历十一月	戌月　农历九月 亥月　农历十月

在时辰的应用上，每一个地支代表一个时辰，每个时辰为两个小时，

一天二十四小时中有十二个时辰，地支对应时辰详见下表：

巳时 9－11 辰时 7－9	午时 11－13	未时 13－15 申时 15－17
卯时 5－7		酉时 17－19
寅时 3－5 丑时 1－3	子时 23－1	戌时 19－21 亥时 21－23

2. 二十四节气

奇门遁甲最早就是一部历法，奇门遁甲模型一刻也离不开历法。

历法是什么呢？简单说就是计算自然规律时间长短的法则，人们为了判断气候的变化，计算季节来临，更好地安排生产生活，所以制定了历法。从古到今使用过的历法就有一百多种。阳历在我国是从1949年后才开始采用的，现代普及的阳历是和西方的阳历一样的，目前世界上使用的基本历法还有阴历和农历。

阳历是以地球绕太阳公转的周期为计算基础的。这种历法的优点是地球上的季节固定，冬夏分明。缺点是历法月同月亮的运转规律毫无关系，对于沿海的人计算潮汐很不方便。

阴历是以月亮绕地球公转的周期为计算基础的，要求历法月同月亮绕地球公转一周的时间基本符合。阴历年同地球绕太阳公转毫无关系。目前一些阿拉伯国家用的回历，就是这种阴历。

农历是调和太阳、地球、月亮的运转周期的历法，农历是我国人民根

据天体运行的规律，结合农作物的生长规律独创的。它既要求历法月同月亮绕地球公转一周基本相符，又要求历法年同地球绕太阳公转一周基本相符，是一种综合阴、阳历优点，调合阴、阳历矛盾的历法，所以也称阴阳合历。我国古代的各种历法和今天使用的农历，都是这种阴阳合历。它又叫作夏历、中历、旧历，民间也有称阴历的。平时大家都把阴历和农历混为一谈，实际是有区别的。

奇门遁甲是根据农历来计算的，它主要的依据就是二十四节气和六十甲子。

二十四节气是人为规定的，但它是按照天体运行的规律定的。地球围绕太阳公转一周365天5时48分46秒，每年运行360度。太阳每运行15度所经历的时日称为“一个节气”。通俗地讲，地球绕太阳每十五天左右就会经过一个点即一个节气，一年共经历二十四个点即二十四节气。

地球除围绕太阳转外，每24小时还要自转一周。由于地球旋转的轨道面即黄道同赤道面不是一致的，它们之间有23度26分的夹角，从而使地轴保持一定的倾斜，所以一年四季太阳光直射到地球的位置是不同的。以北半球来讲，太阳直射在北纬23.5度时，天文上就称为夏至；太阳直射在南纬23.5度时称为冬至；夏至和冬至即指已经到了夏、冬两季的中间了。一年中太阳两次直射在赤道上时，就分别为春分和秋分，这也就到了春、秋两季的中间，这两天白昼和黑夜是一样长的。

一年365天共二十四个节气，十二个月每月含有一节一气，因为地球是椭圆的，虽15度一个节气，但时间却有长有短。上半年节气的阳历日期为6日或21日左右，下半年节气的阳历日期为8日或23日左右，上下一般只差一两天，为便于记忆可概括为：上半年6、21（日），下半年8、23（日）。下表是地球绕太阳一周的二十四节气与阳历的换算表，也是二十四节气在九宫里的位置：

芒种6.6 小满5.21 立夏5.6	夏至6.22　小暑7.8　大暑7.23	立秋8.8 处暑8.23 白露9.8
谷雨4.21 清明4.6 春分3.21		秋分9.23 寒露10.8 霜降10.23
惊蛰3.6 雨水2.20 立春2.4	大寒1.21　小寒1.6　冬至12.21	立冬11.8 小雪11.23 大雪12.8

古人认为，到冬至这个节气时，阴气达到顶峰，而阳气开始产生，叫做“冬至一阳生”；到夏至这个节气，阳气达到顶峰，而阴气开始产生，称为“夏至一阴生”。

在奇门遁甲预测中，我们最常用到的是冬至、春分、夏至、秋分这四个“四正”节气和立春、立夏、立秋、立冬这四个“四立”节气，记忆时把这几个的时间记住即可。

3. 六十甲子

六十甲子是用天干的首字“甲”与地支的首字“子”配合在一起而得名。古代天干地支搭配记时，一个天干配一个地支，因为天干一共十个，地支有十二个，十和十二的最小公倍数是六十，所以它们之间两两相配的话可以组成六十个干支。也就是说每个天干用六次，每个地支用五次，它们组合六十次就形成一个循环。甲用六次的话就有甲子、甲戌、甲申、甲午、甲辰、甲寅，称为六甲。乙、丙、丁、戊、己、庚、辛、壬、癸也都分别用了六次，称为六乙、六丙、六丁、六戊、六己、六庚、六辛、六壬、六癸。

上述天干地支搭配组合六十次为一个甲子，如我们平常所说六十年为

一个甲子，六十天为一个甲子，六十个时辰也为一个甲子。奇门遁甲五天共六十个时辰使用一个甲子，变化一个局。

见六十甲子排列表：

甲子	甲戌	甲申	甲午	甲辰	甲寅
乙丑	乙亥	乙酉	乙未	乙巳	乙卯
丙寅	丙子	丙戌	丙申	丙午	丙辰
丁卯	丁丑	丁亥	丁酉	丁未	丁巳
戊辰	戊寅	戊子	戊戌	戊申	戊午
己巳	己卯	己丑	己亥	己酉	己未
庚午	庚辰	庚寅	庚子	庚戌	庚申
辛未	辛巳	辛卯	辛丑	辛亥	辛酉
壬申	壬午	壬辰	壬寅	壬子	壬戌
癸酉	癸未	癸巳	癸卯	癸丑	癸亥

因为“六十甲子”是以天干和地支相配构成，天干是十位，地支是十二位，天干和地支搭配轮流使用，当十天干循环一遍时，十二地支必定有两个地支是没有使用，就轮空了，这个轮空就是所谓的“旬空”，也称“空亡”。

十二地支旬空表：

甲子	乙丑	丙寅	丁卯	戊辰	己巳	庚午	辛未	壬申	癸酉	本旬空亡：戌亥
甲戌	乙亥	丙子	丁丑	戊寅	己卯	庚辰	辛巳	壬午	癸未	本旬空亡：申酉
甲申	乙酉	丙戌	丁亥	戊子	己丑	庚寅	辛卯	壬辰	癸巳	本旬空亡：午未
甲午	乙未	丙申	丁酉	戊戌	己亥	庚子	辛丑	壬寅	癸卯	本旬空亡：辰巳
甲辰	乙巳	丙午	丁未	戊申	己酉	庚戌	辛亥	壬子	癸丑	本旬空亡：寅卯
甲寅	乙卯	丙辰	丁巳	戊午	己未	庚申	辛酉	壬戌	癸亥	本旬空亡：子丑

现在人们习惯用阳历计算出生时间，但过去我们的出生时间都是以农历来计算的，为了方便换算阳历和农历的记时，可以通过查万年历的方法，也可以用下表查出出生年。

甲子 1984 乙丑 1985	丙寅 1986 丁卯 1987	戊辰 1988 己巳 1989	庚午 1990 辛未 1991	壬申 1992 癸酉 1993
海中金	炉中火	大林木	路旁土	剑峰金
甲戌 1994 乙亥 1995	丙子 1996 丁丑 1997	戊寅 1998 己卯 1999	庚辰 2000 辛巳 2001	壬午 2002 癸未 2003
山头火	涧下水	城墙土	白蜡金	杨柳木
甲申 1944 乙酉 1945	丙戌 1946 丁亥 1947	戊子 1948 己丑 1949	庚寅 1950 辛卯 1951	壬辰 1952 癸巳 1953
泉中水	屋上土	霹雳火	松柏木	长流水
甲午 1954 乙未 1955	丙申 1956 丁酉 1957	戊戌 1958 己亥 1959	庚子 1960 辛丑 1961	壬寅 1962 癸卯 1963
沙中金	山下火	平土木	壁上土	金箔金
甲辰 1964 乙未 1965	丙午 1966 丁未 1967	戊申 1968 己酉 1969	庚戌 1970 辛亥 1971	壬子 1972 癸丑 1973
佛灯火	天河水	大驿土	钗钏金	桑松木
甲寅 1974 乙卯 1975	丙辰 1976 丁巳 1977	戊午 1978 己未 1979	庚申 1980 辛酉 1981	壬戌 1982 癸亥 1983
大溪水	沙中土	天上火	石榴木	大海水

奇门遁甲是天干学，常用的都是天干。表中有一个规律，凡年份后带 4 的都是甲年，带 5 的都是乙年，带 6 的是丙年，带 7 的是丁年，带 8 的是戊年，带 9 的是己年，0 是庚年，1 是辛年，2 是壬年，3 是癸年。

（三）数理内容

奇门遁甲和数理有着密切的关系，什么是数理？数理就是数字背后隐藏的意义。数是物质的排列秩序，是奇门遁甲的基础，换句话说奇门遁甲是以数为依据的。奇门遁甲的理论源自《周易》，《周易》认为象和数是认识客观世界的两个重要途径。仅从数上说，数是认知周期必不可少的手段，数的不同排列又是区分万物本质的程式。数的变化可以反映事物的变化，只要把数的程式排列出来，事物的本质与变化便可全部包含在里面。西方人也知道数的重要性，所以西方有句话说“数学是科学的皇后”。西方人也对数有研究，但远不如中国古代先哲对数的理解。现在越来越多的人认识到数的科学性。比如，我们平常用手机通话，语音在传给对方的过程中是要先变成数字，对方接收数字后，再由数字还原成语音，这样彼此才能通话。

奇门遁甲常用的数字是由后天八卦数、先天八卦数、五行生成数组成的。

奇门格局常用数字

巽 先天八卦数：5 后天八卦数：4 五行生成数：3、8	离 先天八卦数：3 后天八卦数：9 五行生成数：2、7	坤 先天八卦数：8 后天八卦数：2 五行生成数：5、10
震 先天八卦数：4 后天八卦数：3 五行生成数：3、8	中宫寄二宫	兑 先天八卦数：2 后天八卦数：7 五行生成数：4、9
艮 先天八卦数：7 后天八卦数：8 五行生成数：5、10	坎 先天八卦数：6 后天八卦数：1 五行生成数：1、6	乾 先天八卦数：1 后天八卦数：6 五行生成数：4、9

在预测时遇到格局旺时用该表中比较大的数，格局衰时用小数。

(四) 奇门时空数理运行规律

1. 奇门时间运行规律

任何事物均是有规律的在运行，奇门遁甲在时间上也是有规律的在运行。

(1) 奇门时间运行规律的原理

预测是根据模型预测的，要想进行预测，首先得起出奇门遁甲局，起局须先定局，即起奇门遁甲局必须知道用几局，用局是根据二十四节气定的。我们知道，一年有 24 个节气，每个节气 15 天，5 天一局，每节气 3 个局，3 个局第一局称为上元，第二局为中元，第三局为下元。一年二十四节气共 4320 局，不重复的共 1080 局，下边的表是二十四节气用局表：

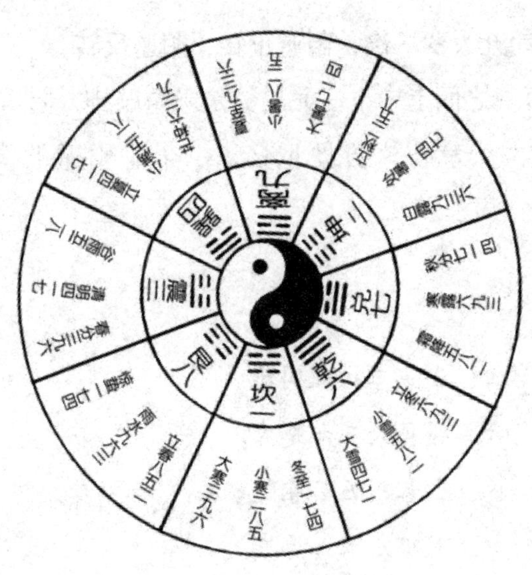

二十四节气用局表

第一部分 基础知识

二十四节气奇门遁甲用局表看似复杂，但它是有规律的，掌握了规律就不难了，上表中有以下三个规律：

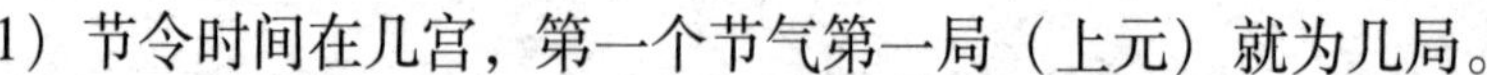

1）节令时间在几宫，第一个节气第一局（上元）就为几局。

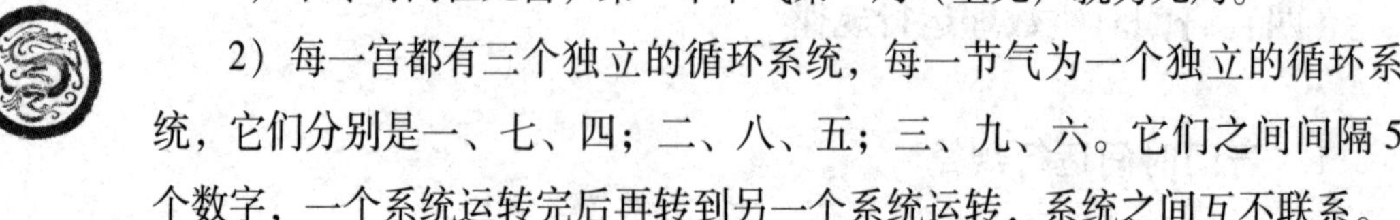

2）每一宫都有三个独立的循环系统，每一节气为一个独立的循环系统，它们分别是一、七、四；二、八、五；三、九、六。它们之间间隔 5 个数字，一个系统运转完后再转到另一个系统运转，系统之间互不联系。

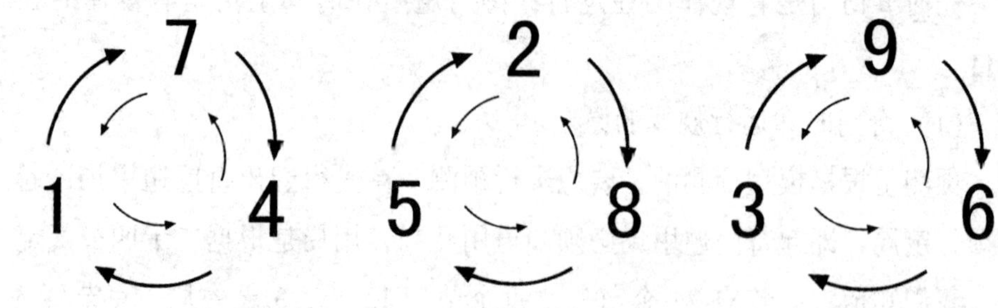

二十四节气用局三个规律

操作时，每局五天变一次，阳遁正转，阴遁反转。

3）节气与节气之间上中下三元局数是阳遁顺排，阴遁逆排。

这个表还有两个歌诀来方便记忆，一个是阳遁歌诀，一个是阴遁歌诀。

阳遁歌诀是：

冬至惊蛰一七四，小寒二八五同推。

春分大寒三九六，芒种六三九是真。

谷雨小满五二八，立春八五二相随。

立夏清明四一七，雨水九六三为期。

阴遁歌诀是：

夏至白露九三六，小暑八二五之间。

大暑秋分七一四，立秋二五八循环。

霜降小雪五八二，大雪四七一相关。

处暑排来一四七，立冬寒露六九三。

以上阴阳两段歌诀中的数字代表奇门遁甲用的局数，如写一就是用一局，七就是用七局。在奇门遁甲里，从冬至开始到芒种结束用的是阳遁，从夏至开始到大雪结束用的是阴遁。

在万年历里，除了前边说的年是以六十甲子来排列外，月、日、时也是按照六十甲子来排列的。奇门遁甲定局的六十甲子原理是和日有着密切关系的，每五天定一局，一个节气的十五天就有三局，称为上、中、下三元，这三元依次对应每句歌诀中的三个数字。如阳遁歌诀中说“冬至惊蛰一七四”，即为冬至或惊蛰这个节气的上元五天用阳遁一局，中元用阳遁七局，下元用阳遁四局。上、中、下三元的规律见下表：

上元五天					中元五天				
甲子	乙丑	丙寅	丁卯	戊辰	己巳	庚午	辛未	壬申	癸酉
下元五天					上元五天				
甲戌	乙亥	丙子	丁丑	戊寅	己卯	庚辰	辛巳	壬午	癸未
中元五天					下元五天				
甲申	乙酉	丙戌	丁亥	戊子	己丑	庚寅	辛卯	壬辰	癸巳
上元五天					中元五天				
甲午	乙未	丙申	丁酉	戊戌	己亥	庚子	辛丑	壬寅	癸卯
下元五天					上元五天				
甲辰	乙巳	丙午	丁未	戊申	己酉	庚戌	辛亥	壬子	癸丑
中元五天					下元五天				
甲寅	乙卯	丙辰	丁巳	戊午	己未	庚申	辛酉	壬戌	癸亥

此表有三个规律：

第一，它每一列（竖看）的天干都是相同的。

第二，每一元（5 天）的第一个天干不是“甲”就是“己”，我们称之为“符头”。也就是说当看到乙、丙、丁、戊这四个天干的时候就知道它们是由“甲”这个符头带领的一元，看到庚、辛、壬、癸这四个天干则是由符头“己”带领的另一元，就好像军队里的两支小分队，第一队的队长就是“甲”，队员就是乙、丙、丁、戊，第二队的队长就是“己”，庚、辛、壬、癸就是这一队的队员。

第三，上元第一天的地支为子、午、卯、酉中的一个，中元第一天为寅、申、巳、亥中的一个，下元为辰、戌、丑、未中的一个，就好像一个大家族分为长辈、平辈、晚辈三个辈分，子、午、卯、酉是长辈，寅、申、巳、亥是平辈，辰、戌、丑、未是晚辈一样。

（2）奇门时间运行规律的实践

大家知道，一年有 24 个节气，每个节气由上、中、下三元组成，每元又是由五天组成，这样算下来一年只有 360 天，那剩下的 5 天怎么分配呢？这个问题很早的时候古人就思考过，他们针对这个问题提出了几种解决方案，其中有两种大家比较常用，我们称之为“置闰法”和“拆补法”。置闰法是把多出的天数采用集中处理的方法，拆补法是用分散处理的方法。

置闰法就好像我们平时处理闰年的方法一样，地球绕太阳运行周期为 365.242216 天，我们平时算作 365 天整，多出的 0.242216 天经过四年积累约一天，我们把这一天加于二月末（2 月 29 日），使当年的天数为 366 天，这一年就为闰年。按五天为一元来计算的话一年只有 360 天整，多出的 5 天我们把它集中放在大雪之后，冬至之前。

使用置闰法起局会出现“超神接气”的现象，什么是“超神接气”呢？“超”就是超越，“神”就是进神，含有进入另一个阶段的“界标”

的意思，“接”就是迎接，“气”是指节气。“超神”是指节气未到，而甲子、己卯等符头先到的现象，“接气”是指甲子、己卯等符头未到，而节气先到的现象。如果超神超过九天，就需要置闰。置润必须在冬至之前，大雪之后。置润法一般不易计算，可用奇门遁甲万年历查找。

当符头甲子、己卯、甲午、己酉正与八节同时到达，则称为“正授”。

拆补法是用“分散”处理之法，不需要专门安排多余的时间，随着二十四节气的时间逐渐均分到二十四节中去了，其方法是：

1）依据万年历查出该日的干支；看此干支处在什么节气中；

2）依据阴阳遁歌诀来查出此节气所使用的局数；

3）根据日干支符头所带的地支来确定该节气是哪一元，子、午、卯、酉为上元，寅、申、巳、亥为中元，辰、戌、丑、未为下元，确定该日为几局。

例：2007 年 8 月 20 日，查万年历为丙戌日，节气为立秋，上中下三元分别是二、五、八，阴局，丙戌日的符头为甲申，符头甲所带的地支是申，依据“寅”、“申”、“巳”、“亥”为中元的规定，故应用二五八的中元阴五局。

使用拆补与置闰有时候会出现两个不同的奇门遁甲局，到底哪一个是正确的？自古至今争论不休，奇门遁甲经典著作《烟波钓叟赋》使用的是置闰局，我认为“不管白猫黑猫，抓住耗子才是好猫”。在理论上的争执，恐怕再有一千年也争论不休，我们最好立足现实，不管使用置闰还是拆补，只要把握好符号的含义与预测原则，就能判断准确。

要起局，一般情况下都需要查万年历，而万年历里，年月日的干支都能查到，时辰上的干支只能通过以下口诀来进行推算出来：

甲己还加甲，乙庚丙作初，
丙辛从戊起，丁壬庚子居，
戊癸何方发，壬子是真途。

古人是以子时为一天之始，上口诀求出的时辰天干均为子时的天干。口诀是这么用的，逢“甲”、“己”日的时候，子时的干支就是甲子，故口诀就为“甲己还加甲”，依次顺推，丑时的干支就是乙丑，寅时的干支就是丙寅。逢“乙”、“庚”日的时候，子时的干支就是丙子，仍依次顺推，其他的同理。若口诀不会用，可在网上起局。

2. 奇门空间运行规律

前边说十天干的时候它们的排列顺序是甲、乙、丙、丁、戊、己、庚、辛、壬、癸。在奇门遁甲格局里，甲一般不用，它都是隐藏在戊、己、庚、辛、壬、癸下边，这六个天干俗称六仪，就像六员大将隐藏在六支军队下边一样。乙、丙、丁被称为三奇，犹如打仗时的三支神兵。十天干在奇门遁甲格局当中的固定顺序为戊、己、庚、辛、壬、癸、丁、丙、乙，这个顺序是永远不变的。

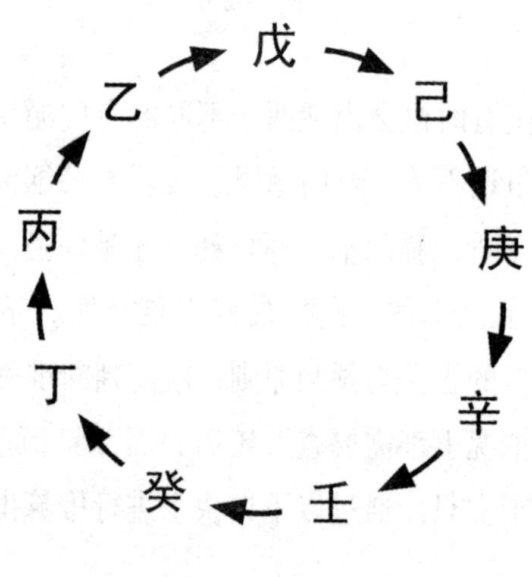

奇门空间运行规律

当预测时几局就从几宫上排戊，然后按照阳遁的时候顺数，阴遁的时候逆数这个规律来排列，因为阳遁1、2、3、4、5、6、7、8、9宫形成一个顺排的闭环，阴遁9、8、7、6、5、4、3、2、1宫形成一个逆排的闭环。下图就是阴阳遁中六仪三奇在九宫的运行的顺序规律。

阳遁顺序图：

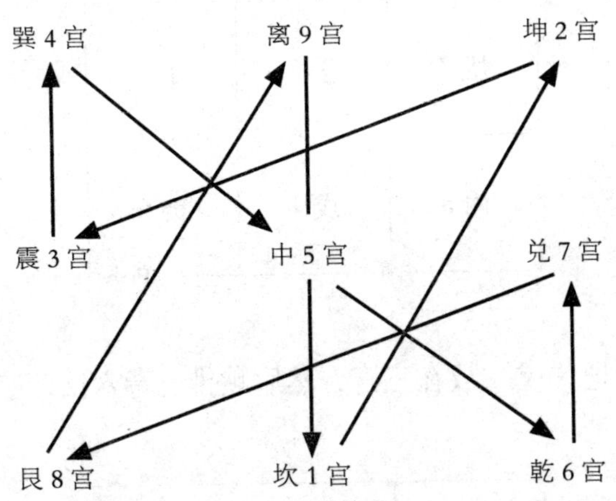

阴遁顺序图：

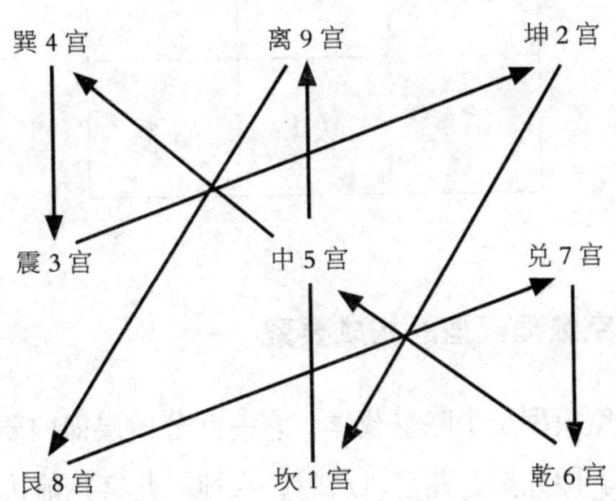

当我们查到为几局的时候，便把三奇六仪中的戊放在几宫。然后按顺序把己、庚、辛、壬、癸、丁、丙、乙放入其中。假如现在是阳遁一局，三奇六仪的排列顺序如图所示：

辛 4	乙 9	己 2
庚 3	壬 5	丁 7
丙 8	戊 1	癸 6

阴遁三局则把“戊”放在三宫，然后顺排三奇六仪，逆推九宫：

乙 4	辛 9	己 2
戊 3	丙 5	癸 7
壬 8	庚 1	丁 6

3. 奇门时空数理模型的构成要素

奇门遁甲时空模型是个时空载体，它一共分四层即四要素：天时、地利、人和、神助。即九星、九宫、八门、八神。九宫在前边提到了，所以我们还要了解九星、八门、八神。

九星就是天蓬星、天任星、天冲星、天辅星、天英星、天芮星、天禽星、天柱星、天心星。其中天禽星和天芮星就像好朋友一样，形影不离，五宫寄二宫，永远在同一个宫里。

八门就是开门、休门、生门、伤门、杜门、景门、死门、惊门。

八神就是直符、螣蛇、太阴、六合、白虎、玄武、九地、九天。

1）九星代表天时，古人从常见的行星中，根据它们运转歇宿的位置，选择其中有代表性的九颗，分别与地上的九宫八卦相对应。天时代表天体运动对地球和人类的影响，某一事情的外部环境、某人的先天素质、本性、原始因素等。

九星中的天任星、天辅星、天禽星、天心星为吉星，天冲星、天英星为平星，天篷星、天芮星、天柱星为凶星，吉与凶是根据所预测的性质而定的，千万不能一概而定。

它们各自的含义是：

天蓬星

居坎一宫属水，旺于春，相于冬，休于夏，囚于四季月，废于秋。天时代表水，也代表大盗、破财、浓眉毛之人，能做大事业的人，利安抚边境。

天芮星

居坤二宫属土，旺于秋，相于四季月，休于冬，囚于春，废于夏。天时代表沟，还代表疾病、学生、佛龛、长相丑、黑、农村、贪婪、善交际，利交友。

天冲星

居震三宫属木，旺于夏，相于春，休于四季月，囚于秋，废于冬。天时代表木，还代表武士、军人、雷厉风行。利征伐战斗、报仇解怨、施恩交友。

天辅星

居巽四宫属木，旺于夏，相于春，休于四季月，囚于秋，废于冬。天时代表花草，还代表文化之人、老师、漂亮。利教育、经商、婚嫁。

天禽星

居中五宫属土，旺于秋，相于四季月，休于冬，囚于春，废于夏。代表方正、规矩、厚道之人。利见上级、经商、婚嫁。

天心星

居乾六宫属金，旺于冬，相于秋，休于春，囚于夏，废于四季月。代表医生、圆形、有心计之人，代表管理人员。利医疗、经商、婚嫁、求谋、进见领导及兴师动旅。

天柱星

居兑七宫属金，旺于冬，相于秋，休于春，囚于夏，废于四季月。代表凶灾、口才好、善说唱、破败。利建造营垒、训练士兵。

天任星

居艮八宫属土，旺于秋，相于四季月，休于冬，囚于春，废于夏。代表吉利、厚道之人。利安民、入官见贵、经商、婚嫁。

天英星

居离九宫属火，旺于四季月，相于夏，休于秋，囚于冬，废于春。代表烈性、冶炼等，利上官见贵、应举报书、出入远行、饮宴作乐。

九星的旺衰比较特殊，和五行的旺衰不一样，它的口诀是：我生之月诚为旺，与我同行即为相，废于父母休于财，囚于鬼兮真不妄。

例：天蓬星属水，它落三、四宫水生木为旺，落坎一宫二者同属水为相，落六、七宫金生水为废，落离九宫水克火为休，落二、五、八宫土克水为囚。

九星代表天上的星体，有着自己的固定方位，就好像自己的家。天蓬星五行属水在一宫，天任星五行属土在八宫，天冲星五行属木在三宫，天辅星五行属木在四宫，天英星五行属火在九宫，天芮星五行属土在二宫，天柱星五行属金在七宫，天心星五行属金在六宫。如图：

天辅星 4（木）	天英星 9（火）	天芮星 2（土）
天冲星 3（木）	天禽星 5（土）	天柱星 7（金）
天任星 8（土）	天蓬星 1（水）	天心星 6（金）

九星在每个时辰都有一颗星负责值班，它是天上值班的星，我们称它为“大值符”。在预测时，大值符带领其他八星按着固定的顺时针顺序移动到了时干所在的位置，其中天禽星是跟着天芮星一起移动的。九星为天盘，九星顺序永远不变，阳遁、阴遁均按顺时针排列。

2）八门代表人和，主人事。八门的吉凶是以事情的性质决定的，一般情况下，八门中的开门、休门、生门为吉门，杜门、景门为平门，死门、惊门、伤门为凶门。八门的含义是：

开门

居乾六宫属金，旺于秋，相于四季末月，休于冬，囚于春，死于夏。代表单位、工厂、公司、商店、工作、官印、法官、开放、公开、同意、圆形物体、测人主漂亮。利上任、开店、求财、婚姻等。

休门

居坎一宫、属水，旺于冬季，相于秋，休于春，囚于夏，死于四季末月，代表公务员、机关科室人员，休闲，利接待、旅游、婚姻、家庭等，利退却、主漂亮。

生门

居艮八宫属土，旺于四季月，相于夏，休于秋，囚于冬，死于春。代表财利、利润、房地产、养殖、主漂亮，利求财造屋、赴任、治病等。

伤门

居震三宫属木，旺于春，相于冬，休于夏，囚于四季月，死于秋。代表车辆、竞争、博弈、主高，代表竞争力、伤害。利讨债、捕捉、赌博、泛猎等。

杜门

居巽四宫属木，旺于春季，相于冬，休于夏，囚于四季月，死于秋。代表保密、保密机关、技术、技术部门、检查机关、闭塞、躲藏方向。利躲灾避难、防洪筑堤。

景门

居离九宫属火，旺于夏，相于春，休于四季月，囚于秋，死于冬。代表学校、信息、华丽、血光、闹市、道路、饭店、文化娱乐场所。利献策筹谋、选士荐贤、火攻杀戮。

死门

居坤二宫属土，旺于四季月，相于夏，休于秋，囚于冬，死于春。代表公检法、地皮、死人、坟地、凶灾、不愉快、不同意、闭门之意。利吊死送丧、刑戮战争。

惊门

居兑七宫属金，旺于秋，相于四季月，休于冬，囚于春，死于夏，代表口舌官司、担心、惊恐、律师、善说唱。利斗讼官司、抢捕盗贼、蛊惑乱众。

八门的吉凶口诀是：吉门被克吉不就，凶门被克凶不起；吉门相生（指门与宫）有大利，凶门得生祸难避，吉门克宫吉不就，凶门克宫事更凶。在预测时要注意一点，任何事物都有两面性，门吉凶根据所测事物的性质而定。如伤门测讨债为吉门，测婚姻为凶门。

八门主人事也像九星一样有着自己的家，按顺时针看，开门五行属金在六宫，休门五行属水在一宫，生门五行属土在八宫，伤门五行属木在三宫，杜门五行属木在四宫，景门五行属火在九宫，死门五行属土在二宫，惊门五行属金在七宫。八门在每个时间段都有一个门负责值班，是地上值班的门，我们称它为“值使”。如图：

杜门4（木）	景门9（火）	死门2（土）
伤门3（木）	5（土）	惊门7（金）
生门8（土）	休门1（水）	开门6（金）

在预测时它们在值使门的带领下，按着固定的顺时针顺序移动到了时干所在的位置。八门为人盘，八门排列顺序阳遁、阴遁是一致的，均依顺时针排列。

3）八神是古人在天人感应中发现的与九宫八卦有对应性质的八种神秘力量，它们是直符、螣蛇、太阴、六合、白虎、玄武、九地、九天。八神为神盘，八神顺序不变，阳遁顺时针排列，阴遁逆时针排列。其代表含义如下：

直符

禀中央土，为天乙之神，诸神之首，所到之处百恶消散。代表物体的源头、领导、高级的、气宇轩昂、有管理能力。临直符时还表示安全。

螣蛇

禀南方火，为虚诈之神，性柔而口毒，可出惊恐怪异之事。代表虚假、变化、传染、疑虑。

太阴

禀西方金，为阴佑之神，性阴匿暗昧。代表密谋策划、周密、细腻、小人。

六合

禀东方木，为护卫之神，性平和，司婚姻、交易中间介绍之事。代表婚姻、家庭、合伙。

白虎

禀西方金，为凶恶刚猛之神，性好杀，司兵戈争斗杀伐病死。代表直爽、凶灾、公安，武状元、打斗。

玄武

禀北方水，为奸谗小盗之神，性好阴谋贼害，司盗贼逃亡、口舌之事。暧昧之神、偷摸、捣鬼、文状元、贪污、偷情、投机、昏厥、醉酒。

九地

坤土之象有厚载之德，万物之母，为坚牢之神，性柔好静。代表稳定、时间久、固执、资格老。

九天

乾金之象，万物之父，为威悍之神，性刚好动。宫中格局旺主远、大，格局衰主好高骛远。

奇门遁甲这个时空数理模型分为地盘、天盘、人盘、神盘四层，下面是八门、九星、八神在阳遁一局的位置图。

<table>
<tr><td>六合
杜门辛
天辅星辛
巽四宫　木</td><td>白虎
景门乙
天英星乙
离九宫　火</td><td>玄武
死门已
壬天(禽)芮星己
壬坤二宫　土</td></tr>
<tr><td>太阴
伤门庚
天冲星庚
震三宫　木</td><td>死门(寄二宫)
天禽星壬(寄二宫)
中五宫　土</td><td>九地
惊门丁
天柱星丁
兑七宫　金</td></tr>
<tr><td>螣蛇
生门丙
天任星丙
艮八宫　土</td><td>直符
休门戊
天蓬星戊
坎一宫　水</td><td>九天
开门癸
天心星癸
乾六宫　金</td></tr>
</table>

4）纸上起局方法（摘自张志春著《神奇之门》）

第一步

先把阳历的年月日时换算成干支历。

第二步

根据节气和上中下三元的规律，确定求测日所用遁甲局数，是阳遁几局，或阴遁几局。

第三步

在纸上画一个井字形九宫格或者米字形八宫格，将一至九宫分别按奇门遁甲格局填在格内。

第四步

在纸上一至九宫格内，按遁甲几局三奇六仪的排布规律，即戊、己、庚、辛、壬、癸、丁、丙、乙这个永定例、永远不变的顺序，将六仪三奇布在一至九宫格内。

第五步

找出预测时辰的旬首。比如乙亥时，甲戌为旬首；辛亥时，甲辰为旬首；戊戌时，甲午为旬首；即预测时辰是六甲中哪一甲大将在地盘值班。

同时根据该甲所隐的六仪，即知道地盘上该甲在几宫值班了。

第六步

根据地盘上六甲中值班一甲所在宫位，即可找出与它对应的天盘上值班的九星之一，这就是值符；人盘上值班的八门之一，这就是值使。这样把这个时辰内的值符和值使就找出来了，并一一写在纸上。

第七步

根据“值符随时干”的规律，看预测时辰的天干在地盘几宫，就将值符直接写在这个宫内，同时将它原在地盘宫内的六仪三奇也随之写在它如今运转到的宫内。

第八步

值符落宫确定了，将其余八星连同它们原来地盘内所携带的六仪三奇也一一写在运转到的宫内，这样用事时辰天盘运行的格局就确定了。

第九步

根据“值使随时宫”的规律，将值使的八门之一按时间和宫位运行的顺序，确定它所落宫位，然后把它写在该宫格内。同时，将其余七门按固定顺序，一一写在其他宫格之内。这样，八门运转到问事时辰的格局也就一目了然了。

第十步

根据阳遁顺时针运转，阴遁逆时针运转的规律和小值符永远追随大值符的规律，将神盘中的小直符首先写在大值符所落宫内，然后，将螣蛇、太阴、六合、白虎（勾陈）、玄武（朱雀）、九地、九天按顺序一一写在其他七个宫内。这样，八神盘在问事时辰运行的格局也就确定了。

详细操作步骤可参看我著的《周易与商战》、《周易与婚姻》、《周易与三十六计》等书。

（五）格局

1. 乙

（乙为三奇之一，乙为日奇，天盘乙奇加地盘天干形成的格局一般含义）

乙加乙为“日奇伏吟”：求名求利及进取事不可求，只宜安分守己。

乙加丙为“奇仪顺遂”：遇吉星为迁官进职；凶星为夫妻离别。

乙加丁为“奇仪相佐”：文书、考试事吉，百事皆可为。

乙加戊为“利阴害阳”：门逢凶迫，财破人伤。

乙加己为“日奇入墓”：戌为乙之墓（甲戌己），乙被土暗昧，门凶必凶；得开门为地遁。

乙加庚为“日奇被刑”：争讼财产，夫妻怀私。

乙加辛为“青龙逃走”：奴仆拐带，六畜皆伤。测婚为女逃男。

乙加壬为“日奇入地”：尊卑悖乱，官讼是非。

乙加癸为“日奇入网”：遁迹修道，隐匿藏形，躲灾避难为吉，不利进取。

2. 丙

（丙为三奇之一，丙为月奇，天盘丙奇加地盘天干形成的格局一般含义）

丙加乙为“日月并行”：公私事皆吉。

丙加丙为“月奇悖师”：文书逼迫，破耗遗失。丙为至阳之物，丙加丙，凡事过犹不及。

丙加丁为“星奇朱雀”：贵人文书吉利，常人平静。得生门为天遁。

丙加戊为“飞鸟跌穴”：谋为百事，百事洞彻。

丙加己为“火悖入刑”：丙火入戌墓（甲戌己），囚人刑杖，文书不行。吉门得吉，凶门转凶。

丙加庚为“荧入太白”：门户破败，盗贼耗失，利退不利进。

丙加辛为“月奇相合”：格局旺相，遇吉门谋事可成，病人不凶。格局衰弱，遇凶门则易犯错误。

丙加壬为“火入天罗”：为客不利，是非颇多。

丙加癸为“月奇入网”：阴人害事，灾祸频生。

3. 六丁

（丁为三奇之一，丁为星奇，天盘丁奇加地盘天干形成的格局一般含义）

丁加乙为“人遁吉格”：贵人加官进爵，常人婚姻财喜。

丁加丙为“星随月转”：阴加阳上，阴阳失位，贵人越级高升，常人则乐极生悲，慎防物极必反。

丁加丁为“奇入太阴”：文书即至，喜事遂心。

丁加戊为“青龙转光”：贵人升迁，常人威昌。

丁加己为“火入勾陈”：奸私仇冤，事因女人。

丁加庚为“星奇受阻”：文书阻隔，行人必归。

丁加辛为“朱雀入狱”：罪人释囚，官人失位，在其位不谋其政。

丁加壬为“奇仪相合”：贵人恩诏，讼狱公平。

丁加癸为“朱雀投江”：文书口舌是非，音信沉溺。

4. 戊

（戊为青龙，天盘戊加地盘天干形成的格局一般含义）

戊加乙为“青龙合会”：门吉事吉，门凶事凶。

戊加丙为“青龙返首”：动作大吉，若逢门迫、入墓、击刑，吉事成凶。

戊加丁为“青龙耀明”：谒贵求名吉利；若逢入墓、门迫，惹是招非。

戊加戊为“伏吟”：凡事闭塞阻滞，静守为吉。

戊加己为“贵人入狱”：公私皆不利。

戊加庚为“值符飞宫”：主换地盘，吉事不吉，凶事更凶。

戊加辛为“青龙折足”：吉门生助，尚可谋为，若逢凶门，主招灾、失财、有足疾，做事半途而废。

戊加壬为“青龙入天牢”：凡阴阳皆不吉利。

戊加癸为“青龙华盖”：门吉则吉，门凶招灾。

5. 己

（己为地户，天盘己加地盘天干形成的格局一般含义）

己加乙为“墓神不明”：地户逢星，宜遁迹隐形为利，不利进取。

己加丙为“火悖地户”：阳人冤冤相害，阴人必致淫污。

己加丁为“朱雀入墓”：文状词讼，先曲后直。

己加戊为“犬遇青龙”：门吉谋望遂意，上人见喜；门凶枉劳心机。

己加己为“地户逢鬼”：病者必死，百事不遂，凶事必凶。

己加庚为“刑格返名”：词讼先动者不利，凶星有谋害之情。

己加辛为“游魂入墓”：阴人作祟，惊怪之事。

己加壬为“地网高张”：狡童佚女，奸情伤杀，争斗之事。

己加癸为“地刑玄武”：男女疾病垂危，有词讼囚狱之灾。

6. 庚

（庚为白虎、阻力，天盘庚加地盘天干形成的格局一般含义）

庚加乙为“太白逢星”：逢合因事而绊，退则吉，进则凶。

庚加丙为“太白入荧”：占贼必来，为客进利，为主破财。

庚加丁为“亭亭之格”：因私匿起官司，门吉有救。

庚加戊为“天乙伏宫”：主换地盘，百事不可谋，为凶。

庚加己为“官符刑格”：官司被重刑，百事不利。

庚加庚为“太白同宫”，又名“战格”：官灾横祸，兄弟争斗，意见不一。

庚加辛为“白虎干格”：远行则凶，车折马死，时间越长越凶。

庚加壬为“小格”：远行失迷道路，男女音信难通，变动、外出。

庚加癸为“大格”：婚姻易鳏寡孤独，生产母子俱伤，大凶。

7．辛

（辛主错误，天盘辛加地盘天干形成的格局一般含义）

辛加乙为“白虎猖狂”：家败人亡（分家、婚散、破产），远行多殃，尊长不喜，车船俱伤。

辛加丙为“干合悖师”：荧惑出现，占雨无，占晴旱，占事必因财致讼。门吉则无事，门凶事凶。

辛加丁为“狱神得奇”：经商获倍利，囚人逢赦宥，被绊之事获释解。

辛加戊为“困龙被伤”：官司破败。屈抑守分吉，妄动则祸。

辛加己为“入狱自刑”：奴仆背主，诉讼难伸，有理难辩。

辛加庚为“白虎出力”：刀刃相交，主客相残。遇事退让则安，强进则祸。

辛加辛为“伏吟天庭”：公废私就，讼狱自罹罪名。

辛加壬为“凶蛇入狱”：两男争女，一货售两家，讼狱不息，先动失理，利主不利客。

辛加癸为“天牢华盖”：日月失明，误入天网，动止乖张。

8．壬

（壬为小蛇，又主天罗，天盘壬加地盘天干形成的格局一般含义）

壬加乙为“小蛇得势”：女子柔顺，男人哀叹。占孕生子，禄马光华。

壬加丙为“水蛇入火”：官灾刑禁，络绎不绝。

壬加丁为“干合蛇刑”：文书牵连，贵人匆匆，男吉女凶。

壬加戊为“小蛇化龙”：男人发达，女产婴童，做事防耗散。

壬加己为“反吟蛇刑”：大祸将至，顺守则吉，词讼理屈。

壬加庚为“太白擒蛇”：刑狱公平，立判邪正，做事有阻。

壬加辛为“螣蛇相缠”：纵得奇门，亦不能安。若有谋望，被人欺瞒。

壬加壬为“蛇入地罗”，又名“天狱自刑”：外事缠绕，内事索索，吉门吉星，庶免蹉跎。

壬加癸为“幼女奸淫”：家有丑声，门吉星凶，反祸福隆。

9. 癸

（癸为天网、华盖，天盘癸加地盘天干形成的格局一般含义）

癸加乙为“华盖逢星”：贵人禄位，常人平安。

癸加丙为“华盖悖师”：贵贱逢之皆不利，唯上人见喜。

癸加丁为“螣蛇夭矫”：文书官司，火焚难逃。

癸加戊为“天乙会合”：吉门，婚姻财喜，吉人赞助成合。若门凶迫制，反招官非。

癸加己为“华盖地户”：男女占之，音信皆阻，躲灾避难为吉。

癸加庚为“太白入网”：以暴争讼，自罹罪责。

癸加辛为“网盖天牢”：占病占讼，罪人难逃。

癸加壬为“复见螣蛇”：嫁娶重婚，后嫁无子，不保年华。

癸加癸为“天网四张”：行人失伴，病讼皆伤。

门加门格局，门加天盘天干格局的一般含义：

1. 开门

开加开：主贵人宝物财喜。

开加休：主见贵人财喜及开张铺店，贸易大吉。

开加生：主见贵人，谋望所求遂意。
开加伤：主变动、更改、移徙，事皆不吉。
开加杜：主失脱刊印书契，小凶。
开加景：主见贵人，因文书事不利。
开加死：主官司惊扰，先忧后喜。
开加惊：主百事不利。
开加戊：财名俱得。
开加乙：小财可求。
开加丙：贵人印绶。
开加丁：远信必至。
开加己：事绪不定。
开加庚：道路词讼，谋为两歧。
开加辛：阴人道路。
开加壬：远行有失，注意破财。
开加癸：阴人失财，小凶。

2. 休门

休加休：求财、进人口、谒贵吉，朝见、上官、修造亦大利。
休加生：主得阴人财物，谒贵谋望，虽迟也吉。
休加伤：主上官吉庆，求财不得。有亲戚分产，变动事不吉。
休加杜：主破财，失物难寻。
休加景：主求文书印信事不至，反招口舌小凶。
休加死：主求文书印信官司事，或远行，僧道事不吉，占病凶。
休加惊：主损财、招非并疾病、惊恐事。
休加开：主开张店肆及见贵、求财等喜庆事，大吉。
休加戊：财物和合。
休加乙：求谋重，不得；求轻，可得。

休加丙：文书和合喜庆。

休加丁：百讼休歇。

休加己：暗昧不宁。

休加庚：文书词讼先结后解。

休加辛：疾病退愈，失物不得。

休加壬：阴人词讼牵连。

休加癸：阴人词讼牵连。

3. 生门

生加生：主远行、求财、婚姻、生育吉。

生加伤：主亲友变动，道路不吉。

生加杜：主阴谋，阴人破财，不利。

生加景：主阴人、小口不宁及文书事，后吉。

生加死：主田宅官司，病主难救。

生加惊：主尊长财产、词讼，病迟愈，吉。

生加开：主见贵人，求财大发。

生加休：主阴人处求财谋利，吉。

生加戊：嫁娶、求财、谒贵皆吉。

生加乙：主阴人生产，迟吉。

生加丙：主贵人印绶、婚姻、书信喜事。

生加丁：主词讼、婚姻、财利大吉。

生加己：主得贵人维持，吉。

生加庚：主财产争讼破产，不利。

生加辛：主官事、产妇疾病，后吉。

生加壬：主遗失财后得，盗贼易获。

生加癸：主婚姻不成，余事皆吉。

4. 伤门

伤加伤：主变动、远行折伤，凶。
伤加杜：主变动、失脱、官司，桎梏，百事凶。
伤加景：主文书印信，口舌，惹是生非。
伤加死：主官司印信凶，出行大忌，占病凶。
伤加惊：主亲人疾病忧惊，谋伐不利，凶。
伤加开：主见贵人、开张、走失、变动之事，不利。
伤加休：主阳人变动或托人办事，财名不利。
伤加生：主房产、种植事业，凶。
伤加戊：主失脱难获。
伤加乙：主求谋不得，反防盗失财。
伤加丙：主道路损失。
伤加丁：主音信不实。
伤加己：主财散人病。
伤加庚：主讼狱被刑杖，凶。
伤加辛：主夫妻怀私恣怨。
伤加壬：主囚盗牵连。
伤加癸：主讼狱被冤，有理难申。

5. 杜门

杜加杜：主因父母疾病，田宅出脱事，凶。
杜加景：主文书印信阻隔，阳人小口疾病。
杜加死：主田宅文书失落，官司破财，小凶。
杜加惊：主门户内忧疑惊恐，并有词讼事。
杜加开：主见贵人官长，谋事主先破已财，后吉。
杜加休：主求财有益。

杜加生：主阳人小口破财，田宅求财不利。

杜加伤：主兄弟相争田产，破财不利。

杜加戊：主谋事不成，密处求财得。

杜加乙：主宜暗求阳人财物，得主不明至讼。

杜加丙：主文契遗失。

杜加丁：主阳人讼狱。

杜加己：主私谋害人招非。

杜加庚：主因女人讼狱被刑。

杜加辛：主打伤人，词讼，阳人小口凶。

杜加壬：主奸盗事，凶。

杜加癸：主百事皆阻，病者不食。

6. 景门

景加景：主文状未动有预先见之意，内有阳人小口忧患。

景加死：主官讼，因田宅事相争，惹麻烦。

景加惊：主官讼，阴人小口疾病事，凶。

景加开：主官人升迁，吉；求文印更吉。

景加休：主文书遗失，争讼不休。

景加生：主阴人生产大喜，更主求财旺利，行人皆吉。

景加伤：主姻亲小口口舌。

景加杜：主失脱文书，散财后平。

景加戊：主因财产词讼，远行吉。

景加乙：主讼事不成。

景加丙：主文书急迫，火速不利。

景加丁：主因文书印状招非。

景加己：主官事牵连。

景加庚：主讼人自讼。

景加辛：主阴人词讼。

景加壬：主因贼牵连。

景加癸：主因奴婢受刑。

7. 死门

死加死：主官事稽留，印信无气，凶。

死加惊：主因官司不结，忧疑患病，凶。

死加开：主见贵人，求印信文书事大利。

死加休：主求财物事不吉，若问僧道求方吉。

死加生：主丧事，求财得，占病死而复生。

死加伤：主官司动而被刑杖，凶。

死加杜：主破财，妇人风疾，腹肿，阻绝凶。

死加景：主因文契印信财产事见官，先怒后喜，不凶。

死加戊：主作伪财。

死加乙：主求事不成。

死加丙：主信息忧疑。

死加丁：主老阳人疾病。

死加己：主病讼牵连不已，凶。

死加庚：主女人生产，母子俱凶。

死加辛：主盗贼失脱难获。

死加壬：主讼人自讼自招。

死加癸：主嫁娶事凶。

8. 惊门

惊加惊：主疾病、忧疑、惊疑。

惊加开：主官事忧疑，能见贵人不凶。

惊加休：主求财事或口舌事，迟吉。

惊加生：主因妇人生产或求财生忧惊，皆吉。

惊加伤：主因商议同谋害人，事泄惹讼，凶。

惊加杜：主因失脱破财惊恐，不凶。

惊加景：主词讼不息，小口疾病，凶。

惊加死：主因宅中怪异而生是非，凶。

惊加戊：主损财，信阻。

惊加乙：主谋财不得。

惊加丙：主文书印信惊恐。

惊加丁：主词讼牵连。

惊加己：主恶犬伤人成讼。

惊加庚：主道路损折，遇贼盗，凶。

惊加辛：主女人成讼，凶。

惊加壬：主官司囚禁，病者大凶。

惊加癸：主被盗，失物难获。

常用吉凶格局：

1. 吉格

青龙返首（戊加丙）：除病以外百事吉，若遇入墓、击刑则变凶。

飞鸟跌穴（丙加戊）：百事大吉，遇病、入墓、击刑则凶。

三奇得使：天盘三奇遇值使门，其中以乙在甲戌、甲午旬，丙在甲子、甲申旬，丁在甲辰、甲寅旬为最有用。

玉女守门：值使门加地盘丁奇，最吉利。

天显时格：甲己日的甲子、甲戌时，乙庚日甲申时，丙辛日甲午时，丁壬日甲辰时，戊癸日甲寅时。一般情况下，遇此格军事、工作、经商、出行皆吉。但因为天显时格又为伏吟局，故好坏参半，判断的时候应仔细分析。

2. 凶格

伏吟：即门或星伏于本宫。遇伏吟利主不利客，破财伤人，唯宜收敛财货、讨债等。

反吟：九星八门落入对冲之宫，遇反吟利客不利主，遇事速度快，或半途而废，求财无利反蚀本，新病则愈，久病难愈。

青龙逃走（乙加辛）：主客皆伤，百事不利。

白虎猖狂（辛加乙）：家败人亡，百事凶。

螣蛇夭矫（癸加丁）：官非口舌，百事皆凶。

朱雀投江（丁加癸）：惊恐怪异，口舌官非。

荧入太白（丙加庚）：战宜回避，不可冲击，利主不利客。

太白入荧（庚加丙）：占凶必来，利客不利主。

大格（庚加癸）：图谋未遂，求人不见。

小格（庚加壬）：又称移荡格，遇事多有变动，不宜出师。

门迫：即门克宫，吉门被迫吉不就，凶门被迫祸重重。

年月日时格：庚加于年月日时上，主凶。破案遇庚格则吉。

悖格：丙加六仪，六仪加丙（戊除外），或丙加年月日时之上，做事无序，求财尽早抽身。

天网四张（癸加癸）：此时不宜举事，举事则祸。

九遁格如下：

逢九遁格利于变换阵势或方法，利取得胜利。九遁格古书各异，该九遁格是对照了若干奇门遁甲书后，根据实践经验归纳出来的。

格名	神盘	天盘	人盘	地盘	作　　用
天遁		丙奇	生门	丁奇	利竞争、策划、建议、晋职、隐蔽企图，生意、出行；往来此方大吉
地遁		乙奇	开门	己	利隐蔽企图、建立营业网点、造房、谋为百事皆吉
人遁	太阴	丁奇	休门		利调研、隐蔽企图、和谈、招聘、经营等均为吉利
神遁	九天	丙奇	生门		宜声东击西、策划、开路、塞河、培训等
鬼遁	九地	丁奇	杜		宜出其不意、调研、设伏、攻虚等
风遁		乙奇	开、休、生	巽四宫	如风从西北方来，宜顺风击敌；如风从东南方来，敌在东南方，不可交战
云遁		乙奇	开、休、生	辛	在不墓破的情况下，宜隐蔽企图、设立营销网点、生产产品
龙遁		乙奇	休	坎一宫	宜掩捕敌人、水战、修桥、打井
虎遁		乙奇	生	艮八宫	最利隐蔽扩张

三诈五假格：

逢三诈五假格，运筹时应制定计谋才可以求得胜利。

格名	神盘	天盘	人盘	地盘	作　用
真诈	太阴	乙丙丁	开休生		宜表彰、隐藏、运筹机谋
重诈	九地	乙丙丁	开休生		宜招聘、取财、升迁、运筹机谋
休诈	六合	乙丙丁	开休生		宜合药治邪祈禳之事、运筹机谋
天假	九天	乙丙丁	景		宜竞争诉讼、见贵求官、建议、扬兵颁号、合作
地假	九地	丁己癸	杜		宜潜藏埋伏、退却、谋探私事
鬼假（神假）	九地	癸己	死		利埋葬、索债、捕捉、伏藏、鼓励表彰
物假	六合	丁己	伤		宜埋藏伏藏、经营
人假	九天	壬	惊		宜捕捉逃亡

（六）判断原则

1．主客论

奇门遁甲尤为重视主客，就是说运筹时我们应该是主动进攻还是待机而动，是先发制人还是后发制人这就是为主还是为客的问题。用奇门遁甲指导时应先在奇门局上分清分主客关系，明辨奇门局上是主能取胜还是客能取胜，再去运用奇门遁甲制定战略战术。

古人在《奇门遁甲秘笈大全》中对主客关系有精辟的论述。太公曰："凡主客动静不定，变化莫测，故主客不定之象，或以先动为客，后动为主，或以动为客，静为主，或以先声为客，或以天盘为客，地盘为主，诸事总有用诀。成败胜负皆贵乎主以宾之紧要也。如出兵动众，以我为客，至彼地为主，或贼巢及贼所侵之城郭为主，或以阳为客，阴为主，或反客为主反主为客。若选将求贤，招兵买马，干谒访友之类，是我为客，彼他彼人为主。如有人来求我，或通知我，而我未知，是彼为客，我为主。如在对阵，或不在此对敌，再又分主客也。或此时交锋，若利客，宜先耀武扬威，放炮呐喊；若利主，惟宜偃旗息鼓，禁声而敌，埋伏取胜。

凡发兵须看贼巢远近，如发兵时交战，或不同时交锋，不可以先动为客。待临敌取主客，到时而用之可也。如此时主客不利，只宜固守。倘若急迫，或被围困，宜以计胜，或运筹闭六戊，或乘天马等类亦可。如国事，都省府县乡事，家宅官讼，坟茔，求谋名利，婚姻，行人，失脱，逃走，捕捉，即以地盘为主人，天盘为客人事。是多不能细述。大凡天盘诸星生合地盘为上，地盘生合天盘次之。如客生主为称意美满，进益多端；主生客为耗散迟延；主客比和，行藏皆遂；主克客及半实半虚，自败，虚花事为不果；客克主则战败无成，求吉格凶。故善用奇门者，先分主客，然后再明占法。如此时利主，我即为主，比时利客，我即为客。或以进为客，不进为主，在我心——不可执一。为客为主，任我可也。"

当今社会力主和谐，凡事追求双方受益的最佳效果。很多情况下，事物双方关系不一定必须是此消彼长、你死我活的格局。每战必胜不一定是最佳方案，"不战而屈人之兵"为上策，耗费大量财力、人力战胜对手是中策，两败俱伤是下策。所以，如何既维护自身利益，达到既定目标，又兼顾对方利益和长远的合作与发展，找到二者最佳的切合点，有竞有合方为上策。从这个层面上看，古人的主客论在现代仍具有深远的指导意义，关于主客论的原则，我们应认真理解，全面考虑，灵活应用。

按照上述原则应先把主客区分开来，区分主客大体把握下面几条：

先动为客，后动为主。

行动为客，静守为主。

先声为客，后声为主。

天盘为客，地盘为主。

在区分主客关系之后，还要依据格局判断此次行动利主还是利客。

在奇门格局上，天盘和地盘的奇仪一般是以五行生克的原理来确定的，天盘奇仪克地盘奇仪或地盘奇仪生天盘奇仪利客。如：癸加丙、丙加乙；地盘奇仪克天盘奇仪或天盘奇仪生地盘奇仪则利主，如壬加己、己加庚。但有一些特定的格局不一定依据奇仪的五行生克原理来确定。如庚加丙这一常用的格局，按五行生克原理，地盘丙火克天盘庚金，应利主方，但却利客；而丙加庚，天盘丙火克地盘庚金应利客方，但却利主方。这是古人长年总结的经验，我们在实践中应认真研读格局的论述和含义，仔细推敲后再去运用，万万不可轻易下断语，造成决策错误，从而导致失败。

在八神中九天利客，九地利主，在八门中伤门利客，休门利主，九星中天冲星利客，天辅星利主，在格局中庚加丙利客，丙加庚利主等。

在八门、九星天地盘生克关系上，地盘宫生天盘星门者则利客，地盘宫克天盘星门者则利主；若天盘星、门克地盘宫者利客，天盘星、门生地盘宫者利主。天盘星、门与地盘宫比和主客皆有利。

在奇门局上分清了主客的胜败关系后，即可确定为主好还是为客好。如奇门局中显示有利主方，就应该选择为主的战略战术去进行活动，如局中显示有利于客方，就应该选择为客的战略战术去进行活动，为客为主即进攻还是防守，要根据情况任我选用。

在选主客时，应首重八门，次重奇仪，再看八神。

奇门遁甲格局中八门、九星、九宫、八神、三奇六仪在一定的时空下相互搭配形成的固定格局，反映了事物发展的规律和必然结果，根据这些格局的含义可以在行动中采取趋吉避凶的战略战术。如：反吟利客，遇事应先行动、先发制人，主进攻，宜乱中取胜，也主反复；伏吟利主，遇事应后行动、后发制人，主不动，主待机而动，也主迟慢；日干庚加丙利进不利退，日干丙加庚利退不利进。

2. 定应期

确定具体时间，在预测中叫做定应期，它的基本原则有两点，一是断大的态势，二是断具体应期。

大的态势：

（1）伏吟主慢，八门九星伏吟时应期时间较长。

（2）反吟主快，八门九星反吟时应期时间较短。

（3）日干、时干均落内盘时间较快，一内一外较慢，均在外盘更慢。

（4）九天主快，用神上乘九天时间较快。

（5）九地主慢，用神上乘九地时间较慢。

具体应期：

（1）用神逢空亡，遇冲实、填实之时为应期。如用神落兑宫逢空亡，遇酉年、月、日为填实，逢卯年、月、日为冲实。

（2）时干、值使门落宫数为年月日数。若时干或值使门落坎一宫，坎主一、六数，旺取六数，衰取一数。时间长论年，一年、一年六个月，时间短论月、日。如1天、10天、6天、16天、60天。

（3）合逢冲，冲逢合。用神天干相合，如丁落震三宫与地盘壬相合，逢兑宫年月日当令为冲之时。如（甲午）辛落二宫与地盘（甲子）戊为子午相冲，逢丙年月日为丙辛相合。

（4）用神入墓，冲墓之时。如乙落坤二宫为入未墓，待丑年月日时形成丑未相冲。

（5）马星当令或逢冲之时为应期。用神落宫临马星，如庚落坤二宫临马星或逢马星冲时为应期。

3. 判断方法

奇门遁甲模型是一个符号系统，这个符号系统是一个时空数理立体模型，就好像一间半透明的房子，预测者只要奇门知识掌握得好，有一定的实践经验，就可以从不同的方位看到室内的布局。奇门用神很多，其基本用神就有 64 个，判断时可以多用神，多角度，依据象数理选择符号去分析模型中的生克关系，以求得正确的判断结果。判断总原则有四条：

（1）分清性质，找准符号

区分性质。用奇门遁甲进行预测首先要区分性质。比如测求财，是卖货还是买货，是开店还是投资，找准代表符号就抓住了事物的主要矛盾。预测中一定要弄清所测事情的性质、目的，否则就取不准符号，实战中不但测不准，还可能判断失误，做出错误的决断。

（2）明确状态，知己知彼

竖看用神。一般是看用神双方宫中天盘、地盘、人盘与神盘之间符号的旺衰及生克关系。如测诉讼，值符代表原告，天乙代表被告，开门代表法官，六合代表证据等。用神落宫的八门、九星、八神、奇仪及宫的旺衰、吉凶就代表了该用神的吉凶状态。测求财时应先细察日干落宫格局，了解其旺衰，旺则利求财，衰则不利求财；坐开休生吉门宫或相生比和利求财，凶门宫相反；格局好有财，格局凶无财。再看计划、合同、政府、办事机构、上级领导、竞争对手及地理环境等各自宫内的旺衰吉凶状况。若求测人和对自己相助的用神宫旺相、得奇、得吉门、吉星、吉格则吉，反之，对手和对自己不利的用神宫旺相、得奇、得吉门、吉星、吉格则凶。对预测人的影响，应尽力做到知己知彼，百战不殆。

（3）五行生克，断其结果

横看生克。在找准代表符号后，一般就要以宫的五行看求测人与其他符号宫的生克关系即宫与宫的关系，但重大事情则要兼看求测人的年命（出生年的年干）落宫。代表符号为主线，五行生克决断吉凶成败。如日干或年命居震三宫克时干坤二宫时，则求测人伤对方；时干艮八宫生日干乾六宫，是对方来求我，事情易成；日干在兑七宫，时干在乾六宫，二者均属金，则公平相处，公平合理。其他代表符号的关系道理相同。

（4）环顾全局，决定策略

策略取用。预测结果明确后，我们还要以奇门格局选择正确的策略，指导我们处理事情应采取的措施。奇门遁甲局的九宫不是孤立的，它们是互相联系的，而且是运动的。凡事都要仔细推敲各代表符号的格局，全面环顾九宫局象，权衡各方利弊关系。如测婚姻时，若男方预测，乙为妻，逢死门，说明女方家长反对，应重点去做女方家长的工作。若女方预测，庚代表男方，庚入墓、六仪击刑，格局又凶，说明男方脾气暴躁，可能会有家庭暴力倾向，则应考虑对方脾气问题，切不可被表面现象所蒙蔽。如庚宫格局好生丁宫时，男方可能会出现外遇，策略上应采用教育、挽回之态度，可耐心做工作，切不可粗暴行事，以免将男方逼到第三者一方。总之，要统观全局，依据实际情况，提出切合实际的建议，指导预测人规避风险，运筹帷幄，决胜千里之外。

第二部分　实例解析

奇门彰显神威　美誉海外名扬

（海外现场表演）

2007年8月14日，应新加坡周易研究会沈会长的邀请，我到新加坡讲学。到达后，沈会长介绍说，邀请你到新加坡讲学的事，我们已经登了两次报纸了。这次讲学的会场设在新加坡总商会的二楼，讲学前，要做两小时的奇门遁甲与商战演讲，讲到这儿，沈会长不好意思地说，在新加坡，演讲是需要进行现场表演的。对此，我表示没有问题，只提了一个要求，那就是现场表演只允许两人提问，问题可以不限内容。

第二天下午6时准时演讲，会场一百多人的座位座无虚席，他们眼中充满了对中华传统文化的好奇。大家一定是在想，能够走出中国国门，到国外敢于公开表演的是个什么样的人。我边往台上走边想，我要让外国人看一看，什么是中国的周易，什么是真正的奇门遁甲。这不是在说政治大话，我心里就是这样想的。

演讲开始，我循序渐进、深入浅出地讲了周易与奇门的关系、奇门遁甲的来源、预测原理，以及在现代商战中的作用。奇门遁甲模型是一个时空数理模型，模型在一定的时间必然反映一定的空间内容，我早早就起好了奇门遁甲格局。演讲的最后十五分钟，正是戌时，我对大家说，谁有问题可以提问。沈会长对大家讲："有想现场预测的可以举手。"场内立刻有一大片人举手，沈会长指了指坐在前面的第一排的一个三十多岁的小伙子，小伙子站起来说："美国的次贷危机出现了，股市会怎么样？"其实当时我对次贷危机并不清楚，看了看局，马上答复："跌。"紧接着，我说："涉及政治的问题最好不要问。"新加坡搞金融的非常多，大家非常关心这个问题，散会后，很多人围着我，问为什么会跌，我说代表股市下跌的符号非常明显，非跌不可。

第二个提问的是个三十多岁的妇女，她说："我有一套房子，是卖了好还是不卖好？"我答复："你要卖房就赔钱，赔三数或八数。"我抬头看她，她也不吭声，用眼神期待着我给她更准确的答复，我说："你要是卖房就赔新加坡币三万，折合人民币十五万。"这时，从她旁边突然站起来一个女的，我心想不是测两个人吗？怎么又站出来一个人呢？没等我反应过来，那人就开了口："我证明，她已经把房子卖了，赔了三万新币。"现场一片掌声。会场举手的人仍然很多，沈会长小声跟我商量，再测一个吧，我点头同意。

这时，一位五十多岁的妇女手举得高高的，强烈要求预测，她说："我的腿总疼，是不是我们家风水有问题？"我低头考虑了一下说："你家风水是有问题，你家东侧不是装修就是在改建。"我抬头看着她，等待她的回答。她摆了摆手说："不对！"

不对？我又问她："你住在你们家的哪个方向？"她说："我住在我们家东侧。"我心想，没测错呀，东侧风水对她家是有影响的。紧接着她又说："不过我们家东邻正在修建房子。"我说："道理都一样。你应该找一个当地的风水师给你调一调。"会后，我对沈会长说，东邻修建房子对她家的风水是有影响的，所以建议她找风水师调整。这时，会场上很多人还在举手，沈会长赶紧走到主席台前，嘴里喊着"散会！散会！"两手还不停地挥动，示意散会。

至此，新加坡的演讲成功结束，中华传统国粹在海外美誉盛传。

奇门格局：

2007 年 8 月 15 日戌时

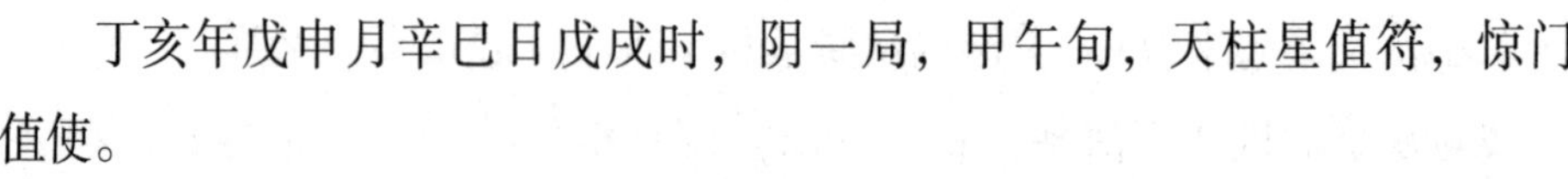

丁亥年戊申月辛巳日戊戌时，阴一局，甲午旬，天柱星值符，惊门值使。

玄武　空 开门　庚 天任　丁	白虎 休门　丙 天冲　己	六合　马 生门　丁 天辅　乙
九地 惊门　戊 天蓬　丙	癸	太阴 伤门　丙 天英　辛
九天 死门　壬 天心　庚	直符 景门　辛 天柱　戊	螣蛇 癸 杜门 乙 天芮　壬

分析依据：

1．为什么说股市会跌？

该局中大局八门反吟，反吟利卖不利买。甲子戊代表股票价格，落震三宫为六仪击刑，主价格下跌。值符落宫代表大盘的行情，宫中甲午辛加甲子戊为困龙被伤格局，子午相冲也主跌。故综合三者判断，股市必跌。

2．为什么说卖房就要赔钱？

时干戊为房子又为价格落震三宫击刑，击刑则说明赔钱，三宫主 3、8 数，故要陪三万或八万，结合实际而断，应取小数三万，赔 3 万新加坡币是因为时干、甲子戊在外盘，故是外币。

3．为什么说第三个提问的人家的东边不是在装修就是在改建？

大局反吟说明其住所风水不佳。时干戊为房子的风水，处六仪击刑，击刑主装修、改建、修造、建设等，戊落震三宫，震主东方、主震动，故断其东边不是在装修就是在改建。

一、战争风云

预测原则：

预测战争不分正义与非正义，均以值符为防守方，庚为进攻方，这一对符号代表战争的双方。庚或值符逢伤门、击刑者战争惨烈。庚上乘九天声势大，乘九地偃旗息鼓，临杜门悄悄地发起进攻，景门代表战略、战术，治乱看惊门。

又日干代表求测人，时干代表事体，其两宫的格局也反映事态的状况，凡旺相者实力强，休囚者势则弱。判断时庚与值符，日干与时干，格局均是重要依据，这些因素要综合考虑。一般说来，庚克值符进攻方胜，值符克庚防守方胜。庚和值符相生、比和、空亡战争不起或最终讲和。若庚克值符（值符克庚）时，值符（庚）逢吉门吉星吉格或旺相，虽被克，但会杀敌一千自损八百。这里要注意内部打架、闹矛盾不是战争，此类用神要看庚宫与丙宫。

戊加丙"青龙返首"一战成功，入墓、击刑则凶。

丙加戊"飞鸟跌穴"伏兵必胜，但不能入墓，地盘戊落三宫不利。

丙加丁临生门为"天遁"，博弈利大张旗鼓，所战必克。

乙加己临开门为"地遁"，利安营扎寨，埋伏奇兵。

丁加休门乘太阴为人遁，利侦察敌情。

丙加生门乘九天为神遁，利阴谋诡计及空战。

丁加杜门乘九地为鬼遁，可偷劫敌方。

乙加休为龙遁，宜水（海）战、修桥、掩捕敌人。

乙落艮宫逢生门为虎遁，宜招抚、征讨敌方，可威震远方。

乙加开休生门落巽四宫为风遁，可先避敌锋芒，再顺势击敌，也利劫敌辎重。

乙加开休生加辛为云遁，遇敌应退避三舍为吉。

太阴加三奇、三吉门为真诈格，利出兵诈敌，宜张扬。

九地加三奇、三吉门为重诈格，利诱敌取胜，宜收服敌人兵将，笼络人才。

六合加三奇、三吉门为休诈格，利出兵诈敌，收降、平定叛乱。

凡遇三诈格，都应设计谋取胜。

天假：利出师扬兵誓师、建议谋划。

地假：宜潜伏、安营，散布谣言，派间谍刺探敌情，偷袭敌方军营。

人假：宜设伏兵，设计谋使人诈降，或欺诈诓骗敌人，掩饰我方的行踪、变动，也利偷营劫寨。

神假：利假借、托名于有利我方的政治舆论，以达到师出有名，慑服敌众人心的目的。

鬼假：宜设伏兵，隐秘潜藏，让敌人陷于计中而不能察觉，使之不敢轻易入侵。

物假：宜假借器具，虚诈恐吓敌人。

遇五假格需要变换战略、战术或阵型才能成功。

（凡遇三诈五假格局组合，可参看基础知识表格。）

三奇加值使门为三奇得使，各级指挥员会竭尽全力指挥战斗。

地盘丁奇加值使门为玉女守门，可设计谋，行阴私之事，利将敌人诱入我控制的地域作战。

值符、生门、九天为三胜宫，落三胜宫有利作战。

天三门宜招抚敌人，地四户利设埋伏。

地私门可潜藏，天马为逃难之方。

乙加辛龙逃走慎防打败仗，辛加乙虎猖狂不可图谋，只宜逃亡隐匿。

癸加丁军心动摇，应鼓舞士气，稳定军心；丁加癸利主不利客，只宜静守，慎防敌方使离间计。

庚加日干为伏干格，当做好防备工作，以抵御突袭的敌军。

日干加庚为飞干格，小心落入敌人设下的圈套。

庚加戊为伏宫格，敌人强大，应避其锋芒。

戊加庚为飞宫格，先头部队失利。

庚加癸为大格，应预防在先，严防敌军劫掠。

庚加壬为小格，谨慎行动，须防敌人设下伏兵。

庚加己为刑格，损失惨重，战斗无利。

悖格军中会出现混乱、惊扰之事。

庚加年干为年格，防主营生变乱之事。

庚加月干为月格，谨防指挥员受伤。

庚加日干、庚加时干为日格、时格，不利交战。

逢五不遇时为客不利，切勿进攻征伐。

庚加丙为白入荧格，利客不利主，宜进攻，若敌方诈退，必然会返回。

丙加庚为荧入白格，利主不利客，宜退却，若敌退，穷寇莫追。

逢壬癸罗网须小心敌人设陷阱。

反吟利客、伏吟利主，应视格局确定为主还是为客再行动。

三奇入墓或三奇受制，内部不团结、不协调。丙、丁落坎宫，或加地盘壬、癸，为火入水乡不利；乙奇落乾、兑宫，或加地盘庚、辛，为木入金乡，称之为三奇受制。

逢六仪击刑，战斗有利但己方却有损伤。

逢空亡、门受制或门被迫，防线虽牢固但要防敌人冲击。本书的生克均指用神宫与宫、门与宫、星与宫的五行生克比较，特殊说明除外。

美伊剑拔弩张　战争是否打响

这是两位做生意的朋友（两兄弟），在找我预测生意之后聊天时让我预测的世界大事。哥哥林守军，弟林守清，均为浙江乐清市在石家庄做服装生意的个体老板，是我认识多年的朋友。

1998年2月7日中午13时20分，通过手机联系，弟先到我家。我说："你哥哥待会要来，一定会坐在圆桌东北角的那张椅子上。"当时客厅里有一张圆桌，三把椅子。其弟半信半疑地笑着说："你有那么神？"我说不信你就当场验证。遂将桌面上所有书籍和物品挪走，并躲进卧室看书。不一会儿其兄敲门，其弟开门后，哥问："老杜呢？"弟答："在里屋。"我赶紧从里屋向外探身说："你先坐。"只见其兄先用手摸了摸东南角那把椅子但并未坐下，而是随后坐在东北角的椅子上。其弟见状，叹服地说："刚才杜部长预测你坐东北角，你怎么就真坐在这啦？杜部长的奇门让你坐哪儿你就坐哪儿。"

闲聊时其兄说："这几天我听外电广播，美国和伊拉克又顶起牛来，互不相让，你能预测一下是否打得起来？"我说："这很简单，一句话，打不起来。"弟兄俩面带惊诧说："真打不起来？了不得啊，美国有三艘航空母舰，数百架飞机，不是吓唬人的，上一次不就在海湾打起来了吗？"

双方能否打起来，人人都关心。不久，美国国防部长科恩和国务卿奥尔布赖特在1月30日和31日分别宣布："外交努力已经结束，美国将在近期内对伊采取军事行动。"2月5日中国副总理兼外长钱其琛电告美国国务卿，中国不赞同使用武力，并说江泽民对目前伊拉克武器核查危机日益恶化深表关切。7日德国总理科尔首次表示支持美国对伊实施军事打击。在这种扑朔迷离、瞬息万变而又战云密布的形势下，我预测的结果则是："这次打不起来。"

世界每时每刻焦虑万分地关注着海湾，支持美动武的只有英国。德、加、澳、新、日五国赞成和解失败后再动武，中、俄、法等15国主张和平解决。联合国秘书长安南在18日与五个常任理事国代表协商后达成一致意见，同意他去巴格达进行通过外交手段和平解决伊拉克武器核查危机的斡旋。20日安南去伊拉克，当天美国总统和其外交政策班子进行90分钟的研究之后表示不管安南斡旋成功与否，美国的军事准备将继续进行下去。表现了不打垮萨达姆绝不罢休的气势。23日安南与伊拉克副总理阿齐兹在巴格达签署了联合国在伊拉克进行武器核查的协议。24日安理会赞赏协议，而美国则表示将密切注视伊拉克是否言行一致，如伊“干预或破坏”武器核查工作，美国将“迅即采取强有力的行动”。

一场举世瞩目的第二次海湾战争在千钧一发的危机时刻非常勉强地“和平解决”了，“沙漠惊雷”终于没有炸响，让几个月来密切注视其动态的世界人民非常谨慎地松了一小口气。

由此，我在2月7日的预测，在2月23日得到了完全的证实。

奇门格局：

1998年2月7日13时20分

戊寅年甲寅月乙酉日癸未时，阳五局，甲戌旬，天心星值符，开门值使。

六合　马 杜门丙 天冲星乙	白虎 景门乙 天辅星壬	玄武　空 死门壬 天英星丁
太阴 伤门辛 天任星丙	戊	九地　空 戊惊门丁 天芮星庚
螣蛇 生门癸 天蓬星辛	直符 休门己 天心星癸	九天 开门庚 天柱星己

分析依据：

1. 为什么断其哥要坐在东北方这把椅子？

月干癸代表兄弟姐妹，甲寅月癸为月干，现癸落艮八宫，艮八宫方位为东北方，判断其哥来后坐落方向，应以月干癸落宫为其哥所坐方位。

2. 怎样断美国和伊拉克不会再次动武呢？

预测战争以天盘值符和庚落宫生克判断。值符代表防守一方，庚为白虎代表进攻一方。又以主客关系的生克来判断，主代表防守一方，客代表进攻一方。

首先从局上看一下双方的状况：

值符为守方为伊拉克落坎一宫，坎一宫就代表伊拉克的状况，宫中休门伏吟，主破财伤人，宫中己加癸为“地刑玄武”，主男女疾病垂危，有囚狱词讼之灾。正说明伊拉克不遵守联合国有关协议，被施行经济制裁，造成国内食品药物十分短缺，从而使很多儿童营养不良，患病死亡的困难境地。

庚为攻方为美国落乾六宫，乾为首，上乘九天，九天之上好扬兵，宫中庚加己为“官符刑格”，说明美国充当着世界警察角色，宫中临天柱破军星又逢开门主美国公开宣称要发兵攻打伊拉克。

但到底打不打呢？我们再从三个方面分析：

值符为伊拉克落坎一宫属水，庚为美国落乾六宫属金，金来生水，攻守双方相生为和，必不会真的动武。

另外该局八门伏吟，伏吟主不动，这也是判断打不打的一个依据。

再从主客关系看：以天盘时干癸为客，为美国，落艮八宫，癸下临辛，辛则为主，为伊拉克，辛金生癸水，为主来生客，主客相生为和，也说明美国不会向伊拉克发动战争。

日干、时干也为战争双方。现日干乙落离九宫属火，时干癸落艮八宫属土，时干生日干，也说明双方能够和谈，不会打仗。

二、洪水灾害

预测原则：

一般以天蓬星、休门作为是否发洪水的代表符号，乙、丙、丁三奇代表平安。用神落宫旺相，逢庚格，主将有洪水泛滥。壬为大水，若上乘螣蛇，也主水灾。大局反吟最凶，主反复发作，虽遇反吟格局，若用神旺，无庚又有三奇则无大碍。时干也是判断是否发洪水的依据之一，时干宫遇庚或格局凶也不吉。巽宫主河道，格局吉不泛滥，格局凶则泛滥。巽宫中带庚、开门、玄武、螣蛇或击刑则凶。用神落宫旺相得三奇，水虽涨，但不会泛滥成灾。用神落二、五、八宫，水被土克，则洪水即将退去或无洪水。用神逢壬，但不遇庚，水虽大，但不会决堤发洪水。

究竟发不发洪水，应综合判断。不可妄断，尤其不可违反法律规定，任意发布洪水灾害的消息。

1. 预测气象灾害　是岁洪涝频发

中午想躺下睡一会，可是睡不着，于是起来打开电脑看新闻，突然看到中国政府网的报道：题目是“国务院要求：做好迎战大洪水的充分准备”。心里一惊，今年要有洪水？前年，我和1998年抗洪救灾的俞副军长在一起吃饭时，谈到他在九八年带部队去堵九江的决口，惊心动魄，于是就想用奇门遁甲预测一下，到底今年有没有洪水。格局显示，今年要反复暴发洪水。通过日后的消息和报道，验证了预测结果：

2010年7月10日，回良玉主持召开国家防汛抗旱总指挥部紧急办公会议进一步安排部署当前防汛抗洪。

2010年7月13日09：09荆楚网－楚天都市报救灾工作。长江委官员称今年不排除出现98式大洪水。

7月21日4时30分左右，辽宁省铁岭县境内胜利河阿吉段决口，决口宽度20米，流量600立方米/秒，淹没耕地5000亩，当地驻军、公安干警、民兵预备役400多人投入抗洪抢险，转移群众3000多人。此前该地区连降暴雨，平均降雨362毫米。

7月24日下午5时20分潭头镇汤营村伊河汤营大桥整体垮塌，桥上众多滞留人员不幸落入水中。事件发生后，栾川县、嵩县出动军民至少4000人昼夜“拉网”搜救。这里是通往重渡沟景区的道路，由于暴雨，路上很多路基被冲空。原本窄得仅能玩漂流的伊河，此时波涛汹涌，解放军舟桥部门的冲锋舟在里面穿行显得很吃力。其中伤者回忆：“当时，桥垮塌时发出巨响。瞬间，桥上的几十人就都被卷走了。当时，浑黄的水中都是挣扎的人手，实在惨不忍睹！随后，众多村民都参与了营救。”家住桥旁的石门村12组村民刘学信告诉记者。

在潭头镇卫生院二楼，记者见到了6名此次“大难不死”的幸存者。他们浑身都是被树枝、石头磕碰而留的伤痕。伤者李向红是附近大王庙村村民，浑身多处擦伤。涨水时，他和外甥等人在桥南看洪水。“当时，桥上挤满了附近的村民和来九龙疗养院的游客，有近百人。”李回忆说。“也就是瞬间，我站的桥南侧最先垮塌。也就是几秒钟，我看到身旁的10多人，包括外甥，全掉水里了。随后，我就被砸晕了。等我几分钟后醒来时，发现自己被挂在下游200米外的柳树上。当时水很大，到处都是挣扎的手。太可怕了，几十条人命，说没就没了啊!”李向红说。随后，附近汤营村的人向他抛来绳索，把他拉上岸。

据8月6号的中国新闻网报道：中国财政部、民政部近日向吉林、广东、广西、四川、陕西5省（自治区）下拨1.95亿元中央救灾资金，用于支持上述洪涝和台风灾区受灾民众紧急转移安置、倒塌住房恢复重建和向因灾死亡人员家属发放抚慰金，帮助解决受灾民众基本生活困难。

据新华社报道，来自国家减灾委、民政部的统计，截至8月6日，今年洪涝灾害造成全国2亿人（次）受灾，1454人死亡，669人失踪，1214.8万人（次）紧急转移安置，1347.1万公顷农作物受灾，其中209万公顷绝收，136.4万间房屋倒塌，358.1万间房屋损坏，因灾直接经济损失2751.6亿元。

2010年真是个大灾年，幸好党、国家和军队早有准备，积极救灾，电视里救灾的场面很是感人。此事，我测了两次，虽时间不一、格局不一，但结果却一样。

奇门格局第一局：

2010年7月11日13时20分

庚寅年癸未月壬戌日丁未时，阴遁六局，甲辰旬，天芮星值符，死门值使。

螣蛇马 开门丁 天英星庚	直符 己休门壬 天芮星丁	九天 生门乙 天柱星壬
太阴空 惊门庚 天辅星辛	己	九地 伤门戊 天心星乙
六合空 死门辛 天冲星丙	白虎 景门丙 天任星癸	玄武 杜门癸 天蓬星戊

分析依据：

1. 时干丁主事体指预测洪水这件事，巽四宫也主河道，宫中临开门，主大水之门洞开，上乘螣蛇为凶神，主缠绕，说明洪水必然泛滥。

2. 天蓬星与玄武落六宫，也表示发洪水，临杜门为秘密或突发洪水。

3. 该局大局反吟，反吟主快主反复多次发生洪水。

4. 时干为群众，日干壬上乘直符为领导，时干生日干，说明受灾群众要依靠国家才能抗好灾。

奇门格局第二局：

2010 年 7 月 13 日 11 时 40 分

庚寅年癸未月甲子日庚午时，阴遁八局，甲子旬，天任星值符，生门值使。

白虎 辛开门丁 天芮壬	六合 休门己 天柱星乙	太阴马 生门庚 天心星丁
玄武 惊门乙 天英星癸	辛	螣蛇 伤门丙 天蓬星己
九地 死门壬 天辅星戊	九天 景门癸 天冲星丙	直符空 杜门戊 天任星庚

分析依据：

1. 时干主事体，现时干庚落坤二宫，下临辛主错误和马星主快，必会有洪水降临。

2. 天蓬星为洪水与螣蛇凶神同落兑七宫，宫中临伤门，伤门主凶事愈猛，必发洪水。

3. 预测洪水泛滥看巽宫，巽宫主河道，宫中临开门，主大水之门洞开；上乘白虎也主凶灾；辛加壬主一河走两道，水应该只走河道，但它却要走两道；丁加壬为“淫荡之合”，河道被不当阻塞，说明洪水必将泛滥。

4. 该局大局反吟，反吟主快主反复多次发生洪水。

5. 庚也是凶灾的代表符号，现庚落内盘主凶灾必来（阴遁9、2、7、6宫为内盘），又逢马星说明洪水很快发作。

2. 地质凶灾难免　舟曲祸不单行

舟曲发生泥石流灾害之后，县城的很大一部分建筑遭到了破坏，全国人民都在关注，电视新闻每天都在播放有关灾区的抢险救灾新闻，我自然也很关注。8 月 10 号在 CCTV 2《今日观察》播出《心手相连　援手舟曲》节目，其中专家称：不排除舟曲发生新的次生地质灾害可能。心里一惊：还要发生泥石流啊？于是赶紧起局一看，哎呀，舟曲真的还要再次发生泥石流。当天晚上和朋友在一起，朋友也问道："中央报道说舟曲可能还要发生泥石流，你觉得有可能吗？"

"是的，中央报道没错，用奇门遁甲预测，真的还要再有泥石流，舟曲县碰到了这么大的灾难，真是不幸，希望早点预防。"

果然据新华网 2010 年 8 月 12 日消息：8 月 11 日晚，舟曲境内再次出现强降雨天气，造成 3 人失踪，部分房屋被毁。白龙江水在梨坝子村的交汇地带形成一个新的堰塞湖，水位比平时高出 3 米。普降大雨也再次引发山洪泥石流，45000 余方泥石流致使舟曲灾区"生命线"——两河口至舟曲公路南峪大滑坡段交通完全中断。

报道启示人们：不善待环境，必然会受到惩罚。

综上所述，我们看到除特殊的地质构造外，人为破坏是舟曲县连年遭受多重自然灾害的主要原因。由滥砍滥伐、开垦坡地到修路引水造成的大量水土流失、生态环境和地质环境破坏等，使舟曲县陷入泥石流、洪水、滑坡等灾害频发的深渊。另外，豆腐渣似的拦洪大坝，使肩负防洪使命的拦洪大坝形同虚设，这也加深了人们对此案例有可能涉及的腐败问题的痛恨。

自然环境，是人类社会赖以生存的土壤，保护自然环境，善待自然环境，十分重要。不善待自然环境，必然会受到大自然的惩罚。同时，社会环境也很重要。消除腐败，创造一个清正廉明的社会环境，也有助于人类的健康生存和发展。这些，也算是我们从舟曲特大泥石流灾害得到的些许启示吧。

奇门格局：

2010年8月11日10时17分

庚寅年甲申月癸巳日丁巳时，阴遁四局，甲寅旬，天任星值符，生门值使。

六合 开门丁 天柱星戊	太阴 休门丙 天心星壬	螣蛇 生门辛 天蓬星庚
白虎 乙惊门庚 天芮星己	乙	直符 伤门癸 天任星丁
玄武空 死门壬 天英星癸	九地空 景门戊 天辅星辛	九天马 杜门己 天冲星丙

分析依据：

1. 该局八门反吟，反吟主快、主反复多次发生泥石流。

2. 时干丁奇主事体落巽四宫，巽宫又代表河道，宫中天柱破军星主不顺，逢开门为大水之门打开，上乘六合主多次，故必然还会多次发生泥石流。

3. 天蓬星为洪水的代表符号落二宫，逢辛加庚、辛加乙凶格不吉，又上乘凶神螣蛇，表示洪水缠绕不散。

4. 日干代表人、代表群众，时干代表事，日干克时干说明虽然多次出现泥石流，但最终人们能够克制清除泥石流。

三、刑事侦破

预测原则：

1. **刑事案件的代表符号**

未知作案者的，只偷钱物不伤人，没有较大危害社会行为的，以玄武为罪犯代表符号；杀人、纵火、爆炸，有较大危害社会行为的，以天蓬星为罪犯代表符号。值使门为案件的具体负责人，伤门为抓捕犯罪嫌疑人的公安人员，白虎、庚也为公安的代表符号。杜门为捕获或罪犯躲藏方向。

已知作案者的，以六合为逃犯，伤门为追捕人员。

日干为求测人，时干为事体。

2. **判断作案人特征**

以玄武、天蓬落宫的九星、八门、八神、格局判断。用神落宫中逢吉门、吉星、吉神的为长相好，反之长相一般。身高男以 1.70 米为准，女以 1.60 米为准，落宫为厘米数；又参照木主高，土主矮；星旺高，星衰矮来判断；天盘奇仪旺主高，反之衰。天蓬星、玄武落宫属阳为男，属阴为女，八宫配八卦，乾坤为老，震巽为长，坎离为中，艮兑为少。玄武或天蓬星逢壬、癸、辛有前科或为惯犯。反吟主外部或已逃离现场，伏吟主内部或附近，又以内盘主内部或附近，外盘主外部。玄武临开休生吉门的作案人可能有工作、难以抓捕制裁、被抓捕后最终逃跑或关押后被放出。临天芮或落坤宫农村人作案可能性大，临马星、壬、癸、乘九天多为流窜作案。

3. **判断作案手段**

玄武与景门同宫，从窗而入。死门为锁与庚同宫或被克，可能撬锁而入，死门遇六仪击刑锁头被破坏。玄武或死门与丁同宫用钥匙作案。天蓬星临丙或受丙落宫生，可能有枪支、爆炸物；临庚、辛或庚、辛生之则可能使用利器、铁器。天蓬星、玄武临巽宫或螣蛇，罪犯掐颈或使用绳索。

蓬玄与乙奇、杜门、伤门同宫，罪犯可能使用木棍。蓬玄落兑宫或临螣蛇可能使用欺诈手段，景门乘螣蛇或乘玄武者罪犯编造假消息进行欺诈。蓬玄临伤门或受伤门之生可能使用车辆。

4. **判断能否破案**

九宫中逢年、月、日、时格能抓获，逢两个庚格抓获快。杜门逢壬、癸、庚、辛天网恢恢，有网罪犯躲藏不住，必被擒。

未确定罪犯的，伤门、值使门、白虎、庚克蓬玄之宫能抓获。

若蓬玄、时干遇景加庚、死加壬罪犯可能自首。

蓬玄宫中乘值符或有三奇，不见庚格，不能破案。

六合主证据，死门为痕迹，太阴为预谋，综合断之。

已确定罪犯的，罪犯若逃跑，能否抓获则看伤门、六合的关系。凡伤门克六合、六合生伤门逃犯能抓获，伤门生六合不能抓获逃犯，六合克伤门防止抓捕人员受伤。

1. 四用奇门之术　侦破诈骗要案

1997年7月20日是我人生道路上的又一个转折点，这一天我从石家庄物资贸易中心调动到了中国联通河北分公司，当我跨进公司大门的时候，我知道一个新的还不好猜测的局面即将开始了。

上午一报到，办公室的刘主任就对我说："你刚来，先不安排别的工作。有一个欠话费的案子你先抓一下，下午石家庄移动电话局来人给你介绍情况。"我有些吃惊，按惯例，刚到一个新单位一般都要给几天熟悉情况的时间，上午报到下午就介入情况，一方面说明这个单位雷厉风行高效率的作风，另一方面似乎还隐含着这个案子的特别重大，是不是刻不容缓了？

"另外，"刘主任还不容我多想接着说，"咱们联通有个规定，新调入的人员试工期三个月。"我明白了：这案子就是一张考卷，破了案，你合格，破不了，就……今年我已经51岁了，不是一个再能随意调动工作的年龄了，能否破案对我来说将是一场考验。

下午2点，联通石家庄移动电话局负责催缴话费的刘小姐来找我。她是个利索人，落座后只简单地作了一下自我介绍：1996年大学毕业，参加工作整一年，在市场部搞销售，临时抽出来催缴话费。很快转入正题，她说：联通河北分公司自1995年开始在省内七个城市陆续建设移动电话网，省会石家庄移动电话于1997年3月1日正式开通运营。刚开通时没有经验，只顾发展用户，忽视了用户资料的审查，再加上网上监控系统不健全，导致出现不少欠费户。最近发现有13个手机用户欠费高达60多万元。局长派人初步调查，所留联系地址、电话都是假的，也找不到持机人。通过他们的手机催缴话费，开始还推托一些理由，这两天全关了机，变得无影无踪……

我一边听刘小姐介绍一边想：他们地址都是假的，偌大世界人海茫茫，何处去找这 13 个持机人呢？破案的难度太大了。

我悄悄在掌上起奇门局，局里显示一是此案能破；二是与内部人员有关。我心里有了底（见第一局）。

听完小刘的介绍，我说："我刚来，不懂通信业务，以前也没有破过这方面的案子，咱们一块商量着来，共同侦破此案。"

我们经过三天的紧张调查，初步判断这 13 个用户恶意透支电话费，数额巨大，已构成诈骗。向领导一汇报，领导火冒三丈：刚开张就被骗去 60 多万这还了得！指示不惜一切代价，一定要破获这件中国联通河北分公司成立以来的第一案。

8 月 4 日下午，我们向公安机关报了案，公安局派出两名精干刑警，要我和小刘协助他们办案。

第二天通过调查发现内部员工肖某与购买这 13 张手机卡的人员有关系，再查详细话单，这 13 部手机还互有联系，说明这是一个有预谋的诈骗团伙。

肖某在购买这 13 张卡时帮助他们填写了用户资料，肯定是熟人关系，但他是否陷入犯罪还不清楚，大家一直分析到深夜才结束。

8 月 7 日早上，公安机关传唤肖某，肖被带走后我起局预测看他是否会被放出来，若放出来则只是认识罪犯或帮其购卡，放不出则是参与犯罪。局上显示是能放出，且他会说出犯罪嫌疑人的有关情况（见第二局）。

预测准确：肖某放出来了。他承认这事是高中同学李某所为，但并不知李某欠这么多话费，且对李某现住址等详细情况一概不知，只知李某大学毕业分配到石家庄车辆厂工作后停薪留职去了北京，现在干什么不清楚，但知道李某在北京的一个 BP 机号。说来也巧，李某到公司找肖某时，刘小姐曾见过他，脑子中还有印象。

公安机关这边审着肖某，我和刘小姐那边分析着 60 多万元的详细话单，打印话单所用的打印纸就消耗了整整一箱。我们对 60 多万元的详细话单分类登记，从几千万个打出打进的电话号码中寻找蛛丝马迹。这几千

万个电话大部分是国际长途，共十几个国家，国内有十几个省市，均为漫游电话，说明这13部电话不是在石家庄市打的，而是在外地打的，但具体在何处却不很清楚。

他们在短短的三个月内打这么多电话是什么目的呢？从话单显示只有很少几个是黄色电话，通话地点杂乱无章，没有规律。

我们把13部电话作了个图，图上显示这13部电话互有联系，其中的两部电话与李某在北京的BP机有联系，只知道李某的姓名，其他情况一概不知。

8月10日17时30分，按公安局领导指示，我们四人乘一辆吉普车立即出发去北京抓购机人李某。汽车驶上高速公路，大家议论如何能在茫茫人海的北京抓住这个李某。18时10分，公安局的张科长问："老杜，你研究周易，看看这次能抓住人吗？"

我向坐在前排的刘小姐要了张名片，在名片背后起了奇门局，汽车高速飞驰，我的脑子高速运转："能抓住，明天下午。"我肯定地说（见第三局）。

大家半天谁也不说话，我知道每个人都在思考，一多半是怀疑我的预测。明天——这么短的时间就能抓往？嫌疑犯现在在哪还不知道呢！不会是天方夜谭吧。当然大家也很希望这是真的。

张科长也不愿让我难堪，只是淡淡地说了一句："明天再看吧。"从这以后大家一路无话，只有汽车飞驰带来的轰鸣声伴随着我们复杂而又急切的心情向北京驶去。

进京已是晚9点多，吃过晚饭，大家简单地研究了第二天的工作，决定不打草惊蛇，先去寻呼台查找用户资料，通过BP机的线索，弄明白李某的工作单位、住址和联系电话。在北京办案难度大一点，整整一个上午跑了两个电信单位才摸清了李某在一个个体图片社工作。这图片社在某公司大院内租了一间房。BP机的呼号现还使用。这一情况使我们眉头大展，立即驱车前往某公司。

到公司门前已是中午12时半，大家也顾不上吃饭，死盯住大门口，注视着每个出出入入的人员。但老是这么盯着也不是事儿，临时一磋商，决定由我进入大院摸摸情况。我装作若无其事进了大门。嗬！这公司大院也太大了，里面好几座大楼，还有招待所，还挂着不少单位的牌子，图片社只是在院中租了一间房子，从外面看里面只有三四个人。根据院子里的房屋布局，我选了招待所停车场做“蹲坑”位置。

我回到车里，在纸上画了一张地形草图，说明我的意见，大家无异议，车子开进院内停车场，我们在车内观察。14时10分，从图片社走出两个年轻人，小刘一惊，说：“那个高个就是！”

“看准了，别急，别弄错。”经验丰富的刑警小王劝小刘稳住。

“没错，绝对没错。”小刘又一次确认。

“小王你和我下车尾随他们，老杜你带车拉开距离跟随着我们，走！”张科长果断地分配了任务。

为了安全，我让小刘下车原地等待。我带车缓缓跟在张科长身后。出了公司大门是一条南北大街，出大门向南约100米有家银行，目标进了银行，张科长小王也跟进，我将车停在银行前，告诉司机不要熄火，也向银行走去。还没到银行大门，小王先出来了，凭经验我意识到目标可能从银行出来了。我赶紧背转身，向北走几步，然后蹲下来装着系鞋带。其实目标只出来了一个矮个子，高个子李某则还留在银行内。事后知道：他们到银行办支票，但却忘了盖章，小个子是回去补章去了。

天赐良机！等小个子拐进公司大门，我和小王一使眼色，小王进了银行，我守住大门，以防不测。张科长早已靠在李某旁边，小王冷不防喊了声：“李某某。”对方马上下意识地应了声。“你出来一下，有件事跟你说一下。”小王向外引他。李某不知有“诈”，走出银行，距汽车还有几米，我把车门一开，张科长和小王架住李某就塞进了汽车，开车就走，拐了两个弯，停在路边树荫下，就地展开审讯。经过一阵攻心战，李某就是缄口不言，一直到15时30分，才说出是北京一个姓贺的让他从石家庄买手机

卡，买回以后就交给了贺某。贺某是兰州市人，1983 年从北京某大学毕业，一直在京干个体，现在和他一起开图片社，也就是说贺某是此案的主谋。

再说那个和李某一起去银行的小个子，拿印章回到银行后不见了李某，传呼李某总不回电话。小个子似乎意识到李某出事，就向图片社小老板贺某汇报。贺某心怀鬼胎，让小个子不停地传呼李某，而自己却不呼他。

汽车里的审讯时间不长，李某毕竟年轻，不是公安对手，最终表示愿意配合公安机关抓获贺某。

现在只有弄清贺某确切地址才能将其抓获，但让李某传呼他多次，只回了一个电话，说是现在在颐和园附近，离这很远，暂时还回不到公司，他不露面，怎么抓他？

一时没有办法，我们到花园饭店租了间客房让司机和小刘看着李某，我和公安局的同志出来研究对策。

经反复分析，觉得贺某还不会露面，这使我们陷入困境，怎么办？我又一次起局再次预测，看能不能抓住贺某，这次起局的时间是下午 5 时 10 分，预测结果：一、能抓住；二、明日子时，也就是今夜 11 时至 1 时才能抓住；三、罪犯会自动出现（见第四局）。

下午 5 时 30 分，经请示公安局领导，领导说从目前情况看，贺某不好抓了，你们暂时先撤回来，不要抓不住贺某，李某再跑了。公安局的张、王二同志给我做工作，往石家庄撤。当然我不同意了，案子是我们单位的，抓不住主犯就挽不回损失，再说破不了案我也没法交差。我心里虽然火急火燎，但还是耐心反过来给他们做说服工作，我尽量从客观上分析说能抓住贺某，后来干脆讲："我预测今夜 11 点到 1 点能抓住他，如果过了一点再抓不住，咱们就返回。"虽然我们为同一个目的而来，但此时各自的心情却不言而喻。公安的同志也有难处：一是上级让撤，把抓住的李某带回去，命令难违；二是在首都抓人怕惹出麻烦，何况现在还带着一个犯罪嫌疑人。我则坚持我的预测结果。大家反复发表各自的意见，最后公安的同志还是给了我点面子：今夜1点抓不住，连夜往回撤。

尽管只有几个小时，也实在是太难熬了。中午大家就都没有顾上吃饭，晚饭由刘小姐安排了一桌子菜，但谁也没有吃多少。

时间一分一秒的过去，李某的BP机沉默不语。

22时30分“嘀嘀嘀……”李某的BP机终于发出了期盼已久的声音。公安局的同志马上追问“谁呼你?”

“是贺某呼的，这个电话号码我知道在什么地方，是个饭馆，我们常在那吃饭。”李某回答。

“给你个立功的机会，领我们去。”张科长对他说。说完又将我和小王找到一边说：“在首都晚上抓人，咱按规定办，先去派出所，让他们配合一下，别出乱子，赶紧退房，出发。”

我们还没动，贺某又传呼李某，我们仍不让给对方回电话。汽车急速地奔向了派出所，一路谁也不说话，但大家谁都明白，一场新的战斗要打响了!

北京的派出所很严，所长答复：“配合可以，抓人必须经分局批准，为防止人跑了，我先派俩民警配合你们把人控制住，你们去人到分局办手续。”北京的公安真不错，关键时刻帮了大忙。当我们赶到该饭馆外的巷子时，已是深夜十二点整。小王先下车走到巷口悄悄侦察，发现从楼群内走来二男一女，都是年轻人，赶紧退回车内，待这三人走到附近时，王问李某：“是不是贺某?”“是，胖点的那个。”“上！弄他!”小王冲我说完，我俩从两侧向三人包抄过去，没等贺某反过味来，我俩架起他就塞进了汽车，手铐“咔”的一戴，跑不了了，我们大舒一口气，一看表：00：05分。返回石家庄天已是早7点半了。

经审讯，原来是贺某看到中国联通刚成立，石家庄的入网费才300元，还不用预交话费，而北京的入网费却高达1500元，就想从石家庄买一部分手机卡到北京倒卖。但由于用石家庄市的卡到北京打电话要按漫游

收费，因此没有人买。

贺某这几年倒卖飞机票，手头有几万元钱，与另两个外地大学生合伙在北京开个图片社，一边倒票一边开店，生意也不行，破罐子破摔，用着不用付话费的手机，给国外的朋友国内的客户乱打一气，短短的三个月话费竟达 60 多万元。正应了一句老话："不怕你现在蹦得欢，就怕日后给你拉清单。"用贺某的话说："做梦也没想到我们用了这么多话费。"

公安机关经过侦查，情况基本属实。要钱，贺某没有。但还不错，他从他朋友那里"借"了一辆"奔驰"560 型轿车算作电话费的赔付，案子自此终结。

当然，我从心里感谢奇门遁甲帮助我破了案，为此我受到公司提前转正的奖励，并被任命为联通河北分公司人事保卫部的负责人。

我下面对四个奇门局分别进行分析：

奇门格局第一局：

1997 年 7 月 29 日 14 时

丁丑年丁未月壬申日丁未时，阴一局，甲辰旬，天心星值符，开门值使。

直符　马 休门壬 天心星丁	九天 生门戊 天蓬星己	九地 伤门庚 天任星乙
螣蛇　空 开门辛 天柱星丙	癸	玄武 杜门丙 天冲星辛
太阴　空 癸惊门乙 天芮星庚	六合 死门己 天英星戊	白虎 景门丁 天辅星壬

分析依据：

1．为什么此案能破？

该局九星反吟，测破案，大局反吟说明案子可以破获。另外，从开展调查工作的角度看，值使门为调查人，庚为被调查对象，现值使开门落震三宫属木，庚落坤二宫属土，开门宫克庚宫，只要展开调查就能摸到线索，现开门宫旬空，说明还没展开调查工作，待冲实后则开展工作，明日酉日冲实正应30号开展调查工作。

2．为什么断与内部人员有关？

玄武主小盗、主案犯及与该案有关人员，现玄武落兑七宫，阴局兑宫为内盘，说明与内部人员有关。

奇门格局第二局：

1997年8月7日9时15分

丁丑年戊申月丁巳日乙巳时，阴二局，甲辰旬，天柱星值符，惊门值使。

九天 伤门癸 天心星丙	九地 杜门己 天蓬星庚	玄武 景门辛 天任星戊
直符　空 生门壬 天柱星乙	 丁	白虎 死门乙 天冲星壬
螣蛇　空 丁休门戊 天芮星辛	太阴 开门庚 天英星己	六合　马 惊门丙 天辅星癸

分析依据：

1. 为什么断肖某会被释放？

辛为被关押之人，为肖某落坤二宫，上乘玄武主肖某办错了事，或有违法之事，辛下为戊，辛与戊相冲，冲则放出；辛下又临丁，辛加丁为“狱神得奇”，囚人逢赦宥。另外大局九星反吟，反吟主去而复返，所以断肖某必释放。

2. 为什么断肖某会说出有关情况？

辛为被关押的肖某，宫中辛加丁为释放之意，一是表明其会释放，二是表明其不保密，只要审讯，就会老实的说出其他人的有关情况。

奇门格局第三局：

1997 年 8 月 10 日 18 时 10 分

丁丑年戊申月甲申日癸酉时，阴五局，甲子旬，天禽星值符，死门值使。

螣蛇 杜门癸 天英星己	直符 戊景门辛 天禽星癸	九天 死门丙 天柱星辛
太阴 伤门己 天辅星庚	戊	九地 惊门乙 天心星丙
六合 生门庚 天冲星丁	白虎 休门丁 天任星壬	马玄武空 开门壬 天蓬星乙

分析依据：

1．为什么断能抓住贺某？

因为肖某已供出是贺某买走了这13张手机卡，公安机关又掌握了贺某的一些基本情况和BP机号，现去抓他，就以逃犯来看。六合代表逃犯，落艮八宫属土，伤门代表公安伏于震三宫属木，伤门宫克六合宫，贺某必被抓获。另外，艮八宫中庚加丁之格为年格，逢格案必破，也说明能抓获贺某。

2．应期是怎样断的？

断第二天乙酉日下午抓获贺某，是因伤门公安伏于本宫，第二天酉日冲动伤门公安，公安动起来才能抓住逃犯。

下午抓住是因六合宫的生门伏吟，待未申之时，也就是13时至17时前，落于坤二宫的值使死门冲动艮八宫的六合宫，即为应期。

奇门格局第四局：

1997年8月11日17时10分

丁丑年戊申月乙酉日乙酉时，阴五局，甲申旬，天冲星值符，伤门值使。

白虎 休门丙 天柱星己	六合　空 生门乙 天心星癸	太阴　空 伤门壬 天蓬星辛
玄武 戊开门辛 天芮星庚	戊	螣蛇 杜门丁 天任星丙
九地 惊门癸 天英星丁	九天 死门己 天辅星壬	直符　马 景门庚 天冲星乙

分析依据：

为什么断今晚11时至明天凌晨1时能抓住贺某？

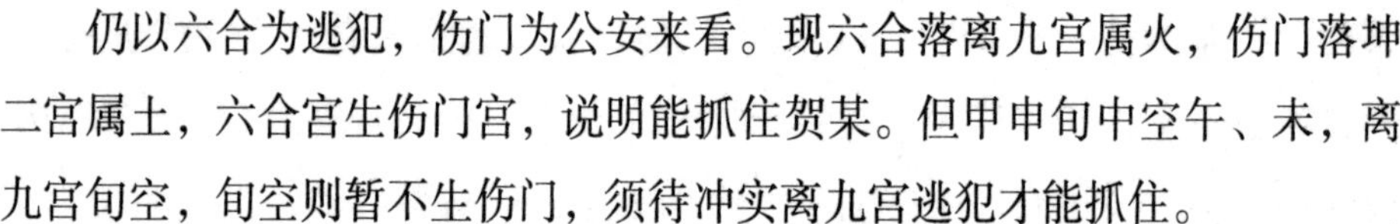

仍以六合为逃犯，伤门为公安来看。现六合落离九宫属火，伤门落坤二宫属土，六合宫生伤门宫，说明能抓住贺某。但甲申旬中空午、未，离九宫旬空，旬空则暂不生伤门，须待冲实离九宫逃犯才能抓住。

坎宫代表子时，也就夜11时至1时，到子时该宫当令冲实离九宫，即可抓获贺某。

另外，该局乾六宫中庚加乙，为日格、时格，两个格为快、为速，所以断子时定能抓住贺某。

（注：因为当时很忙，一时疏忽，记错了万年历的阴历时间，起出了第二局的错局，但这在奇门里属于错局正断，仍可使用。）

2. 案起奸情蹊跷　难逃恢恢法网

1997年8月1日，我与石家庄公安局某分局刑侦大队盛大队长及石家庄市物资贸易中心人保处梁副处长等五人在长城饭店就餐，盛大队长说："我这儿今年发了六起凶杀案，破了五起，还有一起没破，压力不小。"梁处长说："杜处长是研究周易的，让他给测测，看能破吗？"盛大队长怀疑地看着我说："有准吗？"我知道很多人都不相信预测，争辩是没有用的，只有用事实说理。"你什么线索也不用提供，看我测的结果对不对。"我胸有成竹，很快起好局对大家说："这个案子被杀死的不是一个人。"盛大队长说："两口子被杀。"大家点头，对我的预测表示赞同。

"凶手和被害人互相认识，与奸情有关，凶手抢了一部分财物，包括钱和金银首饰，作案者二至三人，其中有一个高个。"说完这些我抬起头，盛大队长问我："这个案能破吗？"

这是问题的关键，我毫不犹豫地说："能破，但当下破不了，时间要长点，到阴历8月份，也就是国庆节前后才能破。根据我的预测经验，符号明显的显示能破案。”

盛大队长认真地问：“罪犯现在在哪个方向?”

“东边。”

盛说：“你说的有点门，这个案发在6月17日，是河北某报社的人，影响比较大，借你的吉言，我们加紧行动，争取像你说的那样把案破了。”

我说：“奇门遁甲预测准确率比较高，根据就是时空条件，咱们再开个玩笑验证一下，你心里想一个人，然后你指个方向，我说出他的大体特征。”盛不大相信地反问：“我心里想，用手指一下你就能测出来?”

盛大队长想了一想：“好，试试看。”便用手一指西北方向，我张口就答：“这个人年龄比较大，在机关工作，是个领导，到退休年龄了，但他不愿退休。”盛说：“真神了！我想的这个人是某副厅长，快退休了。我只这么一指，你就测这么准，不是亲眼所见，我简直不能相信。”

8月份我在该分局搞60万话费被骗案子，与一起搞案子的两个干警谈起这起杀人案时，我讲了预测结果，他们半信半疑，都等着看阴历8月份能不能破案，我也自信十足地等待着。9月13日是公休日，盛大队长急约我见面，高兴地说：“你测的杀人案前天晚上11点破了，和你预测情况一致（两名罪犯作案均是熟人，9月11日在河北清河县抓住一人，10月13日在广州抓住一人）。你研究的这门学问是科学，对工作、对社会大有帮助，老杜，你要好好研究，日后必有大用。”

该杀人案侦破后，各级领导都很重视。9月15日下午区政府召开表彰大会，给公安分局荣记集体一等功，奖励3万元。《河北经济报》10月22日刊登了《为了慰藉无辜的魂灵……》侦破纪实，报道了“6·17”特大入室抢劫杀人案的全过程。

奇门格局：

1997年8月1日20时

丁丑年丁未月乙亥日丙戌时，阴四局，甲申旬，天芮星值符，死门值使。

白虎 景门癸 天任星戊	六合　空 死门己 天冲星壬	马太阴空 惊门戊 天辅星庚
玄武 杜门辛 天蓬星己	乙	螣蛇 开门壬 天英星丁
九地 伤门丙 天心星癸	九天 生门丁 天柱星辛	直符 乙休门庚 天芮星丙

分析依据：

1. 被害人的情况是怎样判断的？

杀人案被害人看死门，现死门落离宫，上乘六合主死了两个以上，宫中己加壬主“地网高张”狡童佚女，奸情杀伤。死者是一对夫妇，女方看乙奇落乾六宫，女方的第三者以丙为用神，落艮八宫，乙奇受丙来生且乙下临丙，必有外遇。男方看庚也落乾六宫生坎一宫中的第三者丁奇，故男方也有外遇。

2. 为什么断是熟人作案，与奸情有关？

杀人案以天蓬为凶手落震三宫，天蓬落宫生死门宫说明凶手与死者认识。天蓬凶手在震三宫，宫中的天盘、地盘都有必然的内在联系，地盘己飞落离宫，与死门同宫，也主相互认识。死门宫中地盘壬飞落离宫，与死门同宫，也主相互认识。死门宫中地盘壬飞落兑七宫形成壬加丁淫荡之合，又逢开门，主凶手常与死者有奸情，这个结论也结合天蓬宫中上乘玄武和死门宫上乘六合而断的。经济上有联系，主要看蓬宫中有杜门，杜门加伤门主兄弟相争，田产破财。另外，戊为钱财落坤二宫属内盘，戊加于庚上，又临马星，空亡，说明死者家里钱遇到白虎凶神了，凶手必抢了钱，庚主金属，惊门主带缺口之物，天辅星主漂亮，华贵之物，所以断凶手也抢了金银首饰。

3. 罪犯二至三人，有一个高个？

天蓬星与玄武同落震宫，所以断二至三人作案（实际为二人作案），震宫、杜门均属木，木主高，断必有一高个，杜门主躲藏方向，现落三宫，故断躲在东方。

4. 为何断阴历八月破案？

乾宫中有庚加丙形成时格，有格则能破，又庚为公安在乾六宫克天蓬之宫，所以断此案能破。

应期一是值使死门所临天盘奇仪为己，阴历八月正是己酉月；二是酉月金旺木衰正是兑宫冲克天蓬所落三宫，所以断己酉月可破案（九月七日进入白露）。

5. 所指方向人的特征如何判断？

盛大队长指西北方为乾六宫，乾为首脑机关，值符为领导，乾又主老者，开门主工作在兑宫与乾宫比和，主该人仍在工作，但临休门主退休，又乙奇在乾宫为入墓，也主状态不佳，退休之象。庚加丙主坏事要来，所以断该领导要退休，地盘丙奇在乾六宫也为入墓，主犹豫不决，综合分析，他不想退休。

3. 运用奇门攻心　击溃对手防线

面前的这个对手实在难以对付，不由得让我一阵一阵紧皱眉头。公司财务部负责人刘某有贪污嫌疑，总经理办公会决定由我正面找其谈话，弄清问题后将其免职。这事说着容易，实施起来有着相当的难度。

刘某，女性，42岁，个头高大，头脑灵活，伶牙俐齿，非寻常之辈。她在其他单位曾任过财务科长和审计科长，如何做账富有经验，如何对付查账也有手段。

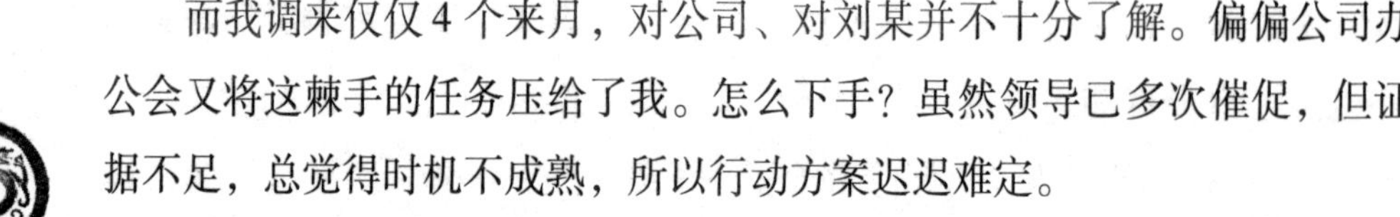

而我调来仅仅4个来月，对公司、对刘某并不十分了解。偏偏公司办公会又将这棘手的任务压给了我。怎么下手？虽然领导已多次催促，但证据不足，总觉得时机不成熟，所以行动方案迟迟难定。

1997年12月1日，刚上班，总经理突然对我说："一会儿新财务负责人就来报到，你安排一下，今天就让刘某向他交班。下午3点30分，召集财务部开会宣布，散会后你与刘某谈话，具体做法由你来酌定。"

这事虽在意料之中，但也未免来之过急。

"不急不行啊，财务上绝对不能出一点问题，时间再拖，可能会出别的大问题。"总经理的忧虑是有道理的。这么大的家业马虎不得。

一上午，工作上的急事还挺多，几次想起局预测，但都被其他的事情打断，直到下午2点多才将局起好，真是不测也着急，测了更着急，局上显示：因目前证据不足，刘某不会交代问题，麻烦不会小。

这给我带来很大的思想压力：我与刘某都是部门负责人，对方掌握财务大权，如果查出问题，话还好说，如果查不出问题，刘某可不是好惹的，我如何收场？如何站得住脚？可我又不能不执行经理办公会决定。今天下午就是正面交锋的最后时刻。对我来说，背水一战，只能取胜，不能失败。话是这么说，可到现在也没有一个过硬的证据做炮弹，我心急如焚，如何取胜呢？

想起古时兵法所说："知己知彼，百战不殆"，于是我把办公室的门反锁住，静下心来，刘某和我各处于什么状态呢？我再一次仔细研究奇门格局，得出如下结果：一、刘某确有贪污行为，且为屡犯；二、我方尚不掌握其确凿的贪污证据；三、刘某态度顽固，不会主动交代；四、局上显示利攻方不利守方，我必须采取攻势，从战术上看，我的战术对头，对方战术失利；五、今晚11时前，刘顽抗，11时后方始交代；六、11时后刘会交出赃款；七、最终结果，刘某卷铺盖走人，离开公司。

局虽如此，仍有不利于我之处，不禁暗犯嘀咕，但时间紧迫，不容多想，为防万一，果断决策，召集有关人员战前分析，大家都感到骨头难啃，也拿不出好办法，我只好依奇门指导我今天的行动了。

下午3点30分，财务部全体会准时召开，新负责人上任，4点10分散会。

按计划自4点50分开始，由我和新调入的小徐在2311房间找刘某谈话，我主谈。先由聊天拉家常开始，看似轻松实际很艰难，半个小时后，刘某憋不住了："杜部长今天找我看来是有事啊？"

"是有事，主要是了解一下，你有没有违犯财务纪律的事情。"语气坚定，但口气较缓。

"噢，照杜部长的意思，我是有什么问题啦？"真是听话听音，她的反应很快，反问是话带锋芒，我知道较量开始了。

"有问题没问题要问你自己，最清楚的还是你。"我的话像闪着寒光的利剑，形成一种威严的气势。

"我有什么事，请杜部长指出来吧。"她自以为很老练，语气中以攻为守。

"自己的事还是自己说出来好，你好，我好，大家好，如果让我说出来，我们也不会以这种方式与你谈话了。"会用什么方式，办法自然很多，想必她也明白。

沉默，刘某开始沉默。从晚上6点前开始，一直到晚11点，刘某一小时也说不了两句话，并摆出满不在乎的神态。沉默并不是平静，而是一种无声的较量。她不急，我也不躁，但依局所示，我必须不停地进攻，因此从6点到11点我一直对她进行政策攻心，并不急于求成。

晚11点，照局上所测，刘某精神将会败退，看时刻将近，我开始了新一轮的进攻："老刘，你印过财务凭证吗？"

"印过。"她随口回答。

"多少钱一本？"我问。

"可能是3.6元一本吧？"好像记得很清楚又不太很清楚。

“还需要我往下问吗？”

“这有什么问题？”她看了我一眼，目光很快避开了。

我知道刘某贪污但证据不足，刘某做贼心虚也不知我的底，真是麻秸秆打狼，两头怕。我只能采用“引而不发”、“含而不露”的策略，不停地发起攻击。

“哎，40 多岁的人啦，没有问题我问你干什么？”

又是一阵沉默，刘某开始泄气了，低着头不吭声。

“说吧，谁先找的谁？”

“……是一个熟人介绍的，我先找的印刷厂……”

刘某开始交代吃几千元回扣的问题，别的问题我们无证据，她也闭而不谈。零点 40 分，谈话结束，刘某从办公室的柜子里交出了所得赃款。白纸、蓝字、红手印手续一张，我松了口气。

钱一到手，我立即给总经理打电话汇报。总经理说：“好！干得漂亮，我怎么也睡不着，手机一直开着，等待消息，真怕谈不成出麻烦，财务主管搞贪污，这是一颗定时炸弹，说不定什么时候就爆炸了，这回消除了一个大隐患。”第二天，我们迅速调查取证，正面落实了她印凭证时在厂加价吃回扣的证据。12 月 5 日，她被辞退了。

因为奇门遁甲格局里“玄武乘杜门克日干（我）”，这意思是，对方会暗地里告我。所以我一直等着刘某杀回马枪，很小心地保存着事情的原始档案。2006 年冬，刘某找到总部，对纪检部门讲：“我没有贪污的事情，当时处理我是错误的，我要求平反。”

时过境迁，熟悉事情原委的领导已经更换了几批，我也由省分公司调到市分公司好多年了，但原始案件档案我一直带着。现任上级领导查下来之后，我及时出示了原始材料，回复给总部，刘某本想利用人事变动蒙混平反，没想到我会奇门遁甲术，早料到刘某会来这一手，其阴谋也未能得逞。

奇门格局：

1997年12月1日14时10分

丁丑年辛亥月丁丑日丁未时，阴二局，甲辰旬，天柱星值符，惊门值使。

太阴　马 惊门庚 天英星丙	螣蛇 丁开门戊 天芮星庚	直符 休门壬 天柱星戊
六合　空 死门丙 天辅星乙	丁	九天 生门癸 天心星壬
白虎　空 景门乙 天冲星辛	玄武 杜门辛 天任星己	九地 伤门己 天蓬星癸

分析依据：

1. 为什么说刘某确有贪污行为，而且是惯犯？

刘某和我是同事关系，取月干辛为用神、为刘某，辛落坎一宫，上乘玄武。玄武主盗贼，玄武临己、辛为惯犯，说明刘某既有贪污行为又是惯犯。

2. 刘某贪污的证据我方没掌握：

六合为证据落震三宫，现甲辰旬，寅、卯宫旬空，六合在三宫，该宫空亡，主没有证据或证据没落实。

3. 刘某不会轻易交代问题：

辛为刘某落坎一宫，乘玄武为能言善辩，逢杜门主保密，在这里主守口如瓶，不交代问题。

我的阻力大是因，丁为日干、为我本人，丁也为时干主事体，现落离九宫，宫中丁下逢庚，庚为阻力，故断撬开刘某的嘴，难度很大。

4. 该局利客，我战术也对头：

凡事要运筹，先分主客，以主客判断事情成败，九宫中天盘为客，地盘为主。天盘丁奇既为日干、又为时干、为客、为进攻方，落离九宫处临官状态旺相，地盘庚为防守方，落离九宫为沐浴败地状态。丁火克庚金，为客克主，行动利客，也就是说，这次谈话，谁为客谁胜，谁主动进攻谁胜，做事先动为利，耀武扬威，从气势上压倒对方。

以胜负论，开门为吉门，我据开门击冲对方，应有利于我。

景门主战术落艮八宫属土，与日干宫火相生，战术对我方有利。景门宫艮土克月干辛落宫坎水，对方防守策略不对头。

5. 刘某晚11点后才交代：

辛为月干为刘某，六甲中的甲午隐于辛下，甲午辛落坎宫形成与地支子相冲，夜11时为子时，甲午辛被冲起，故断刘某11时后交代问题。另外，时干丁主事体主谈话，虽逢庚为阻力，上乘螣蛇主缠绕，但时干逢开门主最终刘某必交代，待到子时冲午火，大门洞开，刘某交代问题。

甲子戊为资本，为所得赃款，落离宫为9数，辛落宫为水克戊落宫火，说明刘某不再保存赃款，要交出来，戊下临庚，也主钱要变换地方。11点后交出来是子时冲戊落宫午火所致。

6. 最终结局是离开本单位：

辛为刘某落坎宫受冲，冲必动，辛宫克开门宫主刘某要离开单位了，辛加己主自感不能在公司工作了，必然要离开本单位，地盘月干辛上乘乙奇落艮八宫，形成乙加辛“龙逃走”之格局，也主离开公司。庚为处分落巽宫不克辛落宫，辛落宫又不带庚，所以不会给其处分，只能一走了事。

7. 我是怎样选择谈话方位的？

打仗讲究选择有利时机和有利地形，我没有选择时间的条件了，只有选择地利了。2311房间的大沙发位于房间的北侧偏东，刘某如坐沙发西侧，则为正北方，属子位。如坐东侧则为东北方属艮位。现是亥月水旺，坐北方助她，如坐艮方，亥月土处休囚对其不利。

我如按原椅子位置坐离位，亥月水旺火死，水来克火，利彼伤我。我坐东南巽位属木，亥月木处于相地，又巽木正克休囚之土，所以我选在巽位，安排刘某坐在艮位。交锋时利我伤彼。怎样让刘某坐到艮位上？我也使了一计。我预先在沙发上放了一叠报纸，刘某只能按我的意思坐在艮位上了。

8. 为什么我知道刘某要杀回马枪？

月干辛为对方落坎一宫，上乘暧昧之神玄武，逢辛为错误，己为阴沟里办事，杜门主秘密，月干辛冲克日干丁落宫，因此断定：刘某某年冬天要杀回马枪，我应小心防范，必须保存好一切有利证据。

四、出行吉凶

预测原则：

日干为求测人，时干为出行的事体，还要看出行方向宫与日干宫的关系。日干旺相，吉门、吉星、吉神，出行无凶事。出行方向与日干宫相生或比和顺利。出行方向吉门吉格吉神克日干宫，无凶事但办事不顺利；若出行方向带凶门、凶格、击刑则凶；出行方向宫为日干的入墓宫或空亡不吉。日干衰、求测人出生年的年干落丧门、吊客宫则凶。反吟局半途而废、走错路或很快返回，伏吟局则不宜出行。日干带天芮、凶格或逢击刑，主生病或疲劳。日干、时干乘玄武可能要丢东西或破财，甲子戊遇击刑花销大或破财。预测时日干与时干这一对矛盾不可忽视。

乘飞机，九天为航线，开门为飞机，宫中吉星、吉门、吉神则吉，凶格则凶。

乘车船，以伤门为代表符号，宫中吉星、吉门、吉神、逢三奇则吉，凶格则凶。

景门为道路，宫中吉星、吉门、吉神、逢三奇则吉，凶格则凶。

景门克伤门，道路不佳，须小心驾驶，以免车子受损。景门与伤门相生，道路较佳。

临马星很快出行，临九地拖拉或早就有意出行。逢冲主快，日干逢冲，自己想动，时干逢冲，必因动的事情求测。逢合因事而绊暂不能走，逢庚有困难，逢开门必走，逢杜门不想走，用神伏吟或逢合车船晚点，逢癸、己有私欲。

出行吉凶格：

逢吉格吉事多，遇凶格防有凶灾。

癸加丁蛇夭矫，途中有口舌是非。

丁加癸雀投江，不要出远门。

庚加日干为伏干，日干加庚为飞干，中途有变化。

庚加戊为伏宫，戊加庚为飞宫，旅途有灾殃，年命旺相则无大碍。

庚加癸大格，庚加壬为小格，乘车船要防凶灾。

刑格和悖格，慎防破财伤人。

丙加庚荧入白、庚加丙白入荧提防被盗或被抢。

五不遇时和六仪击刑不利远行。

逢三奇入墓或壬癸罗网，险地勿去，如登山、游泳等。

反吟出行路途不顺，防走错道或迷路。

伏吟不利出行，防受阻、堵车、晚点或有不利之事。

门迫，出行不吉，受困奔忙。

日干或年命得值符、值使者出行无大碍。

1. 海啸肆虐泰国　是否还去星国

2004 年发生海啸时我正在泰国旅游，那时我们一行 13 人受某单位的邀请，组团到新马泰旅游，25 日从国内飞到泰国曼谷，第二天海啸发生了，但我们并不知情，更不知凶险。26 日傍晚到达了泰国的芭提雅，在节目开演前我们分散活动，我和省分公司的小杨去逛商店，由于在国外语言不通，商店电视播的内容也听不懂，只见电视画面上的大海浪将大岩石上的二十几个人猛一下冲到岩石下，顿时被海水吞没，画面逼真，让人毛骨悚然。我不由自主地说："小杨，这太恐怖了，不像是假的吧?"小杨看了一下说："不像是假的!"再看以后的画面，也非常逼真，我和小杨疑虑重重。晚上八点，队伍集合以后，国内电话说印尼有海啸，特别可怕，已经伤亡很多人，问我们是否安全。大家都在议论什么是海啸，当时由于在国外，语言不通，导游文化不高，也解释不清。我们只好打电话回国内问情况，才大概了解到事情的严重性。

27 号午饭后，带队的主任很严肃地把我叫到一边说："杜总，领导来电话了，再三问我们是否安全，现在闹海啸还去不去新加坡和马来西亚，我拿不定主意，你说吧，你懂周易，大家都听你的，你说去我们就去，你说不去，我们就不去。"我当时感到事情比较严重，因为十几个人来自于不同的单位，我如果说不去大家肯定会不高兴，说去，如果发生问题，我也不好交代。拿不定主意就得看局，于是我起局分析并提了一下几点建议。第一，今后旅途没有危险，因为发生海啸死了人，大家玩心不大，第二，我们中间有部分人不想去，第三，上级领导也定不下来，第四，最终还要继续旅游。我把这四点意见向主任说，主任再三问有没有危险，我肯定地说没有危险，主任说好，那我就听你的，我们就按预定的行程办。

果如所测，在今后的几天行程里，一切平安，我们先由泰国到达新加坡以后，再到马来西亚，至1月3号安全返回国内。原因是我们的行程路线都不在海啸的危及范围内。

9.0级大地震引发的这次大海啸，相当于7.5颗美国最大的核弹头释放的能量，这次海啸是史无前例的，危及印尼、斯里兰卡、印度、泰国、马来西亚等国家和地区，约有29万人丧生，51万人受伤，经济损失近百亿元。

奇门格局：

2004年12月27日13时01分

甲申年甲子月庚辰日癸未时，阳一局，甲戌旬，天芮星值符，死门值使。

白虎　马 杜门丙 天任星辛	玄武 景门庚 天冲星乙	九地　空 死门辛 天辅星己
六合 伤门戊 天蓬星庚	壬	九天　空 惊门乙 天英星丁
太阴 生门癸 天心星丙	螣蛇 休门丁 天柱星戊	直符 壬开门己 天芮星癸

分析依据：

1. 为什么说去新加坡没有危险?

大局八门伏吟主破财伤人，正应海啸之事。但我们一行人有无危险?庚为凶灾的代表符号落离九宫，现阳遁局九宫为外盘，庚落外盘则无凶灾。庚也为日干，宫中得乙奇，乙落离宫为长生旺地，天冲星在离宫为旺相，另外，我年命为丁，宫中有休门之吉门，故我们去新加坡没危险。

2. 为什么我们中间有部分人不想去？

大局伏吟主不愉快，月干戊代表同行之人落震三宫为击刑，说明部分人担心。宫中戊加庚换地盘表明有些人还是想去其他旅游城市。

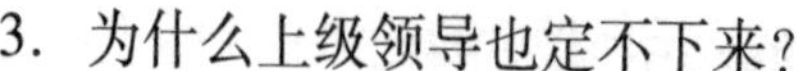

3. 为什么上级领导也定不下来？

年干（甲申）庚为上级领导落离九宫，宫中逢景门主决策，上乘玄武说明主意不定，故断上级领导一时半会做不了决策，对去或不去的问题没法做决定。

4. 为什么最终还要继续旅游？

景门为原定出行计划落离九宫，日干为求测者处沐浴状态，景门落宫与日干同宫，说明求测人愿意按原定计划实施，即最终还要继续旅游。

2. 远行虽然平安　琐事麻烦不断

都说欧洲风景优美，经济发达，我早就有这个愿望，到欧洲旅游一趟，只是没有机会。

2000 年 11 月，受某公司邀请，我们一行七人组团到欧洲旅游，出发前自然要预测一下出国是否平安，途中是否顺利。因为工作太忙，只是大致看了一下，预测结果共四条：

一、一路平安，没有危险；

二、乘飞机时会晚点起飞；

三、途中不顺，遇官非口舌事，并有雨；

四、遇有小偷且要丢东西。

预测结果让我既高兴，又犯难，高兴的是途中安全，不会出危险，犯难的是途中要遇小偷，还要偷我们的东西。这预测结果我是告诉同伴呢？还是不告诉？要是告诉大家，万一测不准，这是给大家添堵，扫大家的兴，要是不告诉大家，又怕真的丢了东西，落埋怨，左思右想，还是只告诉了领队的团长，但是领队并没有在意。以后途中所发生的情况和预测结果完全一致。

我们20日从北京乘飞机第一站到法国巴黎，正点飞抵，法国周易研究会的同行们还专门为我接风。在巴黎游玩三天，22日晚，按行程按排，大家看文艺演出，我因应邀与巴黎周易同行交流周易研究经验而没去看演出，当晚也没与大家再见面。

第二天，也就是23日早上，按约定在大厅集合，一见面，只见他们个个绷着脸，谁也不说话，要按往常，早就开起玩笑了，今天不知怎么了。我问有什么事吗？其中一人就说了："丢东西了。"

"丢什么了？"我问。

"两个照相机。"邯郸分公司老总答。

原来，到剧场后，人们下车进了剧场，所带的照相机等物都留在了汽车上，由司机负责看管，司机去了一次洗手间，只十分钟时间，车窗玻璃就被小偷砸了，被偷走两个提包，内有两架相机及杂物。

不高兴的事还在后边，旅程是23日早8：30从巴黎乘飞机到德国慕尼黑，大家按当地导游的按排，8时整上了中巴车，汽车在向机场行驶的途中，塞了十几分钟的车，等赶到机场时飞机刚起飞，只好改签下午14时多的班机。白白在机场侯机厅等了半天。

到慕尼黑后，连续两天都下小雨，24日早上在等汽车外出时，大家围着我问以后还丢东西吗？我预测后立即对大家说："你们听好了，今天还要丢东西，咱们七个人都在场，可别再埋怨我不告诉你们！"

这一天旅游，大家都手不离相机，钱也把得紧紧的，到了傍晚，司机师傅说要调换一下汽车，时间不长，换了一辆中巴，等我们到饭店吃饭时，邯郸分公司的李总突然说："怎么找不到照相的三角架了？"中巴车也不大，找了好几遍就是找不到，李总问司机是不是刚才换车没有把三角架倒到这辆车上，司机说都装上了。司机师傅是个60岁的中国人，移居德国已30多年，这时他说话了："一个三角架不就值二三十元嘛！"李总一听就急了，冲着司机吼道："什么二三十元，这是带遥控的，一千多块钱

呢，肯定换车时没装上。”老头一脸不服气，也不敢吭声，老总非让去原来的车上找，司机只好开车拉着李总去找三角架。这车一开走，不知谁说了一句：“早上没出门，杜总就算了，今天还要丢东西，看看，轮到老李了。”大家“轰”一声都笑了，冲着我开了一通玩笑。

这回到原车上找东西本是个简单事，来回用半个小时就足够了，可这老同志却用了两个多小时，总算在车座底下找到了。返回时，在幕尼黑开了三十年车的他，回来愣是找不到我们所在的餐馆。

再说在餐馆吃饭也不顺当，当地的导游是中国女孩，为了想多赚点钱，退了预定的餐馆，带我们去了一家小餐馆，但没预订。等了两个多小时才吃上饭，吧台上摆了一排中国酒盒，却是空瓶，上了一个菜就上米饭，大家让老板按中国的用餐顺序，先上菜后上饭，女老板说：“德国就是这个上法。”大家气得一顿乱话，老板讲：“这是德国，你们再吵我就叫警察了。”

这一说不要紧，气得大家真的跟老板吵了起来，谁也没吃好这顿饭。

全程十五天，和我预测的完全一致。

第一个奇门格局：

2000 年 11 月 19 日 10 点 50 分

庚辰年丁亥月辛巳日癸巳时，阴五局，甲申旬，天冲星值符，伤门值使。

螣蛇 杜门丁 天任星己	直符　空 景门庚 天冲星癸	九天　空 死门己 天辅星辛
太阴 伤门壬 天蓬星庚	戊	九地 惊门癸 天英星丙
六合 生门乙 天心星丁	白虎 休门丙 天柱星壬	玄武　马 戊开门辛 天芮星乙

第二个奇门格局:

2000年11月24日6点57分

庚辰年丁亥月丙戌日辛卯时，阴八局，甲申旬，天心星值符，开门值使。

太阴　马 辛生门丁 天芮星壬	螣蛇　空 伤门己 天柱星乙	直符　空 杜门庚 天心星丁
六合 休门乙 天英星癸	辛	九天 景门丙 天蓬星己
白虎 开门壬 天辅星戊	玄武 惊门癸 天冲星丙	九地 死门戊 天任星庚

分析依据：

对第一个奇门局的分析：

1. 为什么说乘飞机会晚点？

该局八门伏吟，主迟缓，时干癸主出国这件事，现落兑七宫，时干癸上乘九地，也主迟缓，故断飞机要晚点。

2. 为什么断出国平安？

日干辛为本人落乾六宫，宫中逢开门之吉门主平安，辛加乙虎猖狂，这里应断离家远行。以所去方向来断，德国在中国的西边，日干落乾宫与西边兑宫比和也主平安。

3. 为什么断出国不顺，有口舌是非事，且还会下雨？

伏吟主远行不顺，时干癸落兑七宫，加地盘丙为悖格，悖格主此行遇麻烦事，临惊门主口舌是非事，有雨是因天柱星落坎宫，坎宫中有壬，必有雨。

4. 为什么断要遇小偷，还要丢东西？

日干辛落乾六宫，上乘玄武，玄武主小偷，又逢开门，玄武逢开门说明小偷必来，八门伏吟主破财，故断小偷会偷走东西。

对第二个奇门格局的分析：

为什么又断还会丢东西呢？

因为大家问是否丢东西，时干辛主事体，故看巽四宫的代表符号。辛巽四宫为入墓，主在丢失物品上遇有麻烦，生门落巽四宫，主阴谋、破财，上乘太阴也主有个暗算，故断还要丢东西，实际是司机换车时没把三角架倒到另一辆车上去，和遭人暗算一致。

3. 难阻出行之意　祸至追悔莫及

每个人都盼福不盼祸，都想趋吉避凶，我的战友赵景录经理也电话向我求测吉凶问题。

赵经理是河北省汽车工业贸易总公司销售一处经理，公司买了一辆桑塔那轿车，但汽车牌照却是在秦皇岛市办理的，最近为牌照手续方面的事情准备让另一个战友白庆波开车去秦皇岛处理。已经决定第二天出发，想让我预测一下去秦皇岛办事顺利否？

我按打电话时间起局预测，经过分析认为此行不顺利：汽车途中要出交通事故，特别是返回途中汽车右轮要撞坏。我立即将这一预测结果告诉了赵经理，并劝他过几天再去就能躲过凶灾事故。

因为是战友，赵经理知道我讲话是认真的，所以马上给白庆波打电话转告了我的意思，让他过几天再去。白庆波是个老司机，开车技术很好，听赵经理一说并不以为然，坚持要去，赵经理也拗不过他，只好同意，但要他必须和我联系一下。

白庆波是个爽快人，不一会儿电话就打到我家，说道："听说你给我预测了一下，说我去秦皇岛要出事故？"

"老白，这不是开玩笑，通过用周易预测，可能回来途中要出点事。"我据实相告。

"人有事吗？"

"人没事。"

"我开了20多年车了，还能出事吗？"白庆波笑着回答，从语气中听得出，他根本不信我的预测。

"你最好别去，要去就出事故。"我仍极力劝阻。

"我小心点吧。"他听我说话认真，也认真回答。

放下电话，老白心想这周易真这么灵吗？信则有，不信则无，当过兵的人不信这一套，路上开车小心就是了。

最终老白不听劝阻，他还是去了。

从石家庄开车到秦皇岛要一天的时间，一路上小心谨慎，天傍黑，平安到达目的地，没事。

返回时，谨慎再谨慎，很怕横祸临头。车行至徐水县高速公路口时

（当时京深高速公路还没全线开通），一过缴费口，白庆波一边加速一边对同车的另一个人说："来的时候，我的战友杜新会用周易预测我会出事故，净胡说八道！回去后我得教训教训他！"话音刚落，因正是转弯处，地面有散落的沙子，车速又快，方向盘不听使唤，汽车直朝高速公路的铁护栏上撞去，"砰"的一声，整个右轮胎报废，胎箍都变了形。俩人都傻了眼，晃晃脑袋，蹬蹬腿，人一点伤也没有。赶紧检查车辆，除轮胎以外别无损坏，于是赶紧换上备胎，一路慢行，再不敢提教训我的话了。

回到石家庄，白庆波一见到赵经理，就说："我算服周易了！真的出了事故。我开车 20 多年都没出过事，这回方向盘就是不听使唤，瞪着眼愣是撞上了，真他妈邪门了！"

奇门格局：

1995 年 3 月 25 日 20 时 30 分

乙亥年己卯月乙卯日丙戌时，阳九局，甲申旬，天芮星值符，死门值使。

玄武 死门辛 天冲星壬	九地　空 惊门壬 天辅星戊	马九天空 开门戊 天英星庚
白虎 景门乙 天任星辛	癸	直符 癸休门庚 天芮星丙
六合 杜门己 天蓬星乙	太阴 伤门丁 天心星己	螣蛇 生门丙 天柱星丁

分析依据：

1．为什么断此次出行不顺利？

测战友以月干为用神，兼看出行方向。月干己落艮八宫，秦皇岛也位于石家庄东北方，也以艮八宫分析，月干己逢六合，六合主多，说明有同行人；临杜门，克艮宫为门迫主此行不顺，又主男人破财，临天蓬星也主破财；己加乙为墓神不明，地户逢星，宜遁迹隐形为利，不宜出行。日干为人，时干为事。现时干丙落乾六宫属金，日干乙落震三宫属木，时干克日干，也主出行不顺，办事不利。

2．为什么断此行要出车祸？

伤门为车，景门为道路。伤门落坎宫主财名不利，景门落震宫，宫中乙加辛为凶格，上乘白虎凶灾之神，现震宫道路带凶神凶格克月干艮宫，说明途中要出车祸。去途出车祸还是返途出车祸？坤二宫与艮八宫为相对之宫，所以去途看艮宫，返途（从秦皇岛回石家庄）看坤宫。艮、坤二宫相比较坤宫的格局最凶，坤宫中戊加庚为飞宫凶格，庚为白虎，返途遇庚，主事故。又甲申旬中午、未空，坤宫正逢空亡之地，空则藏有玄机，出空恐有事故发生。

出什么样的车祸？死门、白虎主伤灾，现死门落巽四宫，白虎落震三宫均克坤二返途之宫，故而返途之中可能出事故。又坤宫上乘九天，主车，也主远途，在外盘主外地，九天在物主圆状物，开门也主圆状物，戊加庚为换地盘，在此主换部件，按九宫格断，坤为右肩，故汽车右侧轮胎要损坏。

震三宫和巽四宫也克艮八宫，去途为什么不出事呢？主要是宫中地盘有乙奇处旺相之地，遇奇则吉，又乙奇为年干、为太岁，故去途不会出事故。

3．事故应期是怎样断的？

出空之日，当在己未日，29 日为应期。

4. 旅游不听规劝　幸而有惊无险

1996年8月3日早上6点，我刚起床，还没出卧室门，就听到女儿和我爱人在说话，隐约听到要去旅游，我出来一看，女儿正在收拾东西，准备出发去旅游。我问她去哪儿？女儿说是去五岳寨，昨天晚上同学们在电话里约定的，早上6点半在火车站广场的五岳寨旅游专线站集合。

女儿大了，参加工作已经三年多了，一般的事情我不干涉，听说去百里地外的五岳寨旅游（石家庄西北方），我下意识地在手上快速起局，结论是天气有雨，而且是大雨，不宜远行，若去则有虚惊事，我就劝女儿别去了。女儿问我怎么了，我说："主要是天气有雨，你们玩不好，还要出点虚惊事。"

我这一说，女儿犹豫了，愣了一下问我："什么虚惊事？是有坏人啊？"

"不是坏人，是受惊吓，主要是天气不好，人倒是不会有危险。别去了，要去过几天再去吧。"我劝女儿最好别去。

去还是不去，女儿为了难，站在客厅门口想了想说："我到汽车站跟同学商量一下，那就不去了。"

可我女儿还是去了，正像预测的那样：当天上午就下了雨，因雨大不但没玩成，反而遇到了山洪，虽有惊无险，却终生难忘那可怕的场面。下面是我女儿回来后用笔描述的经过：

我到了车站跟同学们一说爸爸的预测结果，大家都扫了兴，也没了主意，同学王丽香说："到五岳寨玩不了，咱们就找个地方野餐一顿就回来，要不买了这么多东西，回家怎么办呢，那就太扫兴了。"她这么一说，几个人都同意，我也没了主意，只好与同学们一起出发了。

路上，同学们有说有笑，我也把爸爸的话给忘到九霄云外了。

汽车开到半路天就下起了蒙蒙细雨，但并不影响我们的勃勃兴致。三个小时很快过去，来到山脚下，放眼望去，满山的青翠，山石被雨水冲刷得闪闪发亮，河道里的小溪清凉透明。雨越下越大，我们穿好雨衣，打上雨伞，开始往山上爬，可刚到半山腰，台阶上的雨水像小溪一样从山上流下，越来越大，越过鞋面冲下山去，同学们只好扫兴而归，住进了山下的旅馆。

直到第二天下午，雨一直也未停，河道里雨水夹着泥石拍打着石块，发出"轰"的声音，使人越发的心焦。下午三点钟了，事先预定接我们的车还没有来，没办法，同学们只好坐了一辆大客车返回，客车行驶了不到两公里，山坡上滑下的石头、大树挡在公路上，已经有人去搬树了，我心想要是车正走着，有石头和树砸到车上就惨了。

汽车继续前行。在绕行一块大石头时，路边的土被雨水泡软了，汽车前轮滑下了路边，车身一下子就倾斜了，全车人心提到嗓子眼，幸好车撞到了路边的一棵树上熄了火。无奈，我们只好换乘一辆小中巴，行驶到一座小桥中间时，河水已漫过桥面，溢进了车厢，拖鞋都漂起来了，同学们惊叫着站了起来。就在这时，车熄了火，男同学都冒雨下去推车，总算过了河，中巴车却趴下开不动了。

这时，见到了原定来接我们的司机，他说过河时车坏了，他没修好，正要去找人修，一个小时车还没修好，前不着村，后不着店，周围一片漆黑，只听到洪水冲刷岸边的声音，同学们都害怕了，只有我心里还有点数，因为爸爸跟我说有惊无险。这时，有一辆小中巴路过，我们拦下了这辆车，司机说是救灾车，正准备到上游救人，说上面村子已经冲下三个人，这时我们才意识到这是在发洪水。半小时后，司机把我们接到附近一个小村庄，我们在村里的小卖部买了水和饼干，挤在车里过了一夜。

第二天，我们坐的小中巴还没修好，司机又把我们转给了一辆老式大客车，行至一座桥时，我们停下了，浑黄的河水已漫过桥身，漫上了公路十几米，过往的车辆都被拦在那里，许多乘客都下来围在那不知怎么办才好，当看到我们的客车底盘很高，车又大又稳时，都纷纷要求坐我们的车，一下子车里挤满了四十多人。半小时后车开始过河了，河水很快漫过了车底盘，坐在车里能听到汽车逆水而行的声音，可以看到近一米高的桥栏在水里只露出十公分高，突然车猛的向右晃了一下，撞了一下桥栏，紧接着又向左晃，车上两个年轻力壮的司机吃力地在打着方向盘，原来，刚才桥左边有一辆拖拉机撞坏桥栏，斜停在桥上，司机想躲拖拉机但洪水太猛，打不过方向盘，左躲右闪的总算没让洪水把车冲下桥去，使我们闹了一场虚惊。

车刚过了桥，我们回首望去，不远处一棵大树顺流而下，我们庆幸刚才有惊无险，否则连人带车也要去和那棵大树作伴去了。眨眼间洪水又涨了许多。后边的七八辆中巴车和一部分乘客眼看着我们的大客车远去，谁也不敢再过河了。

汽车越开路越好走，但每个人仍心有余悸，中午 12 点，我们平安地回到市里，一到家，我的第一句话就是："可把我吓坏了，总算到家了。"

这场雨持续了几天，形成了河北省 50 年一遇的特大洪水，给全省几十个县市造成了巨大损失。

奇门格局：

1996 年 8 月 3 日 6 时

丙子年乙未月壬申日癸卯时，阴一局，甲午旬，天柱星值符，惊门值使。

马太阴空 杜门己 天英星丁	螣蛇 癸景门乙 天芮星己	直符 死门辛 天柱星乙
六合 伤门丁 天辅星丙	癸	九天 惊门壬 天心星辛
白虎 生门丙 天冲星庚	玄武 休门庚 天任星戊	九地 开门戊 天蓬星壬

分析依据：

1. 测出行，忌伏吟，该局就是八门伏吟，八门主人事，出门必不顺，旅游玩不好，伏吟不动为宜。

2. 日干壬为出行人落兑七宫，壬加辛为螣蛇相缠，不得安宁。宫中惊门值使伏于本宫主忧虑惊疑，惊门加日干壬主官司囚禁，被困之象。时干癸落离宫克日干兑宫不利出行。

3. 所去之方为石家庄西北方向，看乾宫。天蓬星主雨落于乾宫，逢九地、开门和壬主大雨之象。所去方乾宫中，天盘戊入墓也主有麻烦事情。

4. 人无危险的依据是所去之方为西北乾位与日干兑宫比和，日干也不落丙子年的丧门（艮）、吊客（乾）宫上，故不会伤及人员。且宫中逢开门吉门，九地吉神应断人员平安。

五、寻踪觅人

预测原则：

1. 所用符号：日干为求测人，时干为走失的对象，六合为走失人，杜门为故意出走之人，还应结合六亲关系用神。

2. 走失原因：癸加丁、丁加癸、伤门、惊门因口舌事；若上乘螣蛇、玄武有被哄骗、拐卖之嫌；乘九地倔犟或早有出走的想法；女孩子走失若用神临庚、丙恐有男人之事；用神下临辛、癸、己及丁壬同宫或带桃花符号的可能有暧昧之事。

3. 走失方向：应先分清走失性质，以时干、六合、杜门或走失人年命落宫看走失方向。走失看六合，出走看杜门，结合年命、时干落宫分析。若空亡可看其他用神之宫。

4. 综合情况：时干乘值符、六合安全无事；乘九地、太阴有人帮其躲藏；乘九天远走高飞；乘玄武被人拐骗，如传销等；乘螣蛇被人哄骗或有人盘查羁留；乘白虎，慎防刑伤。时干旺相或走失人年命入库主躲藏或被人收留、死绝入墓又凶格恐有凶险。逢马星到处移动。戊为携带钱财，旺说明身上有钱，衰则钱少，击刑、空亡或逢庚则囊中羞涩。

5. 能否回来：时干生日干或与日干比和，失踪者容易找回或会自己回来；时干克日干，则不易回来。若时干旺相，又临开、休、生门，生活无忧暂回不来，逢杜门不愿意回来，反之则易找回或会自己回来。另外，伏吟局人难回，反吟局很快会回来。逢庚格能返回。人走失还要看走失人年命或看求测人（须是亲朋好友），是否落入丧门吊客宫，若落入丧门吊客宫中则不吉。

吉凶格局：

戊加丙、丙加戊须认真结合门、神综合判断。因为丙加戊鸟跌穴主上西天、入土之象，若门、神不吉利则以凶断，若门、神均吉则无碍。

辛加乙在外地停留而不归，乙加辛因困顿、失意不返乡。

日时逢九遁格，人会回来。

癸加丁注意防灾防病，丁加癸犹豫不决，防口舌官非。

日干加庚、庚加日干，返回之人情绪激动，不友善。

庚加戊、戊加庚，流落他乡。

庚加癸、庚加壬归期推迟。

逢刑格、悖格，求测者和被求测人都会有不利之事。

庚加丙行人即将到来，丙加庚杳无音信。

五不遇时不必盼望等待。

六仪击刑有事妨碍不得回。

入墓但格局不凶，可以返回。

逢壬、癸罗网，不易返回。

1. 姨夫驾车失踪　奇门断其大凶

2010年1月27号，临近年关了。早上个体户刘某接了三个电话，而后对他妻子说："我要去趟留营，你去到里屋把我的包拿来，里边儿有承兑汇票。"妻子到里屋拿了包递给他，刘某就开着黑色帕萨特出村了。

按照正常习惯，下午五点半刘某一定要给家里打个电话，但今天五点三十五分了还没来电话。妻子有点儿不放心就拨通了他的手机，可是手机接通了没人接听。妻子心里说，也许忙顾不上接吧。六点半再打电话，手机关机了。妻子更纳闷儿了，多年的习惯怎么变了？

当天晚上妻子给刘某打了一晚上电话，可手机一直关机，人也没有回来。这可急坏了刘某的一家人。第二天早上通知了亲朋好友，大家都出主意，认为这不符合刘某的一贯作为，应该向公安机关报案。于是，刘某的儿子在亲人的陪同下到公安机关报了案。公安机关也非常重视，立即查询了石家庄各个出市口的视频监控，没有发现该车辆的踪迹。

2010年1月29号，早上8点28分，刘某的外甥媳妇给我打电话说刘某已经出走第三天了还没有消息。你用奇门遁甲再给看看有没有危险。

我问她："你是哪年出生的？"

"我是1976年出生的。"

我起好局，一看格局吓了一跳。求测人年命已经落入了"丧门"宫，这意味着家庭有丧事，要吊唁了。这也说明，刘某生的希望没有了。

于是我对她说："凶多吉少，因为你是他的外甥媳妇儿，你的年命已经入了'丧门'宫，按奇门遁甲说，刘某被人害了。他们家里报案了吗？"

"家里已经向公安局报案了，但是公安局查不到车在哪里，人也没消息。"

2月3号上午，刘某的外甥媳妇儿又给我打电话："杜老师，能不能麻烦你来一趟，我姨夫现在还没消息，家里人都很着急，现在是死不见尸活不见人，公安局也没消息。你再帮忙看看吧。”

刘某的家在市郊区东南角，很远。我陪同刘某的外甥媳妇儿和外孙到了刘某家。见了刘某的妻子和两个孩子，大体了解了情况。我起局一看，又是大凶之局，也没敢实说，只说了些安慰话。对方也不了解我是做什么的。家里人的情绪挺低沉的，几分钟后我们上车赶紧走了。

路上我跟刘某的外甥媳妇儿说：“情况不妙，人活不了了。”

刘某的外甥媳妇儿说：“我看你着急往外走，就知道事情不好，我也就赶紧出来了，现在家里人也没办法，只好等公安局破案了。”

4 月 2 号下午刘某的外甥媳妇儿打来电话：“杜老师，我姨夫已经找到了，人已经死了。”

“怎么回事呢?”我忙问。

“有人在医院里看到了他的车，在车的后备厢里找到了他的尸体，我姨夫是早已经被害了。案子还没结果，警察正在调查。我也不知道怎么回事。”

即日，我看到了报纸刊登的有关信息。具体报道如下：

本报讯（燕赵都市报记者李保健　郭鹏　实习生毕甜甜）4 月 2 日下午，河北医科大学第一医院停车场一辆帕萨特轿车后备箱内惊现一名男子，该男子手脚捆绑，早已死亡。据医院人士介绍，该男子已经失踪两月，2 日下午，亲属来医院看病时无意中发现自家轿车，藏匿在轿车中的尸体这才被找到。

2 日下午 3 点左右，记者赶到医大一院停车场时，现场拉起了警戒线，警察正在勘察现场。藏匿尸体的是一辆悬挂石家庄牌照的黑色帕萨特轿车，记者看到，包括车窗玻璃在内的车身上落满了尘土。

警戒线外，一名中年女士不停地哭泣，旁边几名男子也是满脸悲容。不一会儿，灵车开到停车场。警察与家属将尸体从后备箱抬了出来。记者注意到，死者是一名中年男子，手脚被捆绑得严严实实。尽管相隔甚远，依然能闻到尸体腐烂发出的刺鼻气味。

据医院人士介绍，早在两月前家属就发现该男子失踪，已经报警。但是一直没有找到男子身影。2 日下午，亲属来医院看病时无意中在停车场发现自家车辆，走到跟前从后备箱闻到异味，遂报警。但是记者没能从公安部门得到确切的说法。

又报道说，根据嫌疑人的供述，专案组兵发吉林舒兰市，在当地警方的配合下，于 4 月 6 日 17 时将杜某抓获。至此，这起抢劫杀人案成功告破。

目前，犯罪嫌疑人郝某、杜某已被刑事拘留，此案正在进一步审理中。

奇门格局第一局：

2010 年 1 月 29 日 08 时 28 分

己丑年乙丑月己卯日戊辰时，阳八局，甲子旬，天任星值符，生门值使。

太阴 伤门癸 天辅星癸	六合 杜门己 天英星己	白虎 景门辛 天芮星辛
螣蛇 生门壬 天冲星壬	丁	玄武 死门乙 天柱星乙
马直符 休门戊 天任星戊	九天 坎门庚 天蓬星庚	九地空 惊门丙 天心星丙

分析依据：

1. 为什么说刘某凶多吉少？

大局伏吟主破财伤人，依局只能说凶多吉少。

2. 为什么说刘某已经被害了?

刘某年命丁奇，落坤二宫弱相，丁下临辛主“官人失位”凶。丁落宫上乘白虎，主凶，临景门主血光，辛加辛为自刑也主凶。再看求测人年命丙落乾六宫入墓主凶，乾宫又为“丧门”宫，说明为家有丧事、人被害了。

奇门格局第二局:

2010 年 2 月 3 日 09 时 34 分

己丑年丁丑月甲申日己巳时，天禽星值符，死门值使。

白虎 休门辛 天任星乙	玄武 生门丙 天冲星壬	九地 伤门乙 天辅星丁
六合 开门癸 天蓬星丙	戊	九天 杜门壬 天英星庚
太阴 惊门己 天心星辛	螣蛇 死门庚 天柱星癸	空直符马 戊景门丁 天芮星己

分析依据:

为什么再测刘某仍是大凶?

(1) 测姨夫看太岁己落宫，现己落艮八宫为入墓，上乘太阴主被人陷害，己下临辛宫中临惊门主与违法犯罪有关。

(2) 求测人姨夫的年命丁奇处衰地，现落乾六宫为“丧门”宫，景门主血光，也为无生还大凶之象。

(3) 其姨夫年命丁奇落宫虽上乘值符，但值符逢空，年命不保。

2．家女外出未回　遭遇人犯拐卖

石家庄市物资贸易中心综合处副处长吕巨是个热心肠的人，1996 年 7 月 15 日找到我说："保健用品商场的李经理说有个朋友的女孩是本市人，19 岁了，到燕春饭店前的劳务市场去找工作，好几天了不见人，可能失踪了，你能给测测吗？"我出于同情，很爽快地说："行，你让那个经理来吧。"于是吕处长就主动找到该经理说："我们中心的杜处长学周易测得挺准，你去给小孩测测吧。"该经理说："我不信这一套。"

吕处长回来告诉我对方说的话，我听了笑了笑说："不信？咱们现在就给他测一测。"按当日 10 点 40 分起局预测，只三四分钟便预测完毕，对吕处长说："小孩被两个人贩子骗走了，是坐一辆红色摩托车走的，人被卖了，价钱在 4000 元左右，人在东边，生命没危险。你把这话告诉那个经理，看他信不信。"

下午，吕处长照原话对那个经理说了，那经理听后惊讶地说："这么厉害，你快领我去见见这个人。"

李经理个不高，黑黑的，两眼挺有神，一脸恭敬的样子，找到我办公室，见了我说："杜处长，对不起，我对你不太了解，我对周易也不懂，上午有事也没来，吕处长一说我赶紧来了。丢的这个孩子是我外甥女，请你再给测测说详细点吧。"

我仍以原局说："小孩是被两个人骗去的，人现在在东边 80 里或 300 里远的地方。中间可能还要被转卖一次，如卖两次的话，一次卖 3000 元左右，一次卖 4000 元左右。小孩在外边有点害怕，想跑跑不掉，但人安全。罪犯也能抓住。小孩回来的时间可能长点，应在 8 月上旬，具体说应在 8 月 9 日戊寅日回来。"

该经理听后说："你测的还挺准。我所了解的情况和你说的差不多，这个事已报案了，公安局工作也有进展，是两个人贩子干的，现在已经抓住了一个，红摩托车也扣住了。小孩被骗走后先以3000元卖给藁城一个27岁的农民，因小孩哭闹，那一家又转手以4000元卖给衡水枣强县农村的一个农民。现在公安局和家里人已经去枣强两天了。只是你说8月9日回来，我觉得不会那么长时间吧？"

"我是以奇门断的，到底什么时候回来看结果吧。"我回答。

事实是公安局和家人到枣强以后，农民把人藏起来了，不给钱不让见人，耽搁时间长，经当地公安机关鼎力相助于8月9日才把人解救出来。

奇门格局：

1996年7月15日10时40分

丙子年乙未月癸丑日丁巳时，甲寅旬，阴八局，天冲星值符，伤门值使。

太阴 生门丙 天蓬星壬	螣蛇 伤门戊 天任星乙	直符 杜门癸 天冲星丁
六合 休门庚 天心星癸	辛	九天 景门壬 天辅星己
白虎　空 开门己 天柱星戊	玄武　空 辛惊门丁 天芮星丙	九地　马 死门乙 天英星庚

分析依据：

1. 为什么说人被骗卖到东边了？

时干丁奇为失踪之女孩，惊门为官司又上乘玄武，临辛为罪犯，故断被骗，玄武逢辛为惯犯，所以是人贩子拐骗走了。丁落坎宫火入水乡主凶，天芮星为大凶星，未月为相更凶。惊门主受惊吓，时干丁下临丙奇，丙为天威，又为男人。时干坎宫空亡又乘玄武为变换地点和再转卖。坎宫中门宫相生又有丙奇，且日、时均不落丙子年的丧门（艮）、吊客（乾）宫上，故不会有生命危险。

方向：六合为失踪人方向，在震宫所以断在东方，震属木，数为三、八木，故断80里或300里的地方。

2. 被卖钱数如何判断？

第一次被卖3000元是因值使伤门主事体落九宫，宫中戊为钱财下临乙奇为与女人有牵连之财，离为三、九数，伤门、天任星不旺断3000元。

第二次被卖4000元是时干下临丙，丙为第三者，事情必与丙有关，天盘丙飞临巽四宫，宫中天蓬星为大盗，生门又代表钱财，四宫代表四数断4000元。

3. 该女孩想跑跑不出来如何判断？

女孩被卖与人为妻，从婚姻关系看，乙为女，庚为男，乙落乾宫克震宫之庚是女孩不从。乙奇临马星想逃跑，但乙在乾入戌墓，临死门被关押所以断想跑但跑不了。

4. 为什么说是两个人贩子骑红色摩托车把人骗走了？

玄武为罪犯在坎宫临辛为惯犯，惊门为二数断两人。

值使伤门主车，在离九宫主红色，伤门泄气必是小型车辆，断为红色摩托，伤门车上乘螣蛇主缠绕，宫中戊为女孩的年命（1978戊午年），故断摩托车把人带走了。

5. 为什么说能破案？

白虎为公安落艮八宫克玄武人贩子坎宫。另外局中三宫中有庚加癸日格也必破案，杜门为罪犯躲藏方向宫中有天网癸必跑不掉。

6. 应期是如何判断的？

女孩年命为戊午年生人，戊落离宫逢伤门，又值使门为伤门，临天盘戊故断戊日放出，查万年历断戊寅日可被放出。

3．幼童失踪不归　稍待时日回返

小李某是农行某办事处李副主任的男孩，今年6岁，在某小学上学前班。1998年6月2日中午11点家长接他下学时发现他不见了。宝贝的失踪引起全家人的恐慌和焦虑。小李某的爷爷闻讯卧倒在床两天粒米不进，奶奶逢人便哭。亲戚朋友、同事上百人出动寻找，张贴启事。李副主任的单位也在农行内部发出大量的寻人传真，公安新华分局也派出警力，6月4日《燕赵都市报》以"小李某你在哪里?"为题发出启事，并刊登照片，一时消息传遍全市并引起广泛关注，有人说一个专门拐骗孩童的犯罪团伙潜入石市，闹得人心惶惶，大人孩子不得安宁。

我与李副主任并不认识，李副主任是朋友托朋友辗转知道我会预测的，先是由我公司出差的石副部长从北京联通总部给我打来长途电话，又委托他的另一个朋友——光达宾馆总经理牛田雄带领孩子家长一共5个人，于1998年6月3日下午3点20分来到我的办公室。

我先起好局，一边观局一边询问孩子的丢失时间，出生年月，李副主任一一作答。基本情况问清后，我抬起头发现5个人的目光齐刷刷地投向我，焦灼万分的李副主任眼睛更是一眨不眨。

"孩子没有危险，也不会饿着，更不会受伤，你们可以放心。"我尽可能用缓慢清楚的语气告诉他们。

"是吗?要是真的就太好了。"几个人长舒了一口气，室内紧张凝固的气氛轻松了不少。

"一般来说问题不大，我预测4000多例了，测孩子走失的事也不少，以我的经验，不会错。"我再次肯定。

接着，我又按发现孩子丢失的时间——2日中午11点10分起了第二局。这时所有的人屏息静气，只听得见我用钢笔"沙沙"的写字声。

起好局后，我一边看一边说："丢的是男孩，正在上学。第一，正像

我刚才所测，孩子平安无险，可以放心。第二，孩子被人哄骗走了，可能以3000元钱被卖掉。”说到这里，李副主任“嗞”的一口凉气，几个人略显惊慌。“第三，罪犯住在南面，可能是两人以上作案，还是与你相熟的平辈人干的，但是案子不易破。第四，孩子现在在西北方或东北方，回是肯定要回来，但也顺利不了。”随着预测内容的扑朔迷离，几个人的眉头一松一皱。我稍作停顿，五个人一言不发，依然全神贯注：“从格局上看，孩子很聪明，有主意，他自己会想办法回来的，当然也有人帮助。时间就在今天，如果今天不回来，下周肯定能回来，你们别着急，也不用到处瞎找，找也不会找到，到时候他自然会回来。”

“孩子才六岁，现在落在坏人手里……真的不会出什么问题吗?”李副主任依然放心不下。

为了使他们相信预测的准确性，缓解一下他们的紧张情绪，我想从其他方面予以证实，便说：“奇门遁甲的预测方法准确率比较高，我再用这种方法测一下其他情况，如果测得不错，你们就应该相信孩子确实没有危险。”说完大家都没有吭声，静听下文：

“你个子不太高，但孩子的妈妈是个高个儿。”

李副主任露出惊讶之色：“是高个儿，身高1.70米。”

“你本人在单位是个副职领导。”在这之前我并不知道李是副主任。

“我在农行办事处是副主任。你说的这些都对，我相信你的预测，只要你说孩子没危险我就放心了。”

满怀着不安和希望，他们回去了。

第二天上午，牛田雄总经理打来电话说：“杜部长，你说得真对，小孩昨天晚上回来了，一家人高兴得不得了。他还真是被人哄骗走的。”

几天后，牛田雄和李副主任再次来到我的办公室，喜笑颜开，顾不上落座，李副主任便滔滔不绝：“杜部长，真是太感谢你了！你的预测给了我无法形容的希望和鼓舞，当天我回去给家人一说，他爷爷腾的一下就从床上坐了起来，直让我再说一遍，问这问那，又问了你的情况，大家都觉得有了盼头。当天晚上，朋友们听说小孩能回来，好家伙！聚了四十多个人，分成两拨儿，手提木棒，就在附近建筑工地找了起来，民工们正在睡觉，见来了这么多人，手电乱晃，民工们被吼了起来，吓得不知道怎么回事。一直到夜里两点才返回。正像你所说没有找到，倒是当天孩子自己回来了……”

原来，李副主任那天乘班车送孩子上学，距门口十几米让孩子下了车，看着孩子向学校走去，就离开了。小李某走到校门口，被一个骑摩托车的三十来岁的男人叫住，看着面熟，他说有一个好玩具要送给李某，带孩子回家去取，一会儿再把他送回来。孩子在车上渐渐感觉出不对头，但又不敢吭声。换乘出租车后，又一个女的带李某到一个很大的商场买了四件玩具，又来到一个老太太家吃饭睡觉，那女的问李某父母叫什么，家里的住址、电话号码等，小李某都回答如流。第二天又乘汽车，孩子说坐了很远很远，天黑时来了一个男的骑摩托车把这妇女和孩子带到火车站，上了火车妇女哄着孩子睡着了，醒来后就见不到那个妇女了。

孩子乘坐的是北京南到石家庄的751次火车，途中被列车员发现报告了乘警，他们给李某买了吃的，并问清家庭住址、电话，随即报告石家庄铁路分局公安处乘警指挥中心，指挥中心在将近11时和家长联系上了。接了这个电话，家里反而乱成一锅粥，爷爷奶奶要去，妈妈要去，亲朋好友也要去，还是李副主任冷静，决定自己和一个朋友去。到了公安处，李某正在玩耍，没有一点受过惊吓的样子。

李副主任说，过去不了解周易，以为预测是封建迷信骗人的，这一次要不是亲身体验，绝对不相信这是真的。

六月二十四日《河北日报》以“小李某回来了”为题报道了事情的经过。当然正像我预测的那样，拐骗孩子的罪犯没有抓住，案子也没破了。

奇门格局：

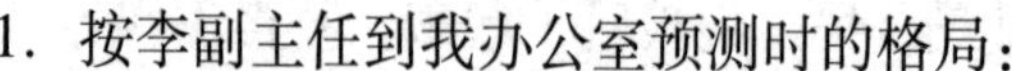
1. 按李副主任到我办公室预测时的格局：

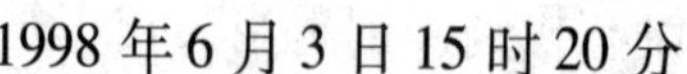
1998 年 6 月 3 日 15 时 20 分

戊寅年丁巳月辛巳日丙申时，阳六局，甲午旬，天英星值符，景门值使。

直符　空 伤门辛 天英星丙	螣蛇 乙杜门癸 天芮星辛	太阴 景门己 天柱星癸
九天 生门丙 天辅星丁	乙	六合 死门戊 天心星己
九地　马 休门丁 天冲星庚	玄武 开门庚 天任星壬	白虎 惊门壬 天蓬星戊

2. 按发现丢失李某的时间起的格局：

1998 年 6 月 2 日 11 时 20 分

戊寅年丁巳月庚辰日壬午时，阳六局，甲戌旬，天柱星值符，惊门值使。

六合 伤门庚 天任星丙	白虎 杜门丁 天冲星辛	马玄武空 景门丙 天辅星癸
太阴 生门壬 天蓬星丁	乙	九地　空 死门辛 天英星己
螣蛇 休门戊 天心星庚	直符 开门己 天柱星壬	九天 乙惊门癸 天芮星戊

分析依据：

这两个局虽然时间不同，但均一致地反映出了小孩被拐骗，能平安回来的信息，下面我从两个格局上来分析是怎样判断的。

1．为什么断小孩被拐骗了？

测大事要看年命，李某是1992年出生的，即壬申年，壬就为年命。第一个局天盘壬落乾六宫，宫中上乘白虎主凶，天蓬大盗之星飞临，说明小孩遇到大盗了。

第二个局天盘壬落震三宫，上乘太阴主阴谋策划，又遇天蓬大盗之星，且格局为壬加丁主淫荡之合，说明罪犯采用了哄骗的手法把小孩给拐骗了。

为什么说被卖了3000元呢？第二个局三宫中天蓬大盗上乘太阴主密谋策划，临生门为财利，壬加丁也主贪财，三宫主卖小孩得利3000元。

从时干主事体来看：两个局的时干均在三宫，宫中逢生门主财利，三宫也主3000元，说明小孩被拐骗是为得利3000元而干的。

2．怎样断出小孩平安，没生命危险的呢？

小孩年命为壬，壬如果旺相逢奇，又遇吉门则无险，反之则凶。第一个局壬落乾六宫虽逢白虎凶神、惊门凶门、天蓬凶星，但壬到乾为临官状态，还处于旺的状态，又下临太岁戊，为有惊无险。第二个局壬在三宫，虽有天蓬大盗在身旁，但上乘太阴吉神，逢生门吉门，又有丁奇护佑，也是有惊无险。第一个局壬因处临官禄地故断有吃有喝，不会受到伤害。从时干代表小孩的角度看也同样：第一个局时干丙落三宫，上乘九天主小孩在远方，生门虽落三宫主亲人道路不吉，但天盘丙奇加地盘丁奇合生门为天遁吉格，丙奇合九天、生门为神遁吉格。遇遁格利密谋策划、靠诡诈多变取胜，根据是否对自己有利而采取行动。该格正与小孩心里明白“遇到坏人了”，“想爸爸妈妈不敢说，怕他们打我”。表面顺从听话，心里牢记家庭住址和电话号码的情景一致。天遁、神遁吉格不但表明小孩平安，还表明小孩要设计返回家中。第二个局时干壬与年命一致，前边已分析过了，不再分析。

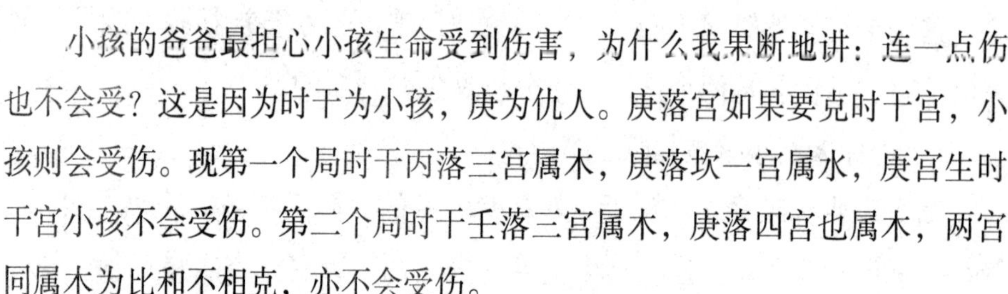

小孩的爸爸最担心小孩生命受到伤害，为什么我果断地讲：连一点伤也不会受？这是因为时干为小孩，庚为仇人。庚落宫如果要克时干宫，小孩则会受伤。现第一个局时干丙落三宫属木，庚落坎一宫属水，庚宫生时干宫小孩不会受伤。第二个局时干壬落三宫属木，庚落四宫也属木，两宫同属木为比和不相克，亦不会受伤。

3．罪犯情况及能破案否？

杜门为罪犯躲藏方向，现两个局中杜门均在离九宫，离为南，故断躲在南方。

第二个局玄武空亡，可看天蓬落宫，天蓬落三宫为三数，所以断二至三人作案。

熟人作案：两个局的时干下均临丁奇，必与丁奇有关，丁奇为月干，月干主兄弟又均与日干预测者比和，断可能是熟人且是兄弟辈作案。

破不了案：一是两个局中均无庚格；

二是伤门、白虎均不克天蓬大盗；

三是天蓬星临太岁、吉门和丁奇，说明罪犯虽做坏事但不会被抓住。

4. 小孩现在方向和回来时间是怎样断的?

第一个局中六合主方向现落兑七宫，本应在西方，但兑七宫中逢死门，主该方大门紧闭，故断小孩不会在此方向。马星也是判断方向的依据，申时马星在寅落艮宫，艮为东北方，小孩是从北京（东北方）开往石家庄的列车上发现的，正应东北方。

到时候小孩就会返回，是因为日干代表预测人，时干代表小孩，两个局中的日干和时干落宫均属木，二宫比和被拐骗的小孩必能回来。

判断小孩今天或一周回来，是以值符旬空被填实或冲实来断的，今天戌亥两个时辰是晚上 7 点至 11 点，戌亥当令时将值符宫冲实小孩则能回来。如今天回不来还要到一周时的辰巳日填实才能归。

5. 怎样断出小孩长相、性格及李主任身份和爱人情况的?

时干丙代表小李某落三宫属木，震为长男应为男孩，天辅星为文曲星，时干临天辅是个学生，天盘丁和景门主文章，落艮八宫和坤二宫均属土，时干克丁、景说明小孩不爱学习，九天主动、主调皮，所以断好动。

日干代表本人落巽四宫，上乘值符为领导，位于四维之宫应为副职。

乙奇为李妻落离九宫为长生之地，巳月离火旺，宫中杜门属木，木主高，所以断预测人的妻子是大高个儿。

4. 少年逃学出走　究竟人躲哪方

居住在河北省深泽县城 15 岁的中学生刘某，自小就不爱学习，曾经两次留级，进入初中后觉得课程更紧张了，考试总是不及格。县城中学的老师、校长多次找到他的父母劝告刘某退学，或者是转学。无奈，刘的父母通过关系把他转到一个乡办中学读书，但他仍“江山依旧”，影响班里的成绩，班主任找到乡中学校长，表示坚决不要刘某，校长也不好讲话，于是将刘某的父母找来，又劝告他们把他转到别的学校去。

家长也很伤脑筋了，对刘某好说歹说，软招硬招都说了、用了，似乎不起作用，没办法又千方百计托人拉关系把他转到离县城30余里外的铁杆乡中学住校学习了。

期中考试就要来临，刘某自知很难闯过这一关，于1998年11月10日凌晨3点，趁着夜色，翻墙逃出学校。在他起床穿衣时正好被邻床的同学发现，问他干什么，他说是要去厕所，结果有去无回。早上同学报告了老师，老师通知了家长，家长四处寻找不见踪迹，便告诉各处亲友，见了刘某就留住他。

刘某的舅舅姓曹，在河北省政府当处长，接到外甥从学校逃跑的电话后，非常担心其年龄小会出事，立即打电话给我："杜部长，麻烦你一下，看看我这个属鼠的外甥跑到什么地方去了？有没有危险？什么时候能回来？"

我很快预测，当下告诉曹处长："一、孩子无危险；二、跑到西南方200里远的大城市去了，说准确点就是石家庄市，会找一个长辈，这长辈会收留他；三、明天能回来。"说完这三点，曹处长接着问我还能看出点什么来吗？我告诉他："你的外甥性格外向好动，眼睛可能近视，这次出走的原因是受到老师的批评，萌生了外出打工挣钱的念头。另外你姐夫，也就是孩子父亲在机关工作，具体说应是公检法部门，并在这工作很长时间了。"

刚说到这里，曹处长打断了我的话说："杜部长，这些你是怎么知道的？"

"我哪能都知道？我是用奇门测出来的。"

"是吗？那你测得很准确啊！"

"我再补充一点，你姐夫是从事文书和说教工作的。"

"对，他在公安局搞预审，即审讯犯人，又搞案卷。"

最后，我让曹处长转告他姐夫，不要着急，明天见消息。果然，第二天中午12点，曹处长下班回来，刘某正在家门口等他呢。原来是外甥一听又要期中考试就很怵头，加上老师在班上又着重点到他，让他抓紧学习，不能影响班里的总成绩。他外甥左思右想，晚上睡不着觉，决定一跑了之。早上坐6点一班最早的班车，一下子就到了200里外的石家庄市，下了车也就毫无目的地逛商场转大街，晚上在小旅馆住了一夜，因身上再也没钱了，第二天只好投奔舅舅家。

奇门格局：

1998年11月10日15时9分

戊寅年癸亥月辛酉日丙申时，阴三局，甲午旬，天英星值符，景门值使。

太阴　空 生门戊 天冲星乙	螣蛇 伤门乙 天辅星辛	直符 杜门辛 天英星己
六合 休门壬 天任星戊	丙	九天 丙景门己 天芮星癸
白虎　马 开门庚 天蓬星壬	玄武 惊门丁 天心星庚	九地 死门癸 天柱星丁

分析依据：

1. 为什么断外甥没危险？

时干丙为外甥落兑七宫处死地，处境不利，但有天禽吉星，九天吉神又有值符生之，必无凶险。再从年命戊落四宫看，戊下临乙奇为吉象，宫中生门与太阴也为吉，现四宫旬空，测吉凶遇空“吉事不吉，凶事不凶”，也为无险。

2. 为什么断跑到西南方了？

其外甥出走的原因是为了逃避考试，是一种躲藏行为，杜门代表躲藏方向，现杜门落坤二宫，坤为西南方，二宫为二数，四维宫为远，值符代表首，又代表大城市，故断跑到西南方200里远的大城市了。

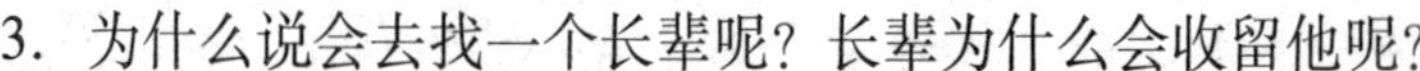

3. 为什么说会去找一个长辈呢？长辈为什么会收留他呢？

丙为时干为外甥，落兑七宫，受坤宫中的值符之生，值符主长辈，为长辈收留，地盘丙也为外甥落坤宫与天盘日干辛相合，合则为收留，日干为预测人，说明曹处长收留他。另外，从其外甥年命戊来看，戊落巽四宫，戊又为太岁，说明要去找长辈。

4. 为什么断他明天能回来呢？

格局中的空亡则有原因，现巽四宫空亡，其外甥年命戊也空亡，宫中吉门、吉神、又有乙奇，虽空无凶，待冲实之日必回。今天是辛酉日，明日是壬戌日，待戌日当令，冲实年命戊宫必回。

5. 怎样断出其外甥的情况呢？

丙为时干为外甥落七宫，上乘九天主性格外向、天生好动，丙加癸与天芮病星同宫，主眼睛近视或有病。天辅星为老师落离九宫与伤门同宫克时干丙宫，主老师批评他。

想挣钱是年命戊临生门，生门主利润，但空亡主外甥想挣钱却挣不到。

6. 怎样断出小孩爸爸的情况呢？

曹处长与小孩的爸爸是平辈关系，那么就看月干，现月干癸落乾六宫，乾为首，为机关部门，宫中逢死门主执法部门，天柱星主说教，地盘丁主文书，上乘九地主久远，说明在公检法机关从事文书和说教工作很长时间了。

5. 英雄抢险遇难　借问奇门判断

接连几天的暴雨，山洪倾泻、河水四溢，省会石家庄市处于紧张状态之中，虽然双休日，我仍到公司担任防汛值班。上午10点多接到四通公司石家庄分公司崔经理的电话，说有个特殊关系的朋友让马上去他的公司帮忙预测有人失踪之事。

我赶到四通石家庄分公司，有三位研究易经的朋友也在，其中任某指着一位50岁的男同志说："他的外甥失踪了，请你们谁给测一测。"

大家分别用六爻、梅花易、奇门遁甲三种方法预测，一致认为人已不可生还。

我依奇门答复对方："人是在外面被水冲走的，遗体应在东南长形河道里，被埋在泥里，具体位置应与4数有关，但比较远一点。你们可到东南方4里，14里，40里的河道里去寻找。17号以前就可找到。"随后我又问预测人："东南方有没有河道?"

"有。"他回答。

这时任某介绍说："这位是鹿泉市邮电局刘局长。他们是为抗洪抢险出的事，失踪的是局里的职工、抢险队员，也是刘局长的亲外甥。"

事情发生的经过是：

8月4日，突如其来的暴雨袭击使鹿泉市较低洼的东南部变成一片汪洋。下午3点，隶属市邮电局的东营、永壁两个支局接连告急：营业室、电力室进水，面临停机危险，一旦停机，鹿泉市东南部重灾区的通信将全部中断。价值数百万元的设备也将严重损毁，后果不堪设想。险情在即，刘局长亲自率领13名抢险队员，携带抢险器材，分乘两辆汽车冒雨向永壁支局支援。

永壁村已被大水包围，汽车无法开进。抢险队员绕到村北防护大堤上，眼前是一条河，河水漫过桥面。刘局长指挥队伍分两组过桥。第一组通过。第二组6人走到桥中心时，陡涨的洪水呼啸而来，顷刻间将6人冲下河去，卷向下游，6人中有一人抓住了一只冲下来的大油罐，有一人随水冲到电杆的高处，这两人直到第二天凌晨4时半才获救，而另4名抢险队员却下落不明。又经过5天的大力寻找，只有3名抢险队员的尸体被找到，最后一名队员却无论如何找不到。这时刘局长在别人推荐下找到我们。

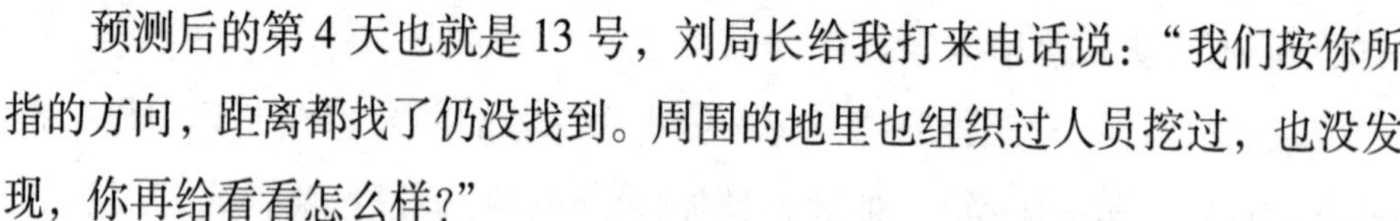

预测后的第 4 天也就是 13 号，刘局长给我打来电话说：“我们按你所指的方向，距离都找了仍没找到。周围的地里也组织过人员挖过，也没发现，你再给看看怎么样？”

“我听了你对抢险过程的介绍，又看到了《石家庄日报》刊登你们抢险的英雄事迹，非常受感动。我又仔细研究过，所测的方向，距离不会错，失踪的人现在还在水里，你们不要在干地上找，要在长形有水的地方去找。依我看人还没有被完全埋住，还露着一点，你们仔细找找吧，距离还可以拉远一点，人肯定可以找到。”我回答。

英雄抢险而去，各级领导都非常重视，又组织人员在失踪地点附近去找。刘局长则按我所说派人乘车向东南 40 里远的方向延伸，开展寻找工作。

8 月 14 日下午 1 点 40 分，开车在东南方沿绞河寻找的人员忙了一上午也不见踪影，实在太累了，就想歇一会。于是把车停在栾城县梅村东北的桥旁，几个人又渴又累，心里直发愁：到哪里去找呢？

这时，有两个拾东西的农村妇女从桥下跑上来，面带惊恐地对他们说：“桥下面有个东西，好像是只人手，看不清楚，吓了我们一跳，赶紧上来了。”说者无心听者有意，几个人不约而同一跃而起赶到桥下，用棍子扒了扒，正是一只半截的人手露出水面，人的身体卡在桥洞下，被冲下来的水泥盖板挡在中间，大部分身体被泥沙埋住。经初步辨认死者衣服，正是失踪已十天之久的抢险队员孙书江。下午 4 点多，由县武警中队的战士们将尸体打捞了上来。

事后刘局长打来电话表示感谢，并证明实际距离是 44 华里。

失踪的抢险队员遗体找到了，一直惦念不安的心像一块石头落了地。英雄为抗洪抢险贡献了宝贵的生命，我通过周易研究为寻找英雄出了一份力，也是对烈士英灵及其家属的一份安慰吧。

1996 年 8 月 8 日，《石家庄日报》曾在头版头条报道了鹿泉市邮电局不畏艰险，抗洪救灾英雄事迹。记者郝卫以“抗洪救灾英雄谱”为标题，“记鹿泉市邮电局抗洪抢险群体”为副标题作了报道。

奇门格局：

1996年8月10日10时30分

丙子年丙申月己卯日己巳时，阴二局，甲子旬，天芮星值符，死门值使。

玄武 生门己 天蓬星丙	白虎 伤门辛 天任星庚	六合 杜门乙 天冲星戊
九地 休门癸 天心星乙	丁	太阴 景门丙 天辅星壬
九天 开门壬 天柱星辛	直符 丁惊门戊 天芮星己	马螣蛇空 死门庚 天英星癸

分析依据：

1. 为什么断抢险队员被洪水冲走，且已死亡？

上级测下级，长辈测小辈，以时干为用神。现时干己落巽四宫，四宫中天蓬为水神，处旺相，玄武为水也主洪水泛滥，己加丙为悖格主大凶。甲戌己落巽宫与辰相冲，巽又主长河，综断抢险队员被洪水沿河道冲走。

庚为凶灾的代表符号落乾六宫，阴遁局乾宫为内盘，庚在内盘逢死门凶门且冲克时干宫，说明抢险队员有凶灾。

死亡是以时干落宫和年命乙（1965年生）来断的。时干己落巽宫格局凶，年命乙奇申月处死地，落坤二宫为入墓，入墓则死。

2. 为什么断人被埋在水中的泥里还露着一点儿？

时干已落巽宫，为落长形河道里，河道里天蓬水神旺主有水，已加丙主阳人以冤相害，已为阴土又为地户，逢水必在长形河水里被泥沙埋住。还露着一点是因宫中逢生门之故，巽主臂，应露着点手臂。

3. 为什么断在东南方与4数有关的距离上？

时干已为用神为失踪人落巽四宫主4数，四维之宫主远，所以断被冲出4里、14里、40里远，应在44里也与四宫正对应。

4. 为什么断17号前能找到？

我是以死门落乾六宫旬空填实来断的，但实际情况是应在14号癸未日，为什么应癸未日，事后总结是庚下临癸之因。时干临阳星，庚下之干为应期。时干已临天蓬阳星，故以庚下之干为应期。

5. 为什么尸体在桥下找到？

这一点我当时没有测出来，回过头来总结，生门主桥，巽主长河，时干与生门同宫，说明失踪人在河道里一个桥下的水里。

6. 工人报复厂长　无端哑女遭殃

张厂长是距石家庄不远的某镇兴盛福利厂的厂长。1996年的一天，他突然到我家来，进门就说："杜老师，实在不好意思，又来麻烦您了。"我让他先坐下，随后起局，对他说："亲友变动，道路不吉，你要找丢失的人，对吗？"

"对啊！是我的表嫂，在我厂里替班时失踪的，你看能找到吗？"张厂长顾不得寒暄，急切地问道。

"能找到，现在她在东南方140多里远的地方，有吃有喝，有人帮助，没有危险。"

"那我到什么地方去找呢？"

"不用找，一星期内她会回来，说具体点可能是丁丑日那天回来。"

他面带怀疑，似乎是自言自语："那不可能吧，她是个哑巴，又不识字，不会说也不会写，附近都找了见不着人，你说140多里肯定不会那么远，只有一会儿的工夫，能跑那么远吗？真那么远怎么回来？”

“这你不用担心，‘人有旦夕祸福，马有转缰失蹄’，这话古已有之，不必过多焦虑。其实你厂里丢失的这名哑女也是事出有因。依我预测是有小人与你作对，人是被拐骗并用一辆汽车拉走的，这个人和你在钱财上有过矛盾，你好好想想会是谁？”

我的这番话正戳到张厂长的痛处，他承包的这个兴盛福利厂是镇民政部门下属的一个福利小厂，效益还不错。但是张厂长打着办福利企业的旗号，却没有按有关规定使用一个残疾职工。每次税务所来检查时，他总是从附近村庄找来一些残疾人充数，混过检查，然后给每个残疾人发20元钱，再管一顿饭送回家，以此达到免税目的。

但是没有不透风的墙，这种偷税漏税的行为还是败露了。税务所接到举报，派了三名稽查员进厂调查。消息灵通的张厂长赶在税务人员进厂之前，急忙从各村拉来一些残疾人，其中就有正在寻找的哑女郑某。

应付过税务人员的检查后，照例给他们管饭送回。但万万没想到：吃完午饭后，郑某想到镇上转转，可一出厂门还没弄清东南西北，就被两名来历不明的男子劫上汽车。

说起郑某，虽是哑女，但人老实，长得漂亮，听说女儿失踪，郑某的父母老泪纵横，哑女的丈夫也多次向厂里要人。人命关天，大家都为郑某焦虑万分，厂里也派人四下寻找，但总不见踪影。

张厂长方寸已乱，无心再指挥生产，又怕事情闹大，传到税务所去，几年的心血就要付诸东流，只好宣布厂里停产放假，工人回家。

且说厂里的雇佣工人王芳，家住距厂140多里远的王村，厂里放假回村后，无意中对父亲说起郑某失踪一事，父亲一听忙说：“咱村村北干河边有一个哑巴，也是个女的，来了好几天了，该不会是你厂里丢的那个人吧？”王芳听后立即随父亲来到干河边一看，果然不错，正是郑某，王芳马上打电话告诉厂里。

原来张厂长和一些工人曾在工资问题上发生过矛盾，一直没有妥善解决。有几个人早就想报复报复张厂长，多次寻机没有实现，这一次听说税务所来查，于是心生一计，趁着无人，将其表嫂哑女郑某拉上汽车一走140里，把郑某扔到宁晋县附近的河边后溜之大吉。

郑某并不知自己已被劫持，还以为他们还要送她回去，车子一去不返，她在河边孤身一人，两眼茫茫，有苦难言，天晚无处投宿，只好睡在干河边上的草垛里。

天无绝人之路，第二天，一个放羊的老汉发现了她，以后每天给她两三个馒头充饥，直至被发现。

奇门格局：

1996年6月15日11时30分

丙子年癸巳月癸未日戊午时，阳遁三局，甲寅旬，天任星值符，生门值使。

螣蛇 伤门戊 天冲星己	太阴 杜门己 天辅星丁	六合　马 景门丁 天英星乙
直符 生门癸 天任星戊	庚	白虎 庚死门乙 天芮星壬
九天　空 休门丙 天蓬星癸	九地　空 开门辛 天心星丙	玄武 惊门壬 天柱星辛

分析依据：

1. 为什么说哑嫂被骗走了？

时干戊为事体落巽宫，上乘螣蛇主奴仆拐带，所以断被拐骗；伤门在巽宫主车辆、变动、失脱、官司凶，巽又主风、主快，天冲星也主快，故为乘车而去；其表嫂45岁，壬辰年生人，年命壬上乘天盘庚，庚为白虎，为凶，天盘壬下临辛，辛主罪犯，说明其表嫂遇到罪犯了，辛也主犯了错误，不该糊里糊涂地上车。其表嫂是哑巴的特征在奇门格局中是这样看的：兑为口，兑宫中天芮星为病症，上乘白虎主刑伤，说明嘴上有病；什么病呢？兑口逢死门，说话的口遇到死门，主口被关闭，故为哑巴。

2．方向、距离、吉凶情况是怎样断的？

月干癸为表兄，与癸相和的戊应为表嫂，现戊正临巽四宫，巽主东南方，四维宫主距离远，所以说人在东南方140里左右远的地方。本人年命壬飞临乾宫为临官旺相，逢惊门，只是虚惊，太岁丙落艮宫属土，生年命乾宫金，不会有大凶灾；另外，日干、月干逢生门为吉，上乘值符百灾消除，从预测者本人和兄长的角度也说明不会出事。月干癸加戊逢生门主有贵人帮助，表嫂年命壬落乾宫为禄地应有吃有喝。

3．被拐骗的原因：

庚为仇人落兑七宫，逢死门为恼火，兑为二数为两个仇人，上乘白虎主凶恶，乙加壬为日奇入地，长幼悖乱，奴欺主或官讼是非。庚落宫克震宫月干表兄和巽宫戊表嫂，震宫中值符为领导，生门主钱财，故断仇人为钱财事和领导有矛盾，而采取报复行动，想以此给厂长添麻烦。

4．能否回来及应期：

戊为失踪之人，用神与月干、日干癸相比和，说明人必能回来。归期是这样断的：日干癸为阴干，阴日看庚上之干为应期，阳日看庚下之干为应期，今日为阴日，故看庚上之干为应期，庚上之干为丁，故断丁丑日可回来。

六、恋爱婚姻

预测原则：

在婚姻预测中，庚代表男方，乙代表女方，丁代表男方的情人或与男方二次结婚的女人，丙代表女方的情人或与女方二次结婚的男人，六合为婚姻关系。

预测是否能成婚主要以乙、庚两落宫的关系而断。乙落宫与庚落宫相生、比和，得吉星、吉门、吉神、吉格成婚顺利；乙、庚两落宫相冲克，但宫中符号处旺相，得吉星、吉门、吉神、吉格也能成婚。反之不能成婚。

成婚后看婚姻关系首先看乙、庚两落宫的关系。若乙落宫与庚落宫相生、比和，得吉星、吉门、吉神、吉格家庭幸福美满；乙、庚两落宫相冲克，但宫中符号处旺相，得吉星、吉门、吉神、吉格家庭关系一般；乙、庚两落宫符号处衰弱之地，逢凶星、凶门、凶神、凶格、空亡且相冲克者，则有离婚之可能；若格局吉利，乙、庚两落宫逢空亡则可能只是两地分居；乙、庚两宫克六合宫者不吉。

一般情况下，庚落宫与丁落宫相生比和，男方有第三者；乙落宫与丙落宫相生比和，女方有第三者。但具体情况应当具体分析，不可信口开河，以免引起他人家庭矛盾。

婚恋判断详细原则可参看《周易与婚姻——婚姻预测百问百答》一书。

1．虽是多日恋人　恐亦难定终身

有一天，我在公司，办公室的副主任带着下属小郭找到我，副主任跟我介绍说："杜总，这是咱们单位的小郭。她听说你懂周易，想请你给看看，不知道行不行？"我答应了，然后副主任就避开了，只剩下我跟小郭。

小郭27岁，身高一米六五，是石家庄附近县人，长相还算俊俏，各方面条件都不错，虽然到了婚嫁年龄，但还未婚。

我问她想测什么事，小郭说想看看自己的婚姻。我在纸上写了几条，对她说道："你现在有一个男朋友，关系比较密切。这个男的长相还可以，应该是白领阶层，你们已经认识两年以上了。"

小郭露出惊奇的表情，连连点头道："杜总说得太准了，是的。"

"但最终你们会分手。"我接着说，此时的小郭一脸的沮丧。

局上显示小郭已经与其男友同居，但是男方还搞三角恋爱，我不好意思直接说，就问她："男方去见过你父母没有？"

小郭答："没有去过。说过几次，但一直推说工作忙，就没有去。"

"你们搞了好几年的对象就没说过结婚的事？"我问。

小郭委屈地说："男友总是说现在没钱，得先工作，挣个几十万再结婚。"

于是我劝说小郭："你得多个心眼，男的有没有其他对象你应该多观察，而且你心里应该有准备，万一结不了婚，你们分了手怎么办？"

小郭再三问："我俩能成吗？"

我摇摇头："不好成。"

小郭又问："最终能不能成？"

我说："最终不能成。"

小郭讲："我要是主动对他好点，对他妈再好点，您看能成吗。"

我委婉地说："你可以试试，但是我认为你俩的婚姻不好成。"

原来小郭和男友早已同居，其男友是业务经理，经常到保定、邯郸做业务，两三天回来一次，小郭一心想和对方有个好结果，对男友照顾得无微不至，还和远在湖南的男方母亲经常联系，问寒问暖。虽经过一年的努力，男方最终还是和她断绝了婚恋关系，到外地发展去了。

奇门格局：

2007年3月31日14时28分

丁亥年癸卯月甲子日辛未时，阳四局，甲子旬，天辅星值符，杜门值使。

玄武　马 生门丁 天蓬星戊	九地 伤门壬 天任星癸	九天 杜门乙 天冲星丙
白虎 休门庚 天心星乙	己	直符 景门戊 天辅星辛
六合 开门辛 天柱星壬	太阴 己惊门丙 天芮星丁	螣蛇　空 死门癸 天英星庚

分析依据：

1. 为什么说小郭有一个关系比较密切的男朋友？

日干戊代表求测人落兑七宫，戊下临辛，辛主错误，求测人问婚姻有错误事；求测人是女孩再看乙落宫，地盘乙上乘庚说明有男友，现天盘乙落坤二宫入墓有棘手事，乙下临丙为有男友，乙下临己，综上说明求测人有男朋友并在一起同居。

2. 如何判断其男朋友的基本状况？

庚为男朋友落震三宫，逢乙奇、休门吉门、天心吉星说明男方长得比较英俊，庚下乙奇处禄位主收入较高，故为白领阶层。

3. 为何断小郭与男友已认识两年以上？

戊为日干落兑宫，兑为二数，乙奇为女方，落坤二宫，综断认识两年以上。

4. 为什么说小郭与男友已经同居，男方还搞三角恋爱？

六合落艮八宫可看为婚姻关系，时干辛也落艮八宫，辛下临壬，一男找二女。庚为男落震三宫，丁为男人的另一个恋爱对象，落巽四宫，两宫比和，说明男方搞三角恋爱。

5. 为什么说最终双方会分手？

庚为男乙为女，两宫相克，六合主婚姻关系，宫中辛加壬，有三角恋爱事发生，六合艮宫受庚男之克，分手原因在男方搞三角恋爱。乙落二宫下临丙，逢杜门克宫，恋爱关系必分手。

2. 预测女遇难产　不幸悲剧发生

2009 年 7 月 4 日上午，我与学生小黄、小王到朋友家求朋友办点事。

进门后我先叙述了一些我们需要办的事情，这时他爱人小刘走到我们跟前说："杜老师，我快临产了，上次您给我测我生产的时候会遇到麻烦，这次您再给我预测一下，看看平安吗？"

我让小王起好局，然后分析道："上次看你生产时不顺利。这次你也要注意，可能有难产的事。"

小黄也看着局，悄悄地问了句："会不会有生命危险？"

我说："应该看成是难产，不应该有危险吧。"我边说边想，现在科技比较发达，极少发生死人的事，同时因为几次接触，知道小刘有些胆小，怕对她造成心理负担，故也没更多地看局和详细地分析。

小刘说："上次好像也说过难产吧？"

我回忆道："是的，上次的局上也显示难产，你要注意孩子的脐带绕颈，临产的时候最好早点到医院进行剖腹产。”

临走前我又一次提醒她要注意难产之事。

结果到八月份下旬，她给我打来电话说：“杜老师，不好意思，我小孩不在了。”

我当时正开着车，一听猛的一震，赶紧问道：“什么不在了？”

她说：“小孩没保住，生下来几天就不在了。”

“哎呀，不是告诉你有难产，早点上医院吗？”

她呜咽着说：“杜老师，见面我们再说吧。”

后来了解到，7 月 18 号是预产期，小刘又到医院去检查，医生跟他说，小宝宝脐带绕颈。小刘心里一惊，心想以前从来没有出现过这种情况，他就问医生有没有危险，如果有危险就选择剖腹产，医生说以前有绕颈两圈还顺产的呢！绕颈一圈没有大碍，22 号有临产的感觉，就住到了市里最好的医院。23 号，在医生的指示下进了产房，但是那一天偏偏生产的人非常多，医生忙得不可开交。在进产房前，她的婆婆对她说：“进了产房后，要听医生的，不要乱喊乱叫，否则医生烦了，就不会好好给你接生。”

小刘是个老实人，临产前，她疼痛难忍，但因为婆婆对她说过不能乱叫，她就一直咬牙忍着。好不容易被推进了产房，医生却说让等会儿。结果等了三个多小时仍然没有医生理她。五个小时过后，她实在忍不住了，见一个护士从旁边经过，就有气无力的对护士说：“医生，你救救我吧。”

医生一看她这样子，赶紧给她做安排，生了一个 7.6 斤的女孩，但孩子已经窒息了，医生慌忙给小孩进行加氧呼吸，抢救了五天，仍然没有抢救过来。

医生说，就算能抢救过来，孩子的大脑也会因长期缺氧而造成严重损伤，这是该院五年以来首次出现的重大事故。

医生后来问她：“你疼痛难忍为什么不马上叫我们？”

小刘说：“我得听你们的安排，怕太早叫你们不高兴。最后一个小时里，产房里一个医生也没有，我叫谁啊？”

两边家里的老人都和医院进行交涉，医院自知出了那么大的事故是无法逃避责任的，医生和护士也都很愧疚、惋惜。最后医院承担了4.1万元的赔偿。

奇门格局：

2009年7月4日10时05分

己丑年庚午月庚戌日辛巳时，阴八局，甲辰旬，天柱星值符，惊门值使。

太阴 死门乙 天英星壬	螣蛇 辛惊门丁 天芮星乙	直符 开门己 天柱星丁
六合　空 景门壬 天辅星癸	辛	九天 休门庚 天心星己
白虎　空 杜门癸 天冲星戊	玄武 伤门戊 天任星丙	九地　马 生门丙 天蓬星庚

分析依据：

1. 为什么说是难产？

时干辛主事体，天芮星为子宫，二者同落离九宫。宫中逢螣蛇、惊门，主被惊恐事所缠绕；逢辛加乙虎猖狂格局，说明凶险猖狂，故断会发生难产。辛落九宫为击刑，离宫主血光，丁奇为刀口，应进行剖腹产。

2. 为什么断无危险？

日干庚为求测人落兑七宫逢空，遇空亡则凶事不凶，吉事不吉，且宫中得休门吉门、天心吉星、九天吉神和太岁己，故本人不会有凶险。

事后补充判断：

1．为什么孩子后来死了？

（1）天芮星为子宫，宫中逢辛加乙虎猖狂大凶之格。

（2）值符落坤二宫逢空亡，古语说“值符逢空，年命不保”，故此生产事不利。

（3）时干辛落离宫为午午自刑，辛也代表肺和气体，自刑说明被捂窒息。

（4）天芮星宫中得乙、丁二奇，且二奇均处旺地，乙又代表医生，若医生负责任，则不会发生此医疗事故。但天盘乙奇落巽四宫入墓又下临自刑的壬，说明医生由于自身的原因，未有预料到危险的存在。

3．女博士测身孕　求奇门指迷津

10月30日晚上8点半，有人介绍一个女博士找到家里想测怀孕的事。

我讲：“怀的是个×孩，时间不长，有30多天。”

女博士答：“将近40天吧。”

“从局上符号反映，你为了孩子的事情极度烦恼，你既想要孩子又想打掉孩子。”

她说：“是，主要是我做了个梦，梦见车祸死去的哥哥，又梦见这个孩子，还有一个小孩，心里怪害怕的。因为以前我做梦从来没梦到过哥哥，死去的哥哥与孩子在一起，我有点害怕，怕小孩将来有灾祸。我心里也不知道怎么办才好？”

“你做的梦可能将来在钱财上有些问题。另外，从局上看，你一生中应有两个丈夫，目前你对你丈夫不太满意，你和丈夫应该已经分居了？”

她惊讶地问：“哎哟，我俩是分居了，分居好几年了，这也能看出来？你看我们俩能离婚吗？”

“离不了婚，你丈夫知道你外边还有人（情人），但就是不给你离。你现在的情人是机关的，长得不错，比你老公能干。我得实话实说，看到什么说什么，可以吗？”我心想，两人分居好几年了，怎么会怀孕呢？于是，看局上孩子和精子的符号，两个符号都有问题，肚里的孩子不是与丈夫怀的，而是与情人怀的孩子！

“可以可以，没事，你就说吧。”看对方的口气，巴不得让我都说了。

“你怀的小孩好像不是你丈夫的，应该是其他人的。我说的不一定准啊，说错了你原谅。”当时既给女的留个面子，也是怕万一女的接受不了，惹对方不愉快，所以用词比较含糊一点。

“你说得对，这个孩子不是我丈夫的。”她倒挺大方，看来心里有准备，不过脸倒是泛红了。

“哎呀，这个事情不好办，从局上看，你和你丈夫离不了婚，你的情人有家庭，他和他老婆也离不了婚。如果是两边都离不了婚，这孩子生下来将来由谁来抚养？你丈夫不会认，他老婆也不会认，两家都不认，最终害的是你，这和你做的梦就联系起来了。你还得要考虑社会影响。”

她赶紧问：“单位会不会开除我？”

“单位不会开除你，对单位还能保得住密，但你这个事对你丈夫保密比较难。你和这个情人关系最多三年。你这些事情还要尽量保密，如果你到医院流产的话，最好要编一个理由，不要暴露。你应该看远一点，从长计议，考虑后果。我是依照奇门格局说的，供你参考。”

该女说了些感谢的话，带着遗憾离开了。

奇门格局：

2008 年 10 月 30 日 20 时 31 分

戊子年壬戌月癸卯日壬戌时，阴八局，甲寅旬，天冲星值符，伤门值使。

直符 伤门癸 天冲星壬	九天 杜门壬 天辅星乙	九地马 景门乙 天英星丁
螣蛇 生门戊 天任星癸	辛	玄武 辛死门丁 天芮星己
太阴空 休门丙 天蓬星戊	六合空 开门庚 天心星丙	白虎 惊门己 天柱星庚

分析依据：

1. 为什么说她为了孩子的事情极度烦恼？

日干癸为求测人落巽四宫为六仪击刑，日干逢击刑则说明求测人心里极度难受、烦恼。日干癸落宫生时干壬落宫，壬为孩子，故求测人为了孩子的事情极度烦恼。日干下临的地盘壬为入墓，说明求测人在为生下孩子还是打掉孩子的事上犹豫不定。

2. 为什么说她做的梦将来在钱财上有些问题？

测梦的主要用神是螣蛇，该局中螣蛇落震三宫，宫中生门、甲子戊均主钱财，现甲子戊为六仪击刑主钱财受损失，即将来在钱财方面会有些问题。

3. 为什么说她有两个丈夫，但和现在的丈夫已经分居？

日干癸加壬为嫁娶重婚之格局，说明求测人在婚姻方面有麻烦事，故看代表丈夫的符号庚、代表妻子的符号乙及代表第三者的符号丙三者落宫的情况。庚落坎一宫上乘六合，说明求测人一生中应有两个“丈夫”。乙落宫与第三者丙落宫比和，丙落艮宫处旺相不为空，也表明女方在外边还有情人。乙落坤宫克庚的落宫，主女方对现在的丈夫不满意。庚落宫逢空亡，表明丈夫已和女的分居。

4. 为什么说她离不了婚?

乙为妻子落坤宫，宫中逢马星与乙加辛青龙逃走格局，且乙落宫克庚落宫，说明女方想“逃离”男方，和男方离婚。但庚落宫中逢开门吉门、天心吉星和六合吉神，说明男方不会和女方离婚。在此庚逢开门并不是代表丈夫同意离婚，而是说明女方在外边有情人的事对他已经无法保密。

从打离婚官司的角度来看，开门为法院落坎宫逢空，也说明法院不受理，即女方离不了婚。

5. 情人的状况是如何判断出来的?

丙为情人落艮八宫处长生旺相之地，宫中逢休门吉门，一主情人在机关单位上班，二主其相貌不错。丙下临戊，戊为太岁，说明情人有后台、有背景；戊又为钱财，表明情人有经济实力。而代表丈夫的符号庚落坎宫处死地，下临丙奇处胎地衰地。丙庚二者的符号对比，丙的落宫状态明显比庚的落宫状态好，故情人比丈夫要能干。

6. 为什么说怀孕的孩子不是她丈夫的?

(1) 时干壬为孩子落离宫生第三者丙落宫，丈夫庚落宫克时干壬落宫，说明怀的孩子是第三者的。

(2) 辛为精子，辛下临己，己为地户，辛又与玄武同宫，玄武为暧昧之符号，故断此孩子必是和第三者所孕。

7. 为什么说她无法和她情人组建家庭?

乙为女方落坤二宫入墓，遇事不顺利，丙为第三者落艮八宫，虽二者比和，但丙宫空亡，故不能和情人组建家庭。

8. 为什么说此事对单位能保密，对丈夫保密比较难?

时干壬代表事体落离九宫，宫中逢杜门主保密，说明此事对外人、对单位都能够比较好的保密。但庚落宫中逢开门，开门主事情暴露、公开，所以此事最终无法对丈夫保密。

9. 为什么说这个孩子得做掉?

(1) 天芮星为子宫落兑七宫，宫中逢死门凶门，死门加辛盗贼失脱难获表明将会“失去”私生子，表明这孩子将会被做掉。

（2）从现实来说，丈夫容不得此孩子，情人的妻子也不会容忍此孩子，求测人和情人结不了婚，孩子将来抚养、成长有麻烦，为其将来考虑，只有做掉。

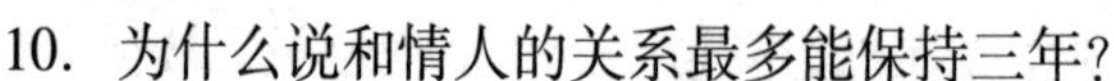

10. 为什么说和情人的关系最多能保持三年？

日干癸落巽四宫，时干壬落离九宫，日时一外一内主时间长。时干落宫代表关系保持的时间，离宫主3、9数，依常理而断，关系保持三年。

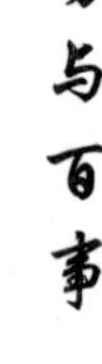

七、吉凶祸福

预测依据：

1. **凶灾范畴**

“天有不测风云，人有旦夕祸福”。吉凶祸福人人都会遇到，凶灾的表现形式很多，比如“官灾、婚灾、牢狱之灾、车祸、翻船、飞机失事、不幸摔伤、骨折、遇上大面积传染病、突发性疾病、手术、手术失败、被人有意伤害、无意伤害、被骗、设备重大损坏、天灾人祸”等等，均是凶灾。

2. **代表符号**

日干代表求测人，时干代表事体，年命代表所测之人，庚代表凶灾、仇人，测凶灾时用神入墓、击刑也是重要参考依据。

3. **未发生凶灾**

在未发生凶灾或仇人到来之前测，庚落内盘克时干、日干或庚加己、庚加庚、庚加丙则易有凶灾或仇人要来，庚落外盘克时干或日干一般无凶灾，但要看日干格局吉凶状态，庚克处于空亡的日干，一般也不会有凶灾。庚加丙落内盘凶灾要发生、仇人要来，庚逢击刑、伤门或白虎，则凶事愈凶；在外盘仇人会加剧威胁，但只喊不来。庚为日干时，落宫旺相则凶灾相对较轻，处衰地则凶事愈凶。凡日干旺相乘值符，格局好，则无大凶。日干克时干则能制伏对方，时干不带凶星、凶门、凶格克日干者无凶，反之则凶。测凶灾还有值符逢空年命不保一说。

近年违纪、贪污、犯罪案件不断，预测有否牢狱之灾首先要看年命落宫、日干落宫，若带壬、癸、庚击刑或入墓则可能有牢狱之灾；还要兼看辛落宫。若日干格局差或不到退休年龄，开门空亡将被革职；辛克日干或辛为日干时上乘壬、癸、辛牢狱之灾的可能性较大。戊加辛、辛加戊或辛逢开、休、生之吉门则不会有牢狱官司，纵被关押也会很快放出。若年命、日干受太岁来生或下临太岁、三奇则有贵人相助。

4. **已发生凶灾**

在已发生凶灾、有仇人来闹事之时测，庚落内盘则凶灾仍会继续、仇人不走；若逢壬加戊小蛇化龙格局，凶灾愈演愈烈；若逢庚加丙，凶灾仍会继续；逢伤门、白虎，凶灾愈凶。庚落外盘或丙加庚则凶灾即将消除、仇人离开。其他相关原则可参考第三条。

5. **吉凶格局**

乙加辛、辛加乙应有变动或不利之事，且多为婚灾、破产、分离之事，若逢开门则可能工作上有变动。

丁加癸、癸加丁、惊门容易发生吵架事、口舌是非事、官司之事。

戊加庚、庚加戊钱财有损、凶灾不利，需到别处躲灾避难。

庚加丙凶灾将到，需谨慎防范。

丙加庚凶灾即将离去。

庚加己、庚加庚若测凶灾会出现争斗之事，会有被处罚之可能。

庚加壬、庚加癸白虎入天牢，须防凶灾。

庚与伤门同宫会有打斗之事发生。

庚冲克日干凶灾易现。

壬加辛容易上当受骗，需时刻提防被人欺瞒。

癸加壬嫁娶重婚、钱财无利、做事后果不佳。

癸加癸天网四张，运气阻滞，万事不利。

庚加日干、日干加庚防遭他人暗算，不宜和对方交往。

五不遇时诸事不顺。

伏吟易破财伤人。

反吟不顺，恐凶灾会反复出现。

六仪击刑或自刑也容易出现凶灾。

甲子戊击刑钱财易损失。

三奇入墓，吉事转凶。

去医院或上手术台前测，逢丙加戊、戊加丙、年命落丧门、吊客宫易出现凶险，求测人日干落丧门、吊客也易有凶事。

天芮星逢死门加庚又无三奇恐有癌症。

天芮星乘螣蛇为传染病。

久病逢冲恐生命有险。

天芮星逢白虎（庚）、开门，将开刀做手术。

出行时若日干衰弱，所往方向格局大凶则不可去，去则不顺或有凶灾。

6. 应对措施

人不可胜道，却可胜术。若遇凶灾，须躲藏时，情况紧急可向值符落宫方向躲藏，事情不急时，可向杜门落宫方向躲藏，若杜门逢壬癸庚辛则不可去，此时，可向生门方躲藏。若判断有凶灾时，应仔细分析躲灾避难的因素有哪些，要趋吉避凶，切不可搞迷信活动。

1. 一失足贪巨款　早坦白获从宽

老同事跟我说亲戚有事求测，请我帮忙。2008 年 4 月 6 日晚，一位年轻女子来找我，跟我说："我爱人是某集团公司的会计，最近几天上级经常查他的账，我想问一下我爱人是不是有问题呀？"

"你爱人的钱来路不正，应该是有问题，这么大的事情应该让你爱人亲自来一趟，这样预测的准确率会更高。"我说。4 月 7 日晚上 9 点多，年轻女子和她爱人来到我家，说："我爱人来了，杜老师给看看吧。"她爱人不语，坐在椅子上就等我预测。

"你有经济问题，有些钱来路不明，数额还不小，有人在查你，这事纸包不住火，一定会暴露，搞钱的证据也会被抓住，这几条我是按局说的，是不是这么回事？"我问他。

男子低头半天不语，后来按捺不住说："这事真的会公开吗？"

"会公开，从局上看有人举报你，你躲不掉。"我说。

男子又低头不语，眉头紧锁，妻子看状着急地问她丈夫："你到底有事没事？这里就咱们三个人，要有事你就说出来。"

男子还是低头不语，眉头依然紧锁。妻子在旁边不停地给他做工作，约十分钟后，男子支支吾吾地说："我弄了点钱，数额是不小。"

"是不是公款？"我问。

"是公款。"男子低声地答道。

妻子一听着急地问："到底是怎么回事？你快说说。"

男子开始讲述事情的经过，声音依旧很低："有一笔回账的款，这笔款有人想私吞，结果被我发现了，我就把它给留下了，我正在用这笔钱炒权证。"

妻子问："多少钱？什么叫权证？"

男子答："一百多万，权证就是股票，是一种股票交易形式。"

妻子又问："到底一百多少万？"

"197 万。"男子有点结巴地答道。

妻子表情惊愕，我一听 197 万这个数字，心里也是一震："这么多钱！"

妻问："炒权证赔了赚了？"

男子答："开始的时候赚了，但是后来就赔了，到现在已经赔了 120 万。"

我听完赔了 120 万这个数字，心想这么多钱一个刚结婚的家庭怎么还上？就问："你打算怎么办？"

"我也没办法，就来听你意见来了。想让您给出出主意，看怎么办好？"男子比较沮丧地答道，这时头也垂了下来。

妻子也没了主意："杜老师，你给出个主意吧，这事怎么办才好？我们听你的。"

我说："我以奇门遁甲局上来看，这事必然公开，躲也躲不过。我的意见是，第一、应向公司坦白这个问题，也就是自首。第二、赶紧凑钱，把挪用的公款补回去，这钱不是你的，你不应该得，也得不到。我所说的都是奇门遁甲局上显示的，这样做才不至于大祸临头。"

"杜老师，要是我们把钱还了，检察院还抓不抓人？"他不安地问。

"局上显示还了钱也要关你一段时间，最后会把你放出来，你不会倒大霉，也就是说不会住监狱，不会判实刑。你想一想，动用公款 197 万，这不是个小数目，而且依我看，如不向领导说清，事情一旦暴露，不但会被判刑，钱照样得不到，不如早点承认。"

"我要不承认呢？"男子还是存有侥幸心理，问我。

我说："不行，局上显示这个事，即使你不承认也会被查出来。"

妻子问："如果自首，真的不会判刑吗？"

"依格局看，是不会被判刑的。选择这条路不是我主观臆断的，而是符号显示的，这也是最正确的一条道路，是最佳方案。我建议你们认真考

虑我说的话，这个事应采取的策略就是快自首，奇门遁甲是能运筹的。”我很严肃的说道。夫妻俩回去后，一晚上没睡，商量来商量去，最后决定第二天一早就到总公司有关部门去坦白这个问题，第二天到公司后，没想到刚坦白了一点儿，公司的有关领导就说：“我们调查你好长时间了，早就查清了你挪用公款的事实，已经掌握了足够证据，材料也整理好了，今天上午就准备去区检察院汇报你的案子，正好你来了，来得真巧，晚一步我们就出发了。”

4月13日20点41分，这一对夫妇携同家人一共五人又找我预测，首先表示感谢，然后跟我说：“我们去的时间刚好，再晚一会儿公司就到检察院去汇报这个案子了。公司让我们明天早上10点前到检察院去自首，如果不去，公司就把这个案子汇报到检察院，你看我们去还是不去？最终结局是什么？”

我仔细分析局后说：“第一，检察院你还得去。第二，总体来说，你不会被判实刑，可能是缓刑。但要关押一段时间，最终会被放出。你心里应该有准备，关押你的时候你要配合，从局上看这个事，你的同事和领导也要受到牵连。”“我们找找公司领导，托托关系行吗？”他问。

“领导不会见你，找也白找。这件事的过程中领导不会对你说实话，可能让你先还了钱，然后再把你关押一段时间，不过最终不会判实刑，这点你可以放心。”

这时旁边的一个小伙子发话了：“你说同事和领导也要受牵连是怎么回事？”

“格局上显示这个事情与平辈的人或者是同事有关系，他们也必然受牵连。”我讲。

这时妻子指着小伙子对我说：“这是我弟弟，在银行工作，我爱人拿着197万的支票让我弟弟通过朋友倒出的现金，这回估计也得跟着倒霉。公司还说，一周内必须把钱还上来，我们还得赶紧卖房子凑钱。”她爱人及家人出去后，她留下来跟我说：“我孩子才两岁，如果判实刑，在监狱里待几年，肯定会影响孩子心理成长，我想找找领导说说实际情况，不知行不行?”我再三答复她走关系不行。

事情的发展正如所测，5 月 19 日，她爱人被捕，关进了拘留所，20 日家属去办手续，检察院办案人员拿出逮捕令，让家属签字时，家属才知被逮捕了，脑子一阵发晕，感到事态严重，但又一想，人要关押、判缓刑之结果，才松了一口气。与此同时，她弟弟以及帮她弟弟用支票兑换现金的人也被检察院传唤。

由于她爱人有自首行为，又积极退赃，态度较好，被关押两个月后，于 7 月下旬被释放。7 月 26 日法院通知被判三缓五，通知家属去办手续，随之放出。她爱人给我来电话说：“太神了，和你预测的结局一模一样。虽然判了缓刑，我们心里也高兴，这是最好的结果了。中间我们去找过公司领导，但人家推说没时间，就是不见我们。唉！都怨我爱人贪心，他们经理也被免职了，弟弟和另一个同事被停职检查了。”2009 年 9 月下旬，老同事对我说：“他们一家都很感谢你，尤其是他爱人。这人运气不好，退款时卖了两套房，当时全球经济危机房价正低，没人买，只好降价卖了，两套房才卖了 50 万元。他姐又用房子抵押贷了一部分款，总算把公款还上了。”

奇门格局第一局：

2008 年 4 月 7 日 21 时 20 分

戊子年丙辰月丁丑日辛亥时，阳六局，甲辰旬，天蓬星值符，休门值使。

九天　马 伤门戊 天心星丙	直符 杜门壬 天蓬星辛	螣蛇 景门庚 天任星癸
九地　空 生门己 天柱星丁	乙	太阴 死门丁 天冲星己
玄武　空 乙休门癸 天芮星庚	白虎 开门辛 天英星壬	六合 惊门丙 天辅星戊

分析依据：

1. 为什么说对方有经济问题，钱来路不明？

日干丁下临己，己为地户，为不当之事。地盘丁逢生门主与钱财有关，故对方有经济问题。日干丁乘太阴为有人举报，在此为被人暗中追查款项。戊为钱的数额落巽四宫旺相，说明数额巨大，来路不明。

2. 为什么说这事保不住密？

时干辛为求测的事落坎一宫，宫中逢开门表示事情的大门大开，无法保密。六合为证据落乾六宫，宫中逢丙加戊鸟跌穴格，表明证据已经被对方牢牢掌握。

3. 为什么说要关一段时间后会放出来？

辛为罪人，地盘辛落离九宫上乘壬为被关押。天盘辛落坎一宫子午相冲，为放出之象，临开门吉门也表明监狱的大门打开，最终能够释放。大局反吟主快，关押时间不长便可放出。

4. 为什么说平辈、同事或领导也要受牵连？

丙为月干代表平辈或同事落乾宫，临惊门为有口舌官司事，宫中逢六合，表明证据会牵涉到平辈或同事，月干丙上乘六合主非一名平辈。乾又代表领导，故领导也有可能受到牵连。

奇门格局第二局：

2008年4月13日20时44分

戊子年丙辰月癸未日壬戌时，阳四局，甲寅旬，天英星值符，景门值使。

太阴 惊门辛 天柱星戊	六合 开门庚 天心星癸	白虎　马 休门丁 天蓬星丙
螣蛇 己死门丙 天芮星乙	己	玄武 生门壬 天任星辛
直符　空 景门癸 天英星壬	九天　空 杜门戊 天辅星丁	九地 伤门乙 天冲星庚

分析依据：

1. 为什么说还得去检察院？

日干癸为求测人落艮八宫，宫中逢值使门景门，即还得找主事方检察院。

2. 为什么说不会判实刑，但得关押一段时间？

日干癸逢空亡主凶事不凶。辛为罪人，天盘辛落巽四宫入墓主被关押，但戊辛子午相冲为放出之象。地盘辛落兑七宫上乘壬也主被关押，宫中逢生门吉门关押后也会很快放出。综断不会判实刑，只关押一段时间。

3. 为什么说找领导说情不行，这事的过程有欺瞒？

戊为上级领导落坎一宫，宫中逢杜门又空亡表明领导躲着不见。时干壬代表求测的事落兑七宫，壬加辛说明此事过程存在欺瞒，在此事上领导会编个理由推托见面。

2．惊显值符逢空　是岁性命难保

小胡是女儿的朋友，她的弟弟自幼体质不好，是医院的常客。其长大后仍离不开药物，是个名副其实的药罐子。常年服药产生的副作用使之体重失衡，重达200多斤，因而找工作也成了大问题。

病痛的折磨加上事业的失意使小胡的弟弟情绪低落，甚至产生了厌世的想法。尤其近段时间他总做出一些异常的举动，让父母非常担心。

前几天，他突然撂下一张字条离家出走了，这可急坏了家里人，大家四处寻找，但都没有他的踪影。

两天后，弟弟突然给姐姐小胡打来个电话，说自己已经在衡水市区租了间房子住了下来。小胡挂了电话即刻坐车去了衡水。见到弟弟后，小胡放心了，便劝弟弟一起回家，但无论怎么做工作弟弟都不肯走。无奈，小胡只好留了些钱，并交代房东照顾好弟弟，然后一个人回到石家庄。

几天后，小胡接到弟弟房东的电话，说是弟弟行为异常，一个人在房间里大喊大叫，好像还喊怕什么东西，而且几天也不见他出来吃饭。小胡急忙又坐车去了衡水，但到那后发现弟弟不在屋里，等了两天也没见人回来。她担心弟弟干傻事，就给我女儿杜少平打电话求测，看有没有危险。

女儿起好局后，看到局上有吉有凶，信息不太一致，一时无法做出判断，于是赶紧给我打来电话：“爸，快帮我看看，一个朋友的弟弟离家出走了。从现在的局上来看，日干旺相，他的状态应该不错，可是值符逢空，按您原来给我们讲的‘值符逢空，年命不保’，他是不是会有生命危险啊？这两点正好互相矛盾，以哪个为准？前段时间这朋友找我预测过，也是值符逢空，可她弟弟现在那么年轻，怎么会死呢？是不是咱们的预测原则有问题？人命关天，您帮我看看吧。”

“她弟弟是哪年出生的?”我问道。

“1980 年庚申年。”

我很快把局起好，仔细看了看，女儿断得没错，“值符逢空，年命不保”，但她取错了一个用神，于是我说：“这人的弟弟确实有生命危险，时间在冬至前，但不是以日干来代表她弟弟，而是以月干，月干和年命庚正好都落在吊客宫上，格局又凶，这几天应让她多加注意她弟弟的一举一动，以免发生危险。”

女儿听完后立刻给小胡做了答复，小胡表示一定看好弟弟，有消息马上反馈。

当天下午 4 点半，小胡的弟弟自己回来了。几天不见，一下子瘦了很多，跟变了个人似的，姐姐吓了一跳，从没见弟弟这么瘦过。他租的房间里散落着几个空水瓶，放着一盒吃剩下的馊方便面，应该是他这几天没出屋唯一的食物。小胡问弟弟这几天干什么去了，弟弟怎么都不肯说。

房东一看人回来了，就让他马上退房，说什么也不让他在这儿住了，怕出了事担责任。没办法，姐姐只好把房退掉，然后将弟弟送回了父母家。

2006 年 12 月 14 日早 6 点 58 分，小胡来电告知我女儿，她弟弟凌晨 5 点多的时候从五楼跳下，已送医院抢救。

因伤势过重救治无效，小胡的弟弟 14 日下午永远离开了尘世。

奇门格局：

2006 年 12 月 11 日 15 时 47 分

丙戌年庚子月甲戌日壬申时，阴一局，甲子旬，天蓬星值符，休门值使。

白虎 惊门己 天英星丁	六合 癸开门乙 天芮星己	太阴 休门辛 天柱星乙
玄武 死门丁 天辅星丙	癸	螣蛇 生门壬 天心星辛
九地　马 景门丙 天冲星庚	九天 杜门庚 天任星戊	直符　空 伤门戊 天蓬星壬

分析依据：

为什么说其弟有生命危险？

（1）古书上讲“值符逢空，年命不保”，此局为甲子旬，戌亥空亡，即乾宫空亡。测凶灾主其弟有生命危险。

（2）逢凶灾人事应结合丧门吊客宫进行分析，现丙戌年的吊客在坎宫，月干庚代表小胡的弟弟，庚正好又为其弟的年命，二者都落吊客坎宫上，宫中又逢庚加戊凶格，故其将有大凶之事。

3．丈夫遭人诬陷　妻子奇门求援

王丽娜曾经是某电视台主持人，气质脱俗，后来辞去工作，现在在北京随丈夫共同经营一个保安公司，两人把公司管理得很好，一直以来，公司都很稳定。今年正是迎接百年奥运的关键时期，全国上上下下都处在迎接百年奥运的喜悦中。各级领导都强调务必做好前期准备，把好每一关，每一方面都查得特别严格，各个企业单位及个人都谨慎行事，以确保奥运会能够在北京顺利开展及进行。为此两人更是小心谨慎，保证公司的正常运营。

尽管如此，王丽娜还是遇到一些事情。晚上8点40分，她火急火燎地给我打来电话，我刚接听，就听见她急促地跟我说："杜老师快帮帮我吧！我有点急事。"我问："有什么急事呀？"她着急地说："4月29日下午3点20分，有人给110打了个举报电话，说在我爱人公司的副总车上见过一把手枪，这个副总还跟我爱人说，他俩要合起来干一件大事。110接到了两次举报信。"王丽娜连口气也顾不上喘地一通说下来。

"你爱人是做什么的？"我问。

"我爱人是某保安公司的总经理。"王丽娜咽了口气回答道。

"你爱人和那个副总说过这些话吗？"我又问。

"哪说过这话，这都是造谣的，奥运快到了，北京公安局对安全保卫工作抓得特别紧，打电话、写匿名信都是诬陷我爱人，但这种事太可怕了。我不知道怎么办才好，就想让你帮着看看我爱人在这件事上有没有危险，我爱人会不会被公安局抓走？在北京这种事可不是闹着玩的，尤其是现在迎接奥运的关键时刻，杜老师务必给看看。"

后来我用奇门遁甲起局看后，什么事也没有，纯属诬陷，我说："我跟你说几点：第一，写这封信和打的这个电话是诬告。第二，你爱人不会有危险，公安不会抓你爱人。第三，在策略上这种事你大可不予理睬。"王丽娜听后总算松了一口气，说道："那就好，不过我这心里还是有点不舒服，毕竟这不是一件小事呀！"我十分坚决地对她说："你大可放心，绝对不会有事，奇门遁甲格局已经显示，无凶灾，就肯定没有凶灾！"听我如此坚决地说道，王丽娜这心里的石头才总算落地。

奥运成功在北京举办，中国取得了史无前例的优秀成绩，还向全世界展示了一个正在不断强大、昌盛的大中国。王丽娜爱人依旧好好的在公司上班，公司也运营正常，什么事情也没有发生，正如我所预测的结果，王丽娜对此感激万分。

奇门格局：

2008年5月10日20时40分

戊子年丁巳月庚戌日丙戌时，阴四局，甲申旬，天心星值符，开门值使。

九地 己生门丙 天芮星戊	九天　空 伤门辛 天柱星癸	马直符空 杜门庚 天心星丙
玄武 休门癸 天英星乙	 己	螣蛇 景门丁 天蓬星辛
白虎 开门戊 天辅星壬	六合 惊门乙 天冲星丁	太阴 死门工 天任星庚

分析依据：

1. 为什么写的信和打的电话是诬告？

景门和丁奇代表消息、信件、电话落兑七宫，宫中上乘虚诈之神螣蛇，又遇丁加辛官人失位格局，说明消息虚假，不符合事实，为诬告。

2. 为什么爱人不会有危险，公安不会对其进行抓捕？

庚代表凶灾落坤二宫，阳遁局中坤二宫为外盘，庚落外盘逢空亡表明不会有凶灾，且庚又为其爱人的代表符号，上乘直符吉神百灾消除，遇空亡主凶事不凶，故无危险。伤门为公安落离九宫，伤门宫逢空又生庚丈夫落宫，说明公安不会对其丈夫造成伤害。

3. 为何对此事可不予理睬？

已判断信是诬告，公安不会抓其丈夫的情况下，再看预测人有无凶险，若有凶险，不可不理，若无凶险则不予理睬。现日干庚代表预测人落坤二宫处临官旺相，而且该宫空亡说明凶事不凶，既然无凶事则不予理睬，应集中精力抓好企业管理。

4. 敲诈凭空而至　测后相安无事

邻居小宋为人挺好，人缘也不错，从未见他出过什么事，是个沉稳的人。上午10点多给我电话说：他突然接到一个电话，对方是名男子，该男子威胁他说："我是东北过来的，你得罪人了，赶快拿3万块钱来，就算没事，我也是拿人钱财，替人消灾。告诉你也无妨，我叫刘建军，你要是不痛快，就把你家给抄了，给你放放血，收拾收拾你。下午5点前，你把钱准备好，不然我今晚就去见你，到时别后悔。"他一听就毛了，问对方："我得罪谁了？谁的事?"，那男的说："这我不能告诉你，拿3万块钱咱了事。"说完就把电话放了。下午小宋赶紧到电信公司去查这个号码，一查还真是东北的号。小宋慌了，赶紧来找我，跟我说了上述情况以后，又说："杜总你看看他是不是真要来，我得罪谁了，这3万块钱我拿还是不拿？你看看我有凶灾吗?"

我就问他："你以前都得罪过什么人?"

小宋有点惭愧地说："以前我承包电厂的粉煤灰，欠电厂点钱，也欠点装修费，不过我都给他们说清了，我以后还他们钱，他们不至于害我吧?"

我预测完后告诉他："这件事上你没有凶灾，即使有点灾也会百灾消除，黑社会只喊叫不会真来，这件事是骗人的，你不必再追查了，查你也找不到这个人。如果应该报案你就到公安局报案，这事没凶灾，你也不用上心理睬这件事。"过后小宋就没再理这个事情，当然结果跟预测的一样也没有出现凶灾。

奇门格局：

2008年4月23日19时10分

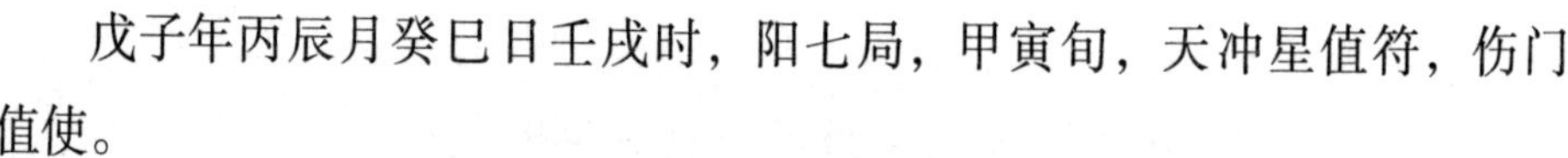

戊子年丙辰月癸巳日壬戌时，阳七局，甲寅旬，天冲星值符，伤门值使。

九地 休门辛 天蓬星丁	九天 生门己 天任星庚	直符　马 伤门癸 天冲星壬
玄武 开门乙 天心星癸	丙	螣蛇 杜门丁 天辅星戊
白虎　空 惊门戊 天柱星己	六合　空 丙死门壬 天芮星辛	太阴 景门庚 天英星乙

分析依据：

1. 为什么说此事上小宋无凶灾，黑社会只喊不来？

日干癸为求测人上乘直符百灾消除。庚代表凶灾、黑社会落乾六宫，阳遁局六宫为外盘，庚落外盘且不克日干癸落宫说明无凶灾，黑社会只喊不来。

2. 为什么说这事是骗人的？

看事情的真假一看景门落宫二看时干落宫。景门为消息落乾六宫，宫中无螣蛇、玄武之虚假的代表符号，上乘太阴说明是阴谋策划的；再看时干落宫，时干壬主事体落坎一宫逢空，宫中又逢壬加辛被人欺瞒之格局，故此事是骗人的，不可相信。

3. 为什么说追查也查不到此人？

杜门为对方的躲藏之处，杜门逢壬、癸罗网则对方无处躲藏，现杜门落兑七宫不带壬、癸，说明纵使追查也无法查到此人。

5. 近期将有车祸　驾车需加谨慎

丁总经理经营一家民营企业，十几年下来，固定资产也达到了上亿。这天，为经营投资的事来电话让我预测。

我在用奇门预测的同时，又请易友刘成云用小六壬的方法帮助预测。老刘测后说："这个人今年有车祸。"

我依局答："车祸时间应在夏至后45天内。"老刘赞同地说："我这里也是显示这段时间出事。"

"……投资的事就这样了，这里还要提醒你，再有两个月左右你要出车祸。"我给丁总讲完投资的事后，说车祸的事。丁总似乎不太在意："严重吗?"

"没有生命危险，但要伤人破财。"

"那就不怕，我每天开车或坐车，只要生命没危险就不怕。"

"还是小心点吧，我的预测也不是百分之百，万一出了大事，就不好挽回了。"

"那好，你给我保驾吧。"

"到夏至还有两个多月，在这期间你可以放心开车，到6月21日夏至后，我再提醒你，尽量避免车祸。"

两个多月过去了，一切平安，6月21日起，丁总每周打一次电话求测怎样防车祸。

7月底，我带队去张家口市参加河北联通组织"网络优化技术技能"比赛，7月25日晚丁总来电预测车祸时，我没听见电话。

7月28日晚，丁总打来电话，激动地说："杜总，真让你算准了，昨晚我出车祸了。"

"伤着没有?"

"我没伤着，对方撞掉了四颗牙，真是万幸呀!"

原来，进入夏至后，丁总除每周预测一次外，开车一直格外谨慎，车速不快，谁知出事前两天，又该预测了，却没联系上我。28日凌晨1点多开车回家，到了一个十字路口，只有黄灯警示，丁总的车由北向东转弯，这时，从东侧驶来一辆两轮摩托，车速很快，刹车不及，一下撞到丁总的车门，摩托车上的两个人均受了皮外伤，其中一人撞掉了四颗牙，丁总的车门也被撞坏了，丁总因驾照过期，在交警的调解下，赔了对方一万多块钱了事。

事后，我和丁总回忆此事，丁总说："该我出事，25号我给你打电话你总不接，后来我也忙，第二天也没再跟你联系，第三天就出事了，不过没出大事，这一段开车，我是一直记着你说的话，所以车速一直不快，没办法，再过十来天就过了夏至了，就是躲不过去。"

奇门格局：

2005年4月5日21时50分

乙酉年己卯月己未日乙亥时，阳六局，甲戌旬，天柱星值符，惊门值使。

九地　马 休门辛 天英星丙	九天 乙生门癸 天芮星辛	直符　空 伤门己 天柱星癸
玄武 开门丙 天辅星丁	乙	螣蛇　空 杜门戊 天心星己
白虎 惊门丁 天冲星庚	六合 死门庚 天任星壬	太阴 景门壬 天蓬星戊

分析依据：

1. 为什么断丁总要出车祸？

日干己为丁总落坤二宫为六仪击刑，击刑主破财伤人，该宫空亡应藏玄机，己加癸也主破财伤人，什么原因导致破财伤人呢？伤门主车，门克宫主凶，伤门落坤宫，又击刑出行大忌，在这里断驾车出行要出车祸。时干乙奇落离宫，乙加辛主错误，乙加辛为龙逃走格，庚为凶灾落内盘凶灾必现，综断，驾车外出定要出车祸。

2. 为什么断夏至后45天内要出事故呢？

一是值符天柱星属金落坤宫受生，以值符生逢生时，克逢克时为应期。现坤宫受离宫之生，离宫就为应期。离宫中有天干癸，按理推算，癸未月凶险最大。

二是值符宫逢空亡，冲实、填实之月日为应期，丑日、申日为应期。发生事故时正为离宫当令时的丑日。

6. 美容院遭诈骗　欲擒凶放长线

（一）

1997年12月5日，我下班后乘出租车赶往朋友家，这时我的BP机响了起来，"有急事，速回电话，美容院李某"的字幕映入眼帘。美容院就在我楼下，我与该老板只是相识，她呼我有急事必非一般事情。到了朋友家，我立即起了奇门局。然后，给她回电话询问何事，她的声音非常焦急，请我帮她进行预测：

"我今天接到一封信，吓死我了，是个黑令，让我拿两万元钱，我怎么办……我去不去……"

"你别着急，慢点讲。"我听她讲话有点慌乱，安慰她平静下来。

"是这么回事，早晨我们美容院值班的小张起床后，一开门发现门下

有封信，就把信交给我。信的抬头写着‘黑令’两字，落款是‘黑社会’。信上写着：限你3日之内准备两万元现金，用报纸包好，7日晚上8点放到上安电厂生活小区第一个台球案下，只准一人前往，若报案或声张，拿你儿子小命来换！杜大哥你说我招谁惹谁了，这么毁我！你赶紧给我测测是谁干的这事，我小孩有危险吗？”

李老板讲述的时候，预测结果早已出来了，我当即告诉她：“这个写信的人你认识，是个男的，中年人，个子不太高，1米72左右，有前科，以前作过案。”

“能逮住吗？”李老板急切地问：

“能，这个案子能破。”

“我小孩有危险吗？”

“小孩不会出任何危险，这点你放心。”

“那我有没有危险？”

“你也没任何危险。”

“我该怎么办？”

“你先报案，听公安局安排。我认为还是去送钱，诱他出来，以便乘机抓住他，当然你别用真钱，你就依靠公安吧，不会出危险。”

“我已经向公安局报了案，遇到这事，我吓晕了，下午才想起呼你，这事你可得费心，别让我孩子出危险。”

晚上10时左右，我从朋友家回来路过美容院，见了李老板和其爱人，李老板正愁得里走外转，一见我来赶忙让座，李老板说：“你说的罪犯特征，我想不起有这么个人。”其爱人问：“你给好好测测，是有人给我闹事想吓唬我，还是真有人想整我？”我仍依原格局说：“这事儿是真的，不存在吓唬的事，这人肯定要来，而且是从西边来往西边去，这人你们相互都认识，你好好回忆回忆，特别是在你们这干过临时工的人，与你在经济上有瓜葛的人。”李老板两口子怎么也想不起与谁有解不开的疙瘩。只好等公安局的部署了。（奇门格局和分析依据见后第一次预测）

（二）

1997年12月7日一大早，李老板找到我说："公安局今天晚上8点行动，安排我按照犯罪分子的要求去做，把2万元钱送到预定地点。并让我打开手机，随时听候他们的命令行动。你给测测看有没有危险？那写信敲诈我的人去不去取钱，公安局能不能抓到他？"

我起局预测，依奇门格局对她说："第一，你没任何危险，你就放心去吧；第二这个罪犯很狡猾，就怕公安今晚抓不住他，即使抓住了也要跑掉；第三，要真想抓住他，得等到晚上11点以后才能抓住，你告诉公安局的同志，尽量多盯会。"李老板说："没危险我就放心了，回头我见了分局的讲一下，让弟兄们辛苦辛苦，平时我和他们分局的人都熟，这又是他们该办的案子，肯定帮忙，不过你上次说能破案，怎么这回又说就怕公安局今晚抓不住罪犯呢？"我看着格局说："案肯定能破，但从这上边看，罪犯很狡猾，溜掉的可能性大。"

事情的结局正如我所测，当晚让罪犯溜了。

经过是这样的：7日下午公安局出动15名干警，6辆汽车，5点多就化装埋伏在上安电厂生活区台球案附近。罪犯指定的放钱点位于工农路西端路北。新世纪娱乐城门前，东侧是一排台球案子，西侧是一个售货亭，亭子里有公用电话。晚7点一名中年男子出现在售货亭附近，开始他装作闲逛的样子四处溜达，到7时30分在电话亭旁蹲了下来。这名行踪可疑的男子早被埋伏在附近的公安人员纳入视线，通过手机给李老板描述了可疑人的面貌特征，李老板听后极力回想，怀疑像是装修过美容院的一个施工队的小工头。

19时40分李老板接到公安局出发的电话，按部署提了个包，从容地出了美容院，刚一走到路边，一辆由化了装的公安人员开的出租车就停到李老板面前，一照面心领神会，上车就走。车开得不快，差三分不到8点

就到了台球案子旁。李老板拿着事先准备好的一个包走到第一个台球案子前，因天冷晚上已没人玩台球，掀起盖台球案子的塑料布，把“钱”放到案子下边后便乘出租车离开了。

这边，蹲在黑暗中的那名男子早就把戴在头上的棉帽耳落了下来，他斜眼盯着李老板的一举一动，车一走，就推着自行车朝第一个台球案子走来，到马路边时把一只帽耳往脸前一拉，蒙住了半个脸，弯腰伸手朝案子下摸了一把，没拿“钱”，而后骑上自行车就朝西走，这小子真狡猾，试探有无埋伏。公安局的刑警因罪犯没拿钱，当时就是抓住他，也会因证据不足而不能立案，所以就没抓他，而是用一辆汽车由东向西开过来尾随他，可没走多远是一个十字路口，这名男子刚过路口，这时由南向北开过一辆大卡车，车开着大灯，车速也很快，正好挡住了跟踪的汽车，等汽车过后，罪犯也不知去向。跟踪的汽车返回，公安局的刑警们在现场继续守候，晚10点罪犯还没来取钱，就让李老板把钱取了回去，埋伏的人员也全撤了，抓捕没成功。

公安分局的刑侦人员分析罪犯不会死心，一定还会再来，暂不要打草惊蛇，耐心钓他。（奇门格局和分析依据见第二次预测）

（三）

没抓住罪犯，李老板自然还要提心吊胆地过日子，特别是对儿子严加保护，一步也不让离开。

12月13日是个公休日（周六），下午4点20分，我从街上回家，老远就看到美容院的李老板站在我家楼前，李老板一见到我就紧走过来焦急地说：“可等到你了，我在这等一整天了。今早上又从门缝里发现了一封信，让我15号晚上9点把2万块钱送到电厂宿舍前边第五个台球案子下边。信里还说我报告了公安局，要给我点颜色看看，我出门一看我店里的大玻璃窗被半截砖砸了个大窟窿。信上还写着若不执行命令，血洗全家，可吓死我了。你快给测测我家会不会出事？15 号能逮住这小子吗？”

罪犯气焰如此嚣张，我不禁火冒三丈，起笔预测答复李老板三点：一、有惊无险，你和小孩都安全；二、罪犯那天晚上 7 点以后行动，公安也在 7 点以后行动；三、这回定能抓住罪犯，我今晚等你好消息。

15 号晚上 7 点刚过，公安局张副局长亲率 16 名干警分乘 5 辆汽车，进入预定地点埋伏下来。

李老板也在美容院持机待命。

晚 8 点左右，上次那名可疑青年又来到台球案子附近转来转去。约 8 时 40 分这名可疑人到电话亭用四川口音给李老板来了个电话：“你今晚来不来送货哟，你如果不来我可就不客气了。”

“我去，马上就去。”李老板装做害怕的样子。一切按公安局的计划进行。约晚 9 时，李老板把包钱的包放到了第五个台球案子下边，转身上出租车向西开去。走了约 200 多米，又乘等候在那里的另一辆汽车到了台球案子对面的一座宿舍楼三楼上。

这是三楼一户居民家，屋里没开灯，公安局的指挥所就设在这里，放钱地点的所有情况在路灯下尽收眼底，张副局长和另三名干警正在观察放钱点附近的一切动静。李老板赶紧拿出专为此事花 500 元刚买的望远镜，张局长指了指那名蹲着的男子问李老板，李老板通过望远镜一望，连声说：“是他，在我那干过装修活，叫什么记不住了。”

9 点 15 分，这名可疑人看看四周没任何动静，站起身来，先是解开胸扣，又把棉帽耳放开拉到脸前遮住半个脸，好像他的帽耳就是隐身帽，骑车飞速冲到第五个台球案子旁，没下车，一只脚踩地，一弯身，从案子下摸出捆钱的包放入怀里就向西窜去。楼上的张副局长见时机已成熟，用移动电话指挥埋伏的干警：“罪犯向西跑了，立即行动!”西边立即冲出三名便衣刑警，罪犯一看不好，马上扭转自行车向东逃，这时东边又冲出四名刑警，这一下罪犯可慌了神，在马路上转了两个圈，硬着头皮向西闯去，只见西边的刑警队员一抬脚，罪犯连人带车摔到一旁，没等他爬起来手铐早戴到了手腕上。

我也睡不着，一直等消息。

晚 11 点李老板的电话来了："抓住了。"声音充满了喜悦，"这小子是元氏县某某村的，叫张 × ×，31 岁了，去年给我店装修时因施工质量不好我扣了他 1000 块钱，他想敲诈我，刚才在公安局都交代了。"

三个月后，张 × ×被判 5 年有期徒刑。1998 年 1 月 1 日《燕赵晚报》以《美容院外的幽灵》为题报道了这一案件的侦破过程。

整个敲诈过程李老板让我预测了三次，下面我将三个格局分别列出，并进行分析。

奇门格局第一局（拆补局）：

1997 年 12 月 5 日 18 时 18 分

丁丑年辛亥月辛巳日丁酉时，阴四局，甲午旬，天蓬星值符，休门值使。

六合　空 乙死门庚 天芮星戊	太阴 惊门丁 天柱星壬	螣蛇 开门丙 天心星庚
白虎 景门壬 天英星己	乙	直符 休门辛 天蓬星丁
玄武 杜门戊 天辅星癸	九地 伤门己 天冲星辛	九天　马 生门癸 天任星丙

分析依据：

1. 罪犯的基本情况是怎样断的？

这种以威胁小孩生命来敲诈钱财的犯罪分子应以天蓬星为用神，因天蓬星为大盗。现天蓬星落兑七宫，该宫的符号就是罪犯的特征，天蓬星遇辛为惯犯，宫中天盘辛为日干又为月干，也主罪人，日干辛代表李老板，李老板与罪人同宫，又与月干朋友同宫应是熟人作案，过去曾经是朋友。

休门主中年男子，又主有工作之人，但辛加丁主囚人逢赦宥，说明该人离开了或与日干李老板分手了。

身高是以兑宫来断的，兑后天八卦数为7，先天数为2，所以断其为1.70米或1.72米。

2. 如何断出罪犯与李老板在经济上有瓜葛的？

主要是从日干、月干辛和天蓬星看出来的。辛下有地盘丁，必与丁有关系，地盘丁主不动状态，也主原来状态，现丁奇在动态下已飞到离九宫，丁在离九宫主禄位，说明与财利有关。

离九宫的符号说明了：天盘丁加地盘壬为五神互合中的淫荡之合，想捞取好处，上乘太阴主策划，惊门在离主官司牵连并难结，所以断他们经济上有瓜葛。

熟人作案又以值使休门，遇地盘丁奇为“玉女守门”，说明为近处之人，或身边之人所为。

3. 不是有人想闹事和吓唬，而是真的敲诈是怎么判断的？

景门主消息落三宫为旺相，旺则为真消息，宫中上乘白虎为凶神，景门与壬同宫主盗事牵连，景门落三宫主口舌争斗，壬加己主大祸将至。都是说明是真有人想敲诈。当然，从时干丁落离九宫和日干辛落兑七宫的格局也能看出事情的本质来。

4. 李老板及其儿子不会有危险是怎样判断的？

日干辛为李老板落兑七宫，处临官旺地，又有太岁丁奇保护，宫中有休门之吉门。又上乘直符为无凶之象。

辛为李老板落兑宫属金，庚为害人者，落巽四宫属木，庚落宫木不克辛落宫金也说明无凶险。

时干丁为李老板的儿子落离九宫为旺相，虽然宫中有惊门之凶门，上乘太阴主小人陷害，但时干丁又为年干为太岁，这样就形成其儿子与太岁同宫之势，太岁主吉，断无凶险。另外，害人者庚落宫木也不克时干丁落宫火，也主无凶灾。

5. 为什么说能破案呢?

杜门为罪犯躲藏之地，落艮八宫，宫中地盘为癸，癸为天网，这个网即为法律之网，躲藏之地遇网则被擒，所以断能破案。

奇门格局第二局:

1997 年 12 月 7 日 7 时 40 分

丁丑年壬子月癸未日丙辰时，阴四局，甲寅旬，天任星值符，生门值使。

白虎 乙死门庚 天芮星戊	六合 惊门丁 天柱星壬	太阴 开门丙 天心星庚
玄武 景门壬 天英星己	乙	螣蛇 休门辛 天蓬星丁
马九地空 杜门戊 天辅星癸	九天　空 伤门己 天冲星辛	直符 生门癸 天任星丙

分析依据：

1. 为什么说李老板前去给罪犯送钱没危险？

日干癸为李老板落乾六宫，处于帝旺状态为吉象，宫中有天任星、生门、直符，吉星吉门吉神均与李老板同宫，且庚落宫不克日干落宫，自然任何凶险不会出了。

2. 为什么说今晚抓不住罪犯？

天蓬星主罪犯落兑七宫，临辛为惯犯，上乘螣蛇主狡诈，休门为吉门落兑宫，既主招惹是非和惊恐，又主停止和平安，辛加丁奇为“狱神得奇”，囚人逢赦宥，说明钻入公安埋伏圈的罪犯必能脱逃。

3. 为什么说11点以后能抓获罪犯？

该格局中子、丑旬空，空则有因，坎一宫为子位为夜11时至1时旬空，宫中伤门主刑警。罪犯所处位置兑七宫中，辛下有丁奇，必与丁奇有关系，丁奇飞到离九宫，九宫中上乘六合，六合又为逃犯。虽伤门落宫属水，六合落宫属火，伤门宫刑警可以克住六合宫之逃犯，但伤门落宫旬空暂不克六合落宫，须待填实之时才能发挥作用，到子时正是伤门宫填实之时，所以断11点以后才能抓获罪犯，只可惜10点埋伏的刑警就撤了。

奇门格局第三局：

1997年12月13日16时20分

丁丑年壬子月己丑日壬申时，阴一局，甲子旬，天蓬星值符，休门值使。

白虎 惊门己 天英星丁	六合 癸开门乙 天芮星己	太阴 休门辛 天柱星乙
玄武 死门丁 天辅星丙	癸	螣蛇 生门壬 天心星辛
九地　马 景门丙 天冲星庚	九天 杜门庚 天任星戊	直符　空 伤门戊 天蓬星壬

分析依据：

这个奇门局以古书上所说是不易破案的，格局中没有庚格，白虎、值使门又不克天蓬星，我依奇门符号和格的含义，认真分析后认为能抓住罪犯，我事先曾和易友研究过，易友某某认为不能抓住，结果验证我的分析是对的，我是怎样分析的呢？

1. 为何断李老板有惊无险呢？

己为日干为李老板落巽四宫，上乘白虎主凶，惊门加天盘己主恶犬伤人成讼，但惊门在四宫受制又主惊恐不凶，日干己为帝旺状态，下临丁为"朱雀入墓"文状词讼，先曲后直，自然是有惊无险了。

2. 罪犯和公安都在晚上 7 点后行动是怎样断出的？

天蓬星主罪犯，伤门主抓捕刑警均落乾六宫，现乾六宫旬空，须待填实后方可行动，乾在时间上为戌、亥之时，戌又代表晚 7—9 时，所以断晚 7 点后行动。

3. 能抓住罪犯是怎样断的呢？

天蓬星罪犯落入乾宫的旬空之宫，戊加壬为青龙入天牢，甲子戊到戌为入墓，且入的空墓，空则藏有玄机，这里的空则表示罪犯已钻进公安局的网里，只是还没显示出来，一旦时间一到，罪犯必然被擒获，杜门为躲藏之处，宫中逢庚，也为躲藏不住。宫中伤门受克表示两个意思：一是罪犯受到刑伤，二是罪犯的交通工具自行车发挥不了作用。

7. 捉曹放曹有因　再次纠缠必然

（一）

1996年9月10日15时4分我与本处的人正在办公，忽然电话铃响了，副处长郭某接了电话后，愁眉苦脸地坐在椅子上，我关心地问了一句“怎么了？”

“我妈刚才来电话说我弟弟好几天没回家了，哪也找不着，你给测测看有危险吗？”

我随即起局，然后对郭说：“你弟弟在东南方向，距离这里80里地，是因为官司和钱的事，有两个仇人看着他，暂时回不来，人没有危险，你问问你弟媳，看她知道不知道是怎么回事？”

郭马上给其弟媳打电话询问情况，然后对我说：“是出事了，人在藁城一个村里，已经有四五天了，不让回来，好像是为经济上的事，我弟妹也说不清楚，是个朋友打电话跟她说的。她怕老人着急就没给家里说，你看能为多少钱？人什么时间能回来？”

我说：“钱的数额比较大，不是九万就是九十万，人大概明天能回来，你弟弟是干什么的？怎么涉及那么多钱？”

郭说：“干个体的，自己开了一个装饰公司，前一段听说与藁城投资办厂有点联系。”

原来，其弟用自己装饰公司的名义，给别人承租农村一个小纺织厂的合同盖了章，该纺织厂厂长因诈骗吃了官司，工厂亏损，工厂内的其他人将郭弟偷偷绑架到藁城市南的某村庄进行非法拘禁。

后来其弟说：“那天上午骑自行车去送小孩到幼儿园，出门不远就感

到后边有一辆吉普车不紧不慢地跟在后边，我也没在意，到了红绿灯口，我拐了弯，吉普车违章也跟着我拐了弯，我还奇怪呢，等我送了小孩，一上马路，有两辆汽车，一前一后堵住了我的去路。从车上下来四个人，上去就拧我，我不知道是怎么回事，还跟他们打了起来。他们人多把我摁进了汽车，一下子就拉到村里关了起来。”对方不听其弟的辩解，硬逼他分担89万元的债务。其弟为能早日回来，在朋友的帮助调解下，被迫在债务书上签了字，于第二天被放了回来。(见第一个格局)。

（二）

1997年3月21日上午，郭副处长又对我提起弟弟的事："自从上次那伙农民将我弟弟抓去又放回来之后，一家人仍提心吊胆，唯恐他们哪一天再来闹事，我弟弟是个老实人，上次也是为急于脱身才在欠账单上签了字。89万这对于我们全家人来说是个天文数字。我弟弟回来的第二天，我们就到检察院报了案，答复是：这帮农民再来，就立即报案，以非法拘禁罪先抓他们。可咱们知道他们什么时候来呀？又怎么知道他们再来又用什么方式对待我弟呢？"

我听后又给他起局，仔细端详格局，然后很肯定地讲："还要来，告诉你弟弟最近别露面。"

"还露面呢？这一段时间就没敢回家，一直在别的朋友家躲着呢。"

"他现在的地方有人泄密，农民能得到消息，不过他们抓不走你弟弟，告诉他躲起来。"

"那让他再换个地方？"

"反正让你弟弟小心点吧，农民也不懂法，人要让他们弄走就麻烦了。"

"能看出他们什么时间来吗？"

"阴历二十六、二十七，下周三、四。"

郭处长马上抓起电话通知了其弟。

周五下午，其弟打来电话讲述了昨晚惊心动魄的一幕：其弟接到农民还要来的消息后，就加紧了防范，借了朋友一套房子，从周三起，整天躲在屋里，电视也不敢开大音量，晚上也不敢开灯，生怕有一丝疏忽暴露了目标。

周三，平安无事。

周四，一整天也没动静。晚上，天黑了下来，其弟松了口气，心想：肯定杜处长的预测是错误的，已经到这个时候了，那帮家伙不一定来了，躲过这个晚上就可以松口气了。正想着，"嘭，嘭，嘭"三声敲门声，"哎哟，真他妈的来了！"吓得其弟大气不敢出，站在屋里，脚都不敢挪动一下，生怕弄出动静来。紧接着又是三声，再接下来又敲了几次，停了一会儿，其弟听见几个人下楼的脚步声。

八点多钟，又是一阵敲门声，连续几次。

晚十点多，又来一次。

晚十二点多，又一次。

两点多又来了。

最后一次是凌晨三点多，敲门声突然响起，而且大得出奇。并听见有人说："这小子肯定不在，咱们得到的消息不准确，回去再做打算吧。"一伙人的脚步声远去了。

第二天上午，其弟没敢下楼，从头天晚上起，其弟睡意全无，滴米未进，也不觉得饿，好不容易熬到下午三点，其弟硬着头皮左望右瞧一阵，才壮着胆子走下楼给我们打电话。

我在电话里问他："你怎么不报警呢？"

"这屋里没电话，干着急没办法，我从窗户里看见他们来了十几个人，有一辆小面包车。唉，不管怎样，有你的预测，他们抓不到我。"

以后，其弟又找我预测几次，都测得仇人不再来。果然，至今那伙农民没再来找麻烦。

奇门格局第一局：

1996年9月10日15时4分

丙子年丁酉月庚戌日甲申时，阴九局，甲申旬，天柱星值符，惊门值使。

六合 杜门癸 天辅星癸	太阴　空 景门戊 天英星戊	螣蛇　空 壬死门丙 天芮星丙
白虎 伤门丁 天冲星丁	 壬	值符 惊门庚 天柱星庚
玄武　马 生门己 天任星己	九地 休门乙 天蓬星乙	九天 开门辛 天心星辛

分析依据：

1. 为什么断其弟被抓是为官司事、钱财事？

时干庚主事体落兑七宫，逢惊门主官司，庚加庚主官灾横祸，兄弟失和。戊为其弟年命落离九宫，戊下临戊，戊为钱财，戊落离宫为9数，断9万或90万。丁为月干为其弟落震三宫，逢伤门之凶门，又上乘白虎主凶，所以断为官司事。

2. 为什么断在东南方80里被拘禁？

丁为月干为其弟落震三宫，伤门加伤门主远行折伤凶，上乘白虎更凶，震为东、震为木，木数为3和8数；六合、杜门为出走方向落巽四宫，为东南方，巽宫为四维宫为远，巽木也主3数和8数，综断为东南方80里。四宫中癸为六仪击刑，格局为癸加癸“天网四张”说明其弟被关押，宫中逢杜门主此事比较隐蔽。

3. 怎样断出被两个仇人看管的?

庚为仇人落兑七宫属金，兑也主二人，月干丁为兄弟落震三宫属木，仇人庚宫克兄弟丁宫，说明其弟被人看管不让回来。

4. 为什么断有朋友帮忙，人不会出危险?

月干丁为其兄落震三宫，丁下临丁奇，用神遇奇则无险。丁又为朋友，其弟遇朋友为帮助之意。

5. 第二天回来是怎样断的呢?

杜门、六合宫中有癸加癸之天网，伏吟逢冲，网才能开，第二天为辛亥日，形成亥巳相冲，网被冲开，其弟放回。

奇门格局第二局:

1997 年 3 月 21 日 9 时 01 分

丁丑年癸卯月壬戌日乙巳时，阳四局，甲辰旬，天任星值符，生门值使。

螣蛇 休门乙 天冲星戊	太阴 生门戊 天辅星癸	六合 伤门癸 天英星丙
直符　空 开门壬 天任星乙	己	白虎 己杜门丙 天芮星辛
九天　空 惊门丁 天蓬星壬	九地 死门庚 天心星丁	玄武　马 景门辛 天柱星庚

分析依据：

1．怎样断出有人要来抓其弟呢？

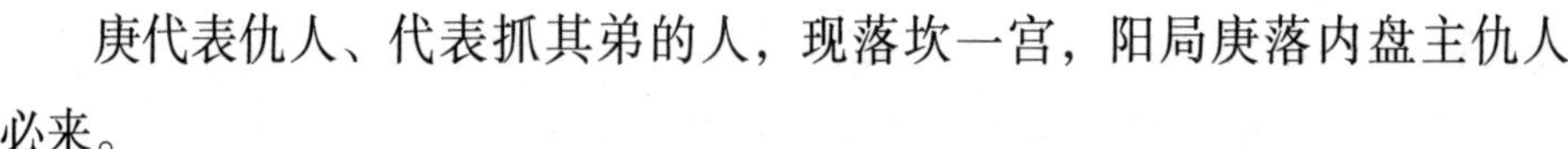

庚代表仇人、代表抓其弟的人，现落坎一宫，阳局庚落内盘主仇人必来。

2．怎样断出有人暴露了其弟的住址？

景门主消息，落乾六宫，临马星主传播，辛主罪人，天柱星主说、主传播，上乘玄武主小人贪利告密。

庚主仇人，落坎一宫，现景门宫生庚宫，说明仇人是得到消息才来抓其弟的。

3．为什么说仇人抓不走其弟？

癸为月干代表其弟落坤二宫属土，庚为仇人落坎宫属水，月干宫克庚宫，仇人抓不走其弟。

4．癸在卯月处旺相，故落坤宫为入库，主躲藏，上乘六合主躲藏地点为两个。

5．怎样断出应期的？

该局我断了两个日子，首先看庚格，现庚下临丁为格，周三丁卯日来，但仇人没来；二是断周四戊辰日来，果然来了。这是因为值使门所临之干为戊，所以断戊辰日来。

8．只想见识奇门　答非所问见真

2004 年我在联通石家庄分公司负责经营业务，工作很忙。经营指标像块巨石压在我心头，令我喘不过气来。6 月的一天，我下班回到家，像往常一样打开电脑，想看点儿自己喜欢的东西，顺便放松一下自己的心情。可没想到，一个网名叫 WZR027 的先生在中华网易论坛上给我发了这样一个帖子：

向杜老师请教

学生久闻杜老师的大名，请老师测一下学生有没有学习三式的天赋？如果有的话那么问一下学生什么时候才能“渐入佳境”，也顺便看下学生的财运。谢谢！

另外，学生前天购买了一本书，请测一下是正版还是盗版？多少页码？是什么内容的书？定价多少？购买时花了多少钱？封面颜色？另请各位讨论一下奇门、六壬、手相、风水、六爻、面象、四柱等在奇门中各以什么符号来代表。只想见识一下奇门的神奇，最好能写出判断的理由。

对 WZR027 先生发来了帖子，虽我内心很不高兴，认为用奇门遁甲测一本书，还是六问，有点高射炮打蚊子——大材小用。但从格局中我又看出了 WZR027 有凶灾，若不回答，心里觉得过不去，就决定回答 WZR027 的帖子。他的本意是想让我测书，“只想见识一下奇门的神奇”，我必须如实回答，只能答非所问了，于是答复如下：

——你有凶灾！

WZR027 先生：

昨晚我认真研究了你发的帖子，谈几点看法：

1. 你有凶灾；

2. 你当时脑子一冲动伤害了他人身体，属较严重的，被人追捕；

3. 现离家 7—8 年，你是农村长大；

4. 你身高 1.65—1.70 米之间，较瘦；

5. 你最终要被抓住。

我以一个易友的身份劝你“退比进好”，奇门是高层次的预测术，我完全是依局说的，望你三思。

我发出答复的帖子十几天，WZR027 先生仍未回信，期间我直纳闷，为什么对方要求我预测，但不回复我的帖子？

后来山东一个朋友给我来电话说：“我看到你给 WZR027 先生的预测了，我一直关注 WZR027 先生，他没有回复你的帖子，后来我在其他网上看到了 WZR027 先生，我赶紧给他发信息，说你让杜老师预测，杜老师给你回复了，你为什么不回答？”WZR027 先生对我的朋友说，我好多天没上网，真不知道杜老师给我回复了，我赶紧给他回答。所以 6 月 25 号中午他才给我回复。现将回复内容发表如下：

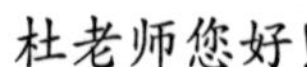

杜老师您好！

谢谢您给我的预测，本着实话实说的原则，现反馈如下：——发布时间：2004－6－25 14：55：15

——你有凶灾！

WZR027 先生：

昨晚我认真研究了你发的帖子，谈几点看法：

1. 你有凶灾；（这一项有待验证，能否请杜老师说具体一点，这一点对学生很重要，至少学生对奇门是深信不疑的）

2. 你当时脑子一冲动伤害了他人身体，属较严重的，被人追捕；[这一项不对，我只是在壬午年因犯错误（不是因伤害，具体原因不便说明，请谅解）被劳动教养一年，于 2003 年 2 月 24 日释放，感觉无脸见家人而流浪异乡——]

3. 现离家 7—8 年，你是农村长大；（完全正确）

4. 你身高 1.65—1.70 米之间，较瘦；（实际身高在 175 公分左右，特别瘦）

5. 你最终要被抓住。（如果假设学生在出狱之后又犯错误的话，还请杜老师测一下我何日会被抓，特此感谢）我以一个易友的身份劝你“退比进好”，奇门是高层次的预测术，我完全是依局说的，望你三思。

自从2004年6月12日6时答复WZR027先生后，时隔近一年，于2005年3月9日22时44分WZR027先生又在网上回复了一个帖子，该帖也印证了我答复的第五条："你最终要被抓住"，以下是WZR027回复的原帖：

杜老师去年为俺测的一局今年应验了。

杜老师去年说俺有凶灾，果真应验了！俺前段时间被警察关押了几天，——9日获得自由，很想知道未来还会不会被关押？

由此，在网上断的一局基本上应验了。我是怎样分析的呢？

奇门格局：

公历时间：2004年6月12日6时

农历时间：四月廿五日癸卯时　芒种下元

当月节气：6月21日9时39分夏至

当日干支：甲申　庚午　壬戌　癸卯

当日旬空：子丑（日）　辰巳（时）

阳遁九局　值符天冲落五宫　值使伤门落三宫

九地 杜门　己 天蓬　壬	九天 景门　乙 天任　戊	直符 死门　辛 天冲　庚
玄武 伤门　丁 天心　辛	 癸	螣蛇 惊门　壬 天辅　丙
白虎 生门　丙 天柱　乙	六合 癸 休门 庚 禽 天芮 己	太阴 开门　戊 天英　丁

分析依据：

1. 为什么断 WZR027 先生有凶灾？

八门伏吟主有不顺之事。日干壬为 027 先生，落兑宫处沐浴状态不旺，日干宫中有惊门必有惊恐事，惊加壬主官灾，壬加丙主官灾刑禁，祸不单行。时干癸落坎一宫，宫中有庚加己刑格，刑为凶灾，上临六合，主有两次凶灾。凶灾符号庚落坎一宫在内盘，综断 027 先生原先曾有过官司事，且有被关押可能，而且今后还会有凶灾。

2. 为什么断其伤害了他人身体被人追捕？

日干壬下临丙，丙为天威主粗野，说明 027 先生动了粗，地盘壬落四宫空亡，必有玄机，且地盘主过去的事，壬在四宫为自刑状态，上乘己形成奸情伤杀格。天盘壬又处桃花位，应为较严重的违法之事，断为男女之事伤害了他人身体。日干上乘螣蛇，主该官司缠绕，不好了结。壬、丙阳水阳火相冲，说明 027 先生不好处理该官司只好逃之，但被螣蛇缠绕，必被人寻觅追踪。

时干癸落坎一宫，宫中庚加己为刑格，上乘六合，主逃犯。时干癸下临己，己为隐私之事，癸加己只利躲灾避难。

3. 为何断现离家 7－8 年，在农村长大？

日干壬与丙相冲，为散为离家，在 7 宫，断为 7 年。时干癸宫中带天芮星，天芮主农村；上面断其为逃犯，再看代表逃犯的辛，辛落坤宫，坤主农村；所以判断其为农村长大。

4. 为何断其身高 1.65－1.70 米之间，较瘦？

日干落兑宫主瘦小，上乘螣蛇也主瘦。断其不超过 1.70 米是天辅星受克而不高，兑宫应断 2、4、7、9 数，男子应断 1.64 米或 1.70 米。

5. 为什么断其最终要被抓住？

一是日干上乘螣蛇，027 先生长期被官司缠绕。二是逃犯六合宫生伤门宫，必被抓住。三是杜门为躲藏方向，宫中有地盘壬，壬主天牢，也会被抓住。

该例虽大部分断对了，但还是有断错的地方，下面是我在此例中的错误判断和教训。

教训总结：

1. 身高断错：究其原因天辅星被克我认为身高应低，实际是错。天辅星就应该主高，虽被克，可适当减一部分，但不应断矮。落兑七宫数为2、4、7、9，应断1.74米才合理。为什么要断1.74米合理？1. 男子一般以1.70米为准，上下以落宫旺衰中的先天数、后天数、五行数推断身高。2. 以其落宫数、天干壬和丙处衰地、天辅星被克，惊门与落宫相生，综合所有因素判断应为1.74米，但我却断1.65米至1.70米。

2. 为什么被追捕？时干上乘六合为逃犯，我将家人寻找也列入“被人追捕”之范围了，请大家今后判断时注意吧。

3. 对WZR027的答复有些地方不够正确，说明自己预测水平还很低。通过实践我认为：奇门遁甲模型也不会百分之百准确，预测人更不可能预测达到百分之百。只有不断地实践，不断地总结经验教训才能真正学好奇门遁甲。

由于当时我很忙，也没时间再回答WZR027的帖子，所以也没再给027先生预测。

感想：

WZR027先生至今我也不认识，但该人很诚恳，如实曝出了自己的隐私，我在这里对WZR027先生的勇敢表示钦佩。

有人会问，为什么能测出他有凶灾，说明事物有规律，通过该例也可证实事物运动是有规律的，奇门模型是可以模拟事物运动规律的。还有人会问，为什么你告诉他了，他又被抓了？什么原因我不清楚，但有一条是肯定的，他没有遵纪守法，他的行为越过了法律法规的界限，人不遵纪守法必然会有凶灾。

这个例子WZR027先生问的内容是书，我却断有凶灾，而且应验了，这绝对不是蒙的。此例是锻炼了我看问题时要透过现象看本质，要看大事，不能局限于对方问什么就答什么。当然，个例是不能作为普遍规律的，但我从大量实践例题中可以肯定奇门模型具有预测功能，可以说奇门遁甲是我们中华民族优秀传统文化的一朵奇葩！

八、求财得利

预测原则：

求财以日干代表求测之人，时干代表求财事，六合为中介人，月干为同行，甲子戊为资本，生门为利润，飞临的生门宫中的九星为财星，以五行生克决定成败。

能否求到财，第一看日干有财没财，临生门、禄地或下临禄地为有财。二要看日干旺不旺，旺才有能力求到，即使当下求不到，将来也还有机会求到。三要看格局好不好，格局好利求财，格局差不利求财，如壬加辛“若有谋望，被人欺瞒”，时干空亡也求不到财。

求财种类较复杂，详情可参看《周易与商战》一书。

1. 开矿投入巨资　结果得不偿失

赵老板是个老房地产开发商，对房地产方面的经验十分丰富，曾经开发了好几个项目，赚了一大笔钱。在某市房地产界也是小有名气，堪称房地产大商。

一次，赵老板的朋友发现新疆有个开矿的好项目，矿产资源非常丰富，认为很有开采价值。于是这个朋友找赵老板商量，希望两人能够合作。赵老板见这个朋友如此信心百倍，感觉是个发财好项目。

不久，赵老板亲自去新疆考察了一下，见到矿地后不禁也感叹：真是好大的矿啊！果然像朋友所说的，矿地足有几平方公里，而且各色的大理石都有，资源太丰富了，实属罕见！此时赵老板的心已为之所动。但是为了保险起见，回来后就找我协商，那个晚上我们谈了很长时间并谈了很多事情，23 点刚过，他随口就跟我谈起了开矿这件事，问我前景如何，我看看表，时间过了，于是冉起一局，分析完局后我跟他说："我总结了四点，简单说来，第一，前景不好，如果开矿要半途而废；第二，即使这矿能赚钱，也是有宝难留；第三，这个时间预测是五不遇时格局，按照古代原则，是徒劳白费劲儿；第四，格局显示此地不如他地，从资金上看需要投入六千万的资金，最少会损失一半，而且没有利润。格局还显示，这个事情不可以做，应退出为好。"

赵老板一听这话，跟他所想的完全相反，像是被泼了冷水，有点发毛。他极力辩解，说："这个项目是我亲自去考察的，矿地太大了，而且矿石极其丰富，以后这个矿能值几十亿的，根据我的考察这个地方绝对能赚钱，如果不开采，会很遗憾的。"

"我的意见是坚决反对你在这里投资金，如果你执意，恐怕才会留下遗憾。"我依然按局劝说他。

我们俩争执不休，一直谈到深夜一点半，到最后赵老板还是执意认为这个矿要开采，他不想眼看着这么肥的一块肉给扔了。

很快先期投入2000万，不够，再续投。截止到2009年，赵老板投入四千多万，虽然也卖了几方石头，但却一分也没有赚到。因为矿藏地处北疆，天气原因每年开采时间只能从四月到十月，其他时间天寒地冻，无法开工。又因没有铁路线只能靠汽车运输，几百公里的路线，运费成本高，加上市场货源充足，至今也无赢利迹象。

赵老板后悔不已，埋怨自己当初利欲熏心，没听我的劝告。

奇门格局：

2007年3月16日23时06分

丁亥年癸卯月庚戌日丙子时，阳三局，甲戌旬，天辅星值符，杜门值使。

六合 开门壬 天柱星己	白虎 休门辛 天心星丁	玄武　空 生门丙 天蓬星乙
太阴 庚惊门乙 天芮星戊	庚	九地　空 伤门癸 天任星壬
螣蛇　马 死门丁 天英星癸	值符 景门己 天辅星丙	九天 杜门戊 天冲星辛

分析依据：

1. 为什么说前景不好，开矿要半途而废？

值符代表前景落坎宫，宫中天辅星处废地，己加丙为悖格，景门门迫，说明前景不好。大局八门反吟也为前景不利，主半途而废，纵能赚钱也有宝难留。

2. 为何说此事是徒劳白费劲?

时干为丙火，日干为庚金，时干阳火克日干阳金为五不遇时，逢五不遇时求财徒劳无功，白费劲。

3. 为何此地不如他地，投入六千万的资金不仅没利润，还会损失一半?

日干庚落震三宫，宫中庚加戊伏宫格为此地不如他地，即不可在此地投资。甲子戊为资本落乾六宫，乾宫主 1、6、4、9 数，结合实际而断，在该处开矿投入六千万的资金。生门为利润落坤二宫逢空亡，说明没利润可图，日干庚下临戊，戊处击刑主投入的资金会受到损失，天盘戊在乾宫入墓又逢戊加辛青龙折足，恐要赔掉一半的资金。故此事若做必赔钱。

时干丙奇落二宫，该宫空亡则事不成，宫中有玄武天蓬星必破财。丙加庚策略上利退守。故建议退出不做为宜。

2. 开店环境不当　热闹几日关张

黄老板小两口，近两年一直搞瓷器生意，目前代理湖南一个瓷器厂的瓷器，下午，黄老板与店里一个员工一起找我，请我到东购看看商店地理位置，准备在东购开一个瓷器专卖店。价格也谈好了，位置也看好了，就请我看看，这个位置适不适合开瓷器店，如果开店，赢利不赢利。现场看完以后，我对黄老板说："这个地方不适合开瓷器店。"黄老板问我为什么，我说："这个地方若开店就半途而废，原因是顾客只看热闹不买货。你若在这里开店，要损失一部分钱财。格局显示应换一个地方开店。总之，这个地方建议别开店。"黄老板听了以后也是犹豫不决，员工和爱人都说："东购是顾客流动量很大的地方，开店应该不成问题吧?"我答复："这地方顾客流动量不小，但顾客只是看看热闹，买的人不会多，建议别在这开店。"

黄老板并没有采纳我的意见，没几天就开张了，但是确实顾客流动量很大，看的人很多，就是没多少人买。因为没有利润，他要交租赁费，三个店员的开支，还有水电费，只开了几个月，就再无力支撑下去，关张走人了。

奇门格局：

2007年4月14日15时28分

丁亥年甲辰月戊寅日庚申时，阳七局，甲寅旬，天冲星值符，伤门值使。

九天 生门己 天任星丁	直符 伤门癸 天冲星庚	螣蛇 杜门丁 天辅星壬
九地 休门辛 天蓬星癸	丙	太阴 景门庚 天英星戊
马玄武空 开门乙 天心星己	白虎　空 惊门戊 天柱星辛	六合 丙死门壬 天芮星乙

分析依据：

1. 为什么说在这个地方开店会半途而废？

开门为店铺落艮八宫逢空，测开店开门逢空亡则会半途而废。开门上乘暧昧之神玄武也主破财不利。日干戊为求测人落坎一宫逢空，开门克日干戊主管理不善、经营不利，日干宫中逢戊加辛青龙折足亦表明开店不长久还有损失，会中途关张。

2. 为什么说顾客只看热闹不买货？

时干庚为顾客落兑七宫，宫中逢景门主热闹、红火，庚加戊换地盘说明客户来这逛完后很快就会再换其他家看货。时干庚又为瓷器，时干庚生日干戊为货恋主货物不好卖出，故顾客只看热闹不买货。

3．为什么说在此处开店会损失一部分钱财？

戊为资本落坎一宫逢空，甲子戊与甲午辛子午相冲为钱财被冲散，即在此处开店会损失一部分钱财。

4．为什么建议换一个地方？

时干庚为事体，宫中庚加戊为此地不比他地，故应换一个地方经营为佳。

九、牢狱官司

预测原则：

1. **代表符号**

以值符为原告，天乙星为被告（天乙星为值符落宫所临地盘之星），开门为法官，景门为诉状，六合为证据，惊门为律师，辛为犯人、疑犯。在不知对方是原告还是被告的情况下，还要以日干、时干这一对矛盾依据符号吉凶来综合判断。

2. **双方态度**

值符宫克天乙宫原告不让被告，天乙宫克值符宫被告不让原告，遇此调解无效。值符宫克开门宫，原告对法官不满。天乙宫克开门宫，被告对法官不满。

3. **诉状状况**

景门为诉状，得吉星、吉格、吉神者表明诉状言辞文雅，情况属实，有理有据，反之则言辞激烈，状词不实或理据不全。若乘螣蛇诉状依据不清，乘玄武诉状事实颠倒，景门宫克开门宫诉状可被执法部门受理，开门宫生景门宫也受理，景门宫生开门宫、开门宫克景门宫则诉状不被受理，景门宫空亡不诉或还没诉至法院。

4. **法官状况**

开门宫中的天干入墓法官和稀泥，开门乘玄武法官徇私情，开门宫中有癸、辛、己或带沐浴、禄地、乘玄武，法官可能有无理要求或行为，开门逢庚、逢冲法官很快就判决，开门带丙主威严，逢合因事不会立判，乘螣蛇与案子有牵连，乘九地案件拖延，不会立判，逢空亡执法部门不管。

5. **犯人状况**

辛为犯人又为疑犯，逢开、休、生门为放出，旺相、逢冲为释放；地盘辛上乘壬癸为长期关押，不能放出；辛遇击刑或上乘庚，可能有皮肉之苦；辛逢空亡判缓刑，入墓被关押，逢丙为相合，不能放出。

6. 诉讼胜败

开门宫生值符宫原告胜诉，生天乙宫被告胜诉。开门宫克值符宫原告败诉，克天乙宫被告败诉。开门宫克值符宫和天乙宫，原被告各打五十大板，开门宫生值符宫和天乙宫且二者不相克调解可成。反吟、伏吟、六合须经二审或两个执法部门处理。

7. 诉讼策略

日干入墓或逢壬癸罗网最好私下协商，以不打官司为宜。原被告两宫相生，最好调解来解决，开门若克被告（原告）及早采取措施。开门宫逢壬、癸、辛、己或沐浴符号的，应与法官加强沟通。

8. 吉凶格局

戊加丙原告不利，丙加戊被告不吉祥。

辛加乙、乙加辛，法庭上唇枪舌剑相伤。

年命如若逢值符、九天、开休生三吉门则吉利。

得九遁、三诈五假格托人走关系为吉。

三奇加值使门法院内部的人可以帮忙。

用神与开门或值使门、值符、太岁相生则可求助其帮助。

地盘丁奇加值使门则会有小人捣鬼。

辛加丁或逢冲能放出。逢合则不能放出。

若人被关押，辛宫中逢伤门和庚或击刑，则有刑伤。

五不遇时即使有理也会遭到屈断。

用神入墓、逢壬癸罗网不宜诉讼。

值符、值使处休囚之地，即使能打赢官司也无益。

打官司告状除了以上用神以外，还要参考太岁及三胜五不击这些符号，对方用神如与太岁是同一个符号，或是对方符号乘值符、值使、九天、九地、生门，我方都应重新构思策略，以免弄巧成拙或是有冤难伸。

1. 儿被警方传唤　为父焦虑不安

战友王某是某公司的领导，由于我俩工作都很忙，平时联系也不太多。6月23日这天，他突然打来电话，焦急地说儿子被派出所叫去两三天了，至今也没有回来，他请我赶紧给测测，看他儿子会不会有问题。他还讲，听说儿子和一个同学关系不错，他的这位同学在某监狱财务科当会计，因挪用公款开办酒厂之事败露，现已逃跑在外，也不知这事会不会牵扯到自己的儿子？

我预测后，对战友讲了如下几点：

1. 儿子在派出所没有受罪，有吃有喝，不用担心；

2. 他可能在钱财上与这事有牵连；

3. 儿子会主动把事情讲清楚的，没有凶险，也不会被判刑；

4. 6月26号不放出来，7月2号准放；

5. 他的同学因触犯法律肯定会被抓获。

7月2日晚，我的战友又给我打电话，说儿子已在18点以前被放了出来，儿子的同学也在济南被抓获。原来，这个同学利用当会计的职务之便，多次挪用公款，涉案金额高达70多万。这个会计曾给过他儿子一部手机，因此我说他与罪犯在钱财上有牵连。案发前，这个会计自感大祸即将临头，无奈之下，只好一跑了之，走前把电话号码告诉过战友的儿子，好让同学给通风报信。案发后，公安局经过侦查，了解到战友的儿子与罪犯来往频繁，于是传唤了战友的儿子。由于只是怀疑，并没有证据证明其儿是同伙，故传唤后让其儿吃住在旅馆，耐心讲明法律政策，其儿积极和公安局配合，很快就使罪犯落网。正如我所预料的那样，他儿子没有凶险，7月2日被放了回来，一切平安。

奇门格局：

2002年6月23日8点30分

壬午年丙午月壬戌日甲辰时，阴九局，甲辰旬，天禽星值符，死门值使。

太阴 杜门癸 天辅星癸	螣蛇 景门戊 天英星戊	直符 壬死门丙 天禽星丙
六合　空 伤门丁 天冲星丁	壬	九天 惊门庚 天柱星庚
马白虎空 生门己 天任星己	玄武 休门乙 天蓬星乙	九地 开门辛 大心星辛

分析依据：

1. 为什么说他的儿子不会受罪？

时干壬为其儿落中五宫寄坤二宫为长生，乘天禽吉星，表明不受罪无凶灾。纵观全局景门宫生时干宫，景门主饭食，戊主钱财，说明有人给他儿子买饭吃。

2. 为什么说他儿子可能在钱财上与同学有牵连？

他儿子71年出生，年命为辛，辛下临辛，辛为罪错，逢开门，犯法的门开了，说明他儿子与会计有牵连，所做事情不保密，大家都知道了。

3. 为什么说会主动把事情讲清楚，且没有凶险？

时干壬与死门同宫，主“讼人自讼”，说明他儿子会主动配合公安机关说出一切有关情况。没凶险、不判刑是因壬处长生状态，旺不为凶，他的儿子年命辛逢吉门开门，表明必被放出。

4. 为什么断6月26号或7月2号放出来?

日干、时干壬寄二宫，阴局坤二宫为内盘，时间应短，6月26日为丑日可冲动时干坤宫，但没放出。第二时间是值使死门当值之时，壬下临壬，壬水主流动，所以说必放出。

5. 为什么说他儿子的同学必被抓获?

值使死门为公安落坤二宫属土，他儿子的同学贪污公款，以玄武为用神落坎宫属水，死门宫克玄武宫，必被擒。杜门为躲藏地点伏于四宫，宫中癸加癸天网四张，凡杜门宫带癸主天网恢恢，也说明必被抓获。

2. 被拘缺少证据　近日便得回还

包某经人介绍，找我预测其丈夫被关押之事，她说：“我丈夫是某厂厂长，检察院在12月28日将他传走，说有人举报他贪污，好几天了也不让回来，请杜老师测测他能被放回来吗?”

看着她着急的样子，我即起局说：“举报信的内容不实，检察院没有什么证据。你丈夫很可能是因为开展业务送了一部分礼，牵连的人较多，共有6个人。我测的结果是你爱人不会被判刑，但要破一些财，1月7日准能被放回来。”

包某听我一说如释重负：“太谢谢了，你这么一说我宽慰多了，他有没有事我不清楚，你说牵连到6个人，我还没听说过。”

1月4日下午四时，包某又找到我：“杜老师，上回你说牵连到6个人，还真是这个数，你再给测测，看他还能被放回来吗?”

我又一次预测后对她说：“7日准能放回来，你应该放心。”

到1月6日早八时，包某又匆匆忙忙地找到我，上气不接下气地说：“坏了！坏了！今早我刚出门就遇到一个熟人，说是我爱人问题不小，检察院说的放不出来。”

我说：“这不可能，我两次预测都是7号放出来，不行我再测测。”说

着拿起笔，刚写了几个字，包某的BP机响了。她马上回了电话，随即喜笑颜开，说："好消息，检察院让单位现在去保人哩。"说着她顾不上再等我预测，又急急忙忙地回丈夫单位找人去了。她走后我却纳闷，测了两次都是7号，怎么6号就放人呢？我只好等结果了。

实际情况是保释金没凑够，第二天7号晚亥时办完所有手续后，她丈夫才被放了出来。

奇门格局：

1996年12月31日9时30分

丙子年庚子月壬寅日乙巳时，阳七局，甲辰旬，天芮星值符，死门值使。

白虎 惊门己 天任星丁	玄武 开门癸 天冲星庚	九地 休门丁 天辅星壬
六合　空 死门辛 天蓬星癸	丙	九天 生门庚 天英星戊
太阴　空 景门乙 天心星己	螣蛇 杜门戊 天柱星辛	直符　马 丙伤门壬 天芮星乙

分析依据：

1. 为什么说举报信内容不实和证据不足？

景门为举报信，落艮八宫，现是庚子月，景门处死地又落空亡之宫，主举报内容不实，也可能凭空想象或道听途说的。

六合主证据落震三宫，该宫逢空亡，空亡则说明没证据或没掌握证据。

2. 为什么说牵连了6个人?

在预测案件时，直符临天干壬为牵连人多。现直符和壬同落乾六宫为临官状态，子月壬又旺，旺则为多。落六宫为6个人。

3. 为什么断不会被判刑?

辛为罪人，也主被关押之人，天盘辛落震三宫，辛下临癸主误入天网。辛下临癸，必与癸有关，现天盘癸飞落离九宫，宫中逢开门，而开门为工作，开门上乘玄武，玄武主送礼，说明其爱人为开展业务而送礼，误被关押。天盘辛落三宫空亡，也主放出，不被判刑。

地盘辛也主罪人落坎一宫，辛上乘戊，此为甲午辛和甲子戊天地盘相冲，冲必放出。

再从代表其丈夫的庚来看，庚落兑七宫，庚遇生门为吉象，庚下临戊为要换地盘，现其丈夫被关押，换地盘也主放出之象。

4. 为什么断要破一笔财?

戊为钱财，天盘戊落坎一宫，加于地盘辛上子午相冲戊被冲，主钱财被冲，冲必破财。

地盘戊落兑七宫，上乘庚，庚为白虎为破耗之神，也主破财。

5. 为什么断1月7号会放出?

地盘辛为罪人，落坎一宫，开门为执法机关落离九宫。辛宫克开门宫主释放时间快。

天盘辛落三宫，地盘为天网，逢冲时可放出。今天是12月31日农历壬寅日，待到1月7号，农历已酉日正冲震三卯宫辛，辛被填实，必定被释放。

3. 行长被囚一年　罪名难成获释

某银行李副行长，因涉嫌受贿被区检察院立案侦查，并在1997年1月6日被逮捕。一般情况下被捕人大都被判刑。这可急坏了李副行长的妻子

刘某，在其夫被捕的第二天晚上，在我的一个熟人的带领下找到我，看丈夫的凶吉如何？

我依局象分析后肯定地答复她：判不了刑，最终要无罪释放，证据对检察院不利，有些证据会有变化，但阻力或麻烦不会少，审判时间长，人释放的时间也相应会晚些。

刘某一听判不了刑，刚才还阴云密布的脸一下子云开雾散，激动得眼含热泪，向我述说着她丈夫平时胆小谨慎，老实过分，干银行工作二三十年，熬上副行长相当不易，怎么转眼就成了罪犯？儿子现在正搞着对象，全家人都乱了套。

我劝她不要着急，应该相信法律是公正的。

也就在她丈夫被捕之前几天的 1997 年 1 月 1 日新修改的《刑法》正式实施，市检察院为贯彻落实刑法，决定在某区召开 1997 年第一案第一庭的观摩现场会，把这个副行长的行贿案作为典型，成了新刑法实施后的第一案，并组织了全市各区县的检察院前来观摩，准备应该说是很充分的。

2 月 3 日开庭审理，当然支持公诉的是某区的检察院，审判由该区法院主持。在检察院宣读起诉书后，法庭调查，传证人到庭作证。第一个证人是被公诉的给李副行长行贿的某厂厂长，该厂长在法庭上推翻了在检察院的原证词，一下子主要证人的证词改变，证据不足，庭审无法进行，宣布休庭，观摩会中途流产。

5 月 4 日第二次开庭，证人仍坚持没有行贿，控辩双方唇枪舌战各执己见。最后法庭以检察院未能提供足够证据，认为公诉人指控被告人犯受贿罪的证据不足，指控的罪名不能成立。

依照《中华人民共和国刑事诉讼法》第一百六十二条第三项之规定，判被告人李某某无罪。这一审判决的时间是 1997 年 10 月 23 日。

搞了好几个月的侦查，认为很有把握，本想在同行和上级面前做个示范的区检察院，没有想到会是这样结果，自然对法院的判决不服，立即于同月29日向市中级人民法院提出抗诉。

经过市法院的审理，1998年2月19日下达了1998年某市刑字第15号刑事裁定书，驳回抗诉，维持原判。

至此李副行长被关押一年多的案件终于得到公正的判决，无罪释放，恢复了工作。

奇门格局：

1997年1月7日10时20分。

丙子年辛丑月己酉日己巳时，阳二局，甲子旬，天芮星值符，死门值使。

螣蛇 伤门癸 天柱星庚	太阴 杜门壬 天心星丙	六合 景门乙 天蓬星戊
直符 辛生门戊 天芮星己	辛	白虎 死门丁 天任星癸
九天 休门丙 天英星丁	九地 开门庚 天辅星乙	马玄武空 惊门己 天冲星壬

分析依据：

1. 为什么断刘某丈夫不会被判刑？

辛为罪人，庚为判刑的标志，庚克辛，一定会被判刑。辛上乘壬、癸也会被判刑。

现辛落震三宫属木，庚落坎一宫属水，庚宫生辛宫断不会被判刑。

2. 为什么断人能释放？

人被关押能否释放，主要看天、地盘辛落宫格局。

天盘辛落震三宫，宫中逢生门之吉门。又上乘直符吉神，必有救。

地盘辛落坤二宫，上乘乙奇，形成乙加辛“青龙逃走”之格局，更说明被关押的副行长会被释放。

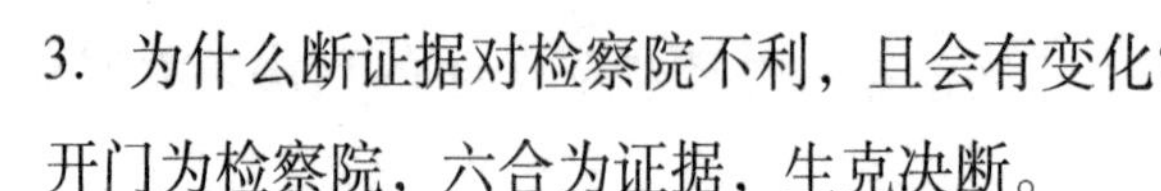

3．为什么断证据对检察院不利，且会有变化?

开门为检察院，六合为证据，生克决断。

开门落坎一宫属水，六合落坤二宫属土。六合宫克开门，证据对检察院不利。坤二宫中乙奇入墓说明证据有梗塞或麻烦、乙加辛主证据有变化。

4．怎样断审判时间长，审判有阻力?

开门又主法官、也主审判工作，上乘九地主迟缓，审判时间长，人必释放，时间晚。开门宫中逢庚，说明法官意见不致。

十、职业生涯

预测原则：

1. **代表符号**

日干为求测人，开门为工作单位、为官印，值符为直接上级，太岁为直接上级的领导，值使门为人力部门、管事单位或管事人，月干为同事，时干为事体或下属，测升迁降职因是人生大事，故还须看求测人的出生年年干。

2. **符号与八神**

乘直符有组织能力；乘螣蛇诡诈；乘太阴有城府或犯小人；乘六合办事周全；乘白虎直爽，格局差脾气暴；乘玄武暧昧；乘九地稳重、迟钝；乘九天性格外向，想象力丰富，天干弱为好高骛远。

3. **符号与八门**

遇开休生三吉门能胜任，可带来利润；伤门争强好胜；杜门主有技术或不同意；景门性格活跃，利于从事文体娱乐工作；死门主不高兴，办事不积极，若是执法者则吉；惊门者主担心或有口舌官司事。

4. **符号与九星**

遇天蓬星格局好主能办大事；天任星人品厚道；天冲星做事风厉；天辅星在此行业阅历丰富或文明礼貌；天英星办事急躁；天芮星结交广泛或贪；天柱星主说教；天心星心计多。

5. **无职求测**

一般求职时，日干落宫旺相，格局好，得开门相生比和则易求职；被开门克或逢空亡，则求不到工作。开门宫格局好，工作条件好；格局差，工作条件差。面试时，值使门与求测者相生，则能通过面试；值使门格局差克日干，主面试人员看不上求职人，故不易通过面试。时干生日干，且得开门相生者，表示求职能找到工作；日干沐浴、临癸、逢杜门或克开门是求测者期望值高或不愿意去；日干逢合因事而绊去不成；日干衰乘九天主好高骛远。伏吟主不愉快，反吟主换工作。

6. **在职求测**

日干、求测人年命旺相，格局好，被太岁宫生者能升迁，反之不能升任，如日干衰、空亡、被太岁、时干克。开门生日干，工作单位欢迎，能胜任；开门克日干，单位不欢迎或不能胜任。值符克日干，顶头上司不青睐；太岁克日干，上级领导不认同；值使来克，与具体管事人员关系欠佳；月干来克，与同事不和；时干来克，部属反对。反吟局工作不顺或即将调任，空亡有革职、退休或调离之可能。伏吟局调动不成或不宜调动；日干逢合或临杜门自己不想动；开门宫格局逢冲主单位搬迁或职务有调动；开门宫逢辛加乙或击刑主单位改制或调整；日干格局好开门空亡也主调动；日干逢冲自己想调动或须自己主动提出；大局反吟又天干逢合，主内部调动或因事而绊。日干临太阴说明有小人或阻力事；日干入墓无作为或有志难伸，若格局差则有凶事。逢自刑和死门加壬，景门加庚，若有谋望也须自己主动提出。

7. **岗位用人或招聘保姆**

时干生日干或者二者比和对方愿意来，合作愉快；时干克日干则不和；日干克时干则能管住其人；凡时干乘杜门逢合则不愿意来或因事而绊来不了；临沐浴或禄位因待遇而有想法，乘玄武者不可用。

8. **托人办事拜访他人时是否要带礼品**

凡用神（他人）带癸、己、沐浴或上乘玄武者，为愿意让求测者带礼品，礼品的贵重程度可看甲子戊落宫，凡未带上述符号者，则不需要带礼品。当然也需要结合其他符号，如临景门则可能需要字画或宴请。

9. **吉凶格局**

戊加丙将有升官晋职之喜，丙加戊收入高、任期长久。

辛加乙仕途不利，乙加辛主调离或有蹊跷事。

逢九遁格利迁官晋职，三诈格利求奖赏举荐，逢五假局宜辞官隐退。

年命若遇值符、生门、九天此三胜宫职场有作为。

三奇加值使门上级下级打成一片，其乐融融。

地盘丁奇加值使门则工作称心如意。

癸加丁工作矛盾多，丁加癸文书牵连且有矛盾。

日干加庚、庚加日干，恐被人告状，日干旺则无妨。

庚加戊、戊加庚被人告状不是调动就是被处罚。

庚加癸、庚加壬，且时干克日干，不得民心，任期不满。

逢悖格或庚加己刑格，且月干克日干，与同事关系不佳而仕途不顺。

庚加丙易有不安定因素。丙加庚应注意有灾殃之事。

五不遇时难以升任、调选，六仪击刑工作劳累或有凶事。

用神入墓或逢壬、癸罗网，没有业绩；反吟门迫，注意人品道德。

值符、值使门休囚，任期不满。

年命落宫逢击刑、刑格，难衣锦返乡。

1. 调往县区工作　时在中秋前后

夏天天气很热，干部刘某约我到他办公室。刘某这人虽然长得不太英俊，但很精干，办事利索，单位人缘也好。我知道此去是要预测事情的，于是我和学生小黄带着笔记本到了他单位，寒暄了几句，刘某就直奔主题，问我："看看我的工作未来怎么样?"我依局说："哎呀，你很快就要调动了。""真动还是假动？最近倒是有些消息说我要调动，但我也不知道调不调啊。""你应该要做准备了，这次距调动时间不会太长。""那我怎么准备?""那好说，走之前你要稳住，装作没事，不要让别人看出你要调动的样子，然后要做好下属的工作，多关心下属，也就是搞好关系呗。""能看出调哪里去吗？有消息说，我要到市直机关去，可能吗?""你去不了市直机关，从格局上看，你应该到县里去。""那应该是哪个方向?""东西方向上，但这个不一定太准，格局上显示去县里比较明显。""调动的时间快不快?""很快，超不过两个月，应该就是在八月十五前后。""还显示什么?""还显示大领导同意调你，但直接领导还会留你一段时间。""可能，直接领导还需要我干活呢，我手头的活必须干完才能走。"很快中秋节一过，刘某的调令就下来了，去东边某县任职，预测准确。

奇门格局：

2008 年 8 月 30 日 10 时 50 分

戊子年庚申月壬寅日乙巳时，阴四局，甲辰旬，天英星值符，景门值使。

太阴 惊门己 天冲星戊	螣蛇 开门戊 天辅星壬	直符 休门壬 天英星庚
六合空 死门癸 天任星己	乙	九天 乙生门庚 天芮星丁
白虎空 景门辛 天蓬星癸	玄武 杜门丙 天心星辛	九地马 伤门丁 天柱星丙

分析依据：

1. 为什么说刘某要调动？

开门主工作，上乘螣蛇主工作有变化，宫中戊落九宫逢冲（甲子戊与午相冲），戊下临壬，壬水主流动，刘某必有调动之事。

2. 为什么说调往县里，而不会在市里任职？

壬为日干落坤二宫，坤二宫代表农村、小地方，故断刘某将在县里任职。

3. 为什么调到东西方向上？

日干壬下临乙和庚，乙为东，庚为西。故断任职方向为东西。

4. 为什么说很快就调动？

日干壬加庚为“立判邪正”说明调动时间快，时干临九天也主快，时干落兑宫，兑宫为秋分后45天，故断中秋节前后调动。

5. 为什么说大领导同意，而直接领导要挽留一段时间？

年干戊为太岁为大领导落离九宫，宫中逢开门又生日干壬主同意刘某调动，直符为直接领导落二宫，宫中逢休门主退，说明直接领导要留刘某一段时间。

2. 即将干部调整　自测三个职务

调到石家庄分公司已经一年多了，公司召开半年工作总结会，会议的最后，请河北联通分公司人事部经理讲话，人事部经理讲，今年年底，全省各分公司，要进行人事调整，要大力提拔年轻干部，让有作为的年轻干部担任领导职务。

回到家也已经晚上八点多了，心里一直思索着：全省中层干部我是年龄最大的，年底人事调整，提拔年轻干部，我会不会让位给年轻干部，退居二线呢？思来想去，就想用奇门遁甲预测一下自己的工作，到底退不退二线，于是起出奇门遁甲格局。

格局显示，我不但不退居二线，还要担任三个领导职务。“三个职务”我不敢相信这是真的，反复核对格局，没有起错局，确实要担任三个领导职务。我想了半天不可能啊！我现在是石家庄分公司副总经理，即便省周易研究会有个职务，这只是个社会团体，就算数也才是两个职务，怎么会出现第三个呢？而且我是测发工资的职务呀。怪了，从哪来三个职务呢？百思不得其解。我觉得就是两种可能：要不就是奇门遁甲术不准，要不就是自己测自己不准。第二天是星期六，奇门遁甲研讨小组要研讨，于是我把这个例子拿出来给大家研讨，大家都说：“这格局你没起错吧，你该退休了，还担任什么三个职务？”尽管格局显示担任三个职务的结果，但大家还是疑惑不解。

以后的事实证实了奇门遁甲的准确性，10月份我被公司员工选举为工会主席。元月份，又被省公司党委任命为石家庄联通公司纪检书记，加上我的副总经理，正好是三个职务。自此后，我对奇门遁甲模型的准确率更加相信。

奇门格局：

2001年8月24日22时

辛巳年丙申月己未日乙亥时，阴四局，甲戌旬，天冲星值符，伤门值使。

马太阴 休门　辛 天蓬星戊	螣蛇 生门　癸 天任星壬	直符空 伤门　己 天冲星庚
六合 开门　丙 天心星己	乙	九天空 杜门　戊 天辅星丁
白虎 惊门　丁 天柱星癸	玄武 乙死门庚 天芮星辛	九地 景门　壬 天英星丙

分析依据：

1. 为什么人事调整不会调整我？

测凶事，日干己落坤二宫逢空亡，测凶事，事不凶，时逢空事不成，表示调整干部，我本人不会被调整。

2. 为什么自己不会退休，还会加重工作任务量？

总体来看这件事情不凶，但是日干己落坤二宫六仪击刑，又逢庚，遇击刑表示工作很累或者压力较大，下临庚，庚处禄位旺相，说明虽有困难但不大；开门为单位、为任务现落震三宫，克日干说明工作担子太重，日干己空亡，开门不克己，日干临伤门乘直符，工作努力。从工作上来看，综合分析，应该是虽然压力大，担子重也能够胜任。地盘己与开门宫同宫应断还会加重工作任务。

3. 为什么断会担任三个职务?

开门主工作上，落震三宫，下临日干己，上乘六合说明工作比较多。综合来看，应为担任三个职务。

3. 盼进步能理解　欲晋升没指望

11 月份，天气已转冷，某领导李某约我吃饭。同时来的还有另一位先生，姓梁，在某局任中层干部。我们边吃饭边聊天。

酒足饭饱之际，李某半开玩笑地说："杜老师，你是半个神仙，你帮助这位老兄看一下，他想进步，你看他还能进步吗?"言外之意是问我这位梁先生还能提升吗。

"我得先起个格局，我不能瞎说。"我拿出本子起了一个格局。看过之后我对梁先生说："进步不好说，但是你要调动了，还在本系统，属于平调。你就别指着提升了。只能调换位置，不调也不行。你就安心工作吧，这就是你的人生规律。"

梁先生挺认真地说："估计也升不了了，平调就平调吧，反正明年年初要调整了。"

这时李某说了："那你就安心工作吧，你别找人活动啦!"

梁先生说："行，我就听杜老兄的，安心工作，调整就调整吧！杜老兄，他不会降我吧?"

"不会，不提升也不会降。"我回答。

"你看我财运怎么样?"梁先生又问。

"你官运一般，财运不错。今后你在求财方面多努力吧。"

2009 年初，梁某单位大调整，他被平调到了上级单位任职。

奇门格局：

2008年11月4日12时21分

戊子年壬戌月戊申日戊午时，阴二局，甲寅旬，天心星值符，开门值使。

太阴 丁死门戊 天芮星丙	螣蛇 惊门壬 天柱星庚	直符马 开门癸 天心星戊
六合 景门庚 天英星乙	丁	九天 休门己 天蓬星壬
白虎空 杜门丙 天辅星辛	玄武空 伤门乙 天冲星己	九地 生门辛 天任星癸

分析依据：

1. 为什么说梁要调工作？

开门为工作落坤二宫，癸加丁逢冲为调动工作。

2. 为什么说还要在本系统内调动？

开门为工作落坤二宫，癸加丁逢冲为调动，但宫中癸加戊逢合为本系统内调动。

3. 为什么说提升无望，属于平调？

日干戊与太岁戊同宫比和，说明梁先生与领导关系比较好，但宫中逢死门，死门加戊为上级领导许愿，宫中丁加丙，为“星随月转”，乐极生悲，综断，不会提拔。

4. 请假要讲时辰　方能获得批准

1998年9月15日，“第九届周易与现代化国际研讨会”准备在河南省安阳市召开，出席大会的邀请函早已发给了河北省周易研究会。会长张志春与我协商准备参加，随着周易知识的不断普及和深入，影响日益扩大，这一次大会不同往常，可说是周易界的盛会，是历届大会中人数最多、规模最大的一次会议，现在海内外报名人数已达500多人。张会长还准备在大会期间作一场“奇门遁甲”的学术专题报告，报告会上还拟让我用“奇门遁甲”作一次现场预测表演。这次大会对我来说相当重要，这不但是对我的预测水平的检验，也是对张会长带领奇门遁甲研讨小组几年心血的检验，我感到身上的担子着实不轻。为此我早就给单位领导打过招呼，为了不影响工作，我准备利用休年假去参加大会。

9月12日是星期五，再过双休日就是15日，因此一上班我就向领导正式请假，还不错：准假一周。不料风云难测，瞬息万变。就在这一天晚上，由于我单位下属公司的干部闹矛盾，从几百里外的分公司赶到了石家庄，找到经理家中，要求解决问题，使得经理非常恼火。第二天上午，我正在家休息，经理电话打过来，很不高兴地说：“现在工作这么忙，研讨会就不要去参加了。这个公司闹矛盾的事就由你来解决。”一句话让我兴冲冲准备参加安阳周易研讨会的计划化为泡影。我赶紧把这消息通知张会长，张会长劝告我不要着急，想办法再给领导说一说，再争取一下。也是急中生智：既学奇门，当用奇门。奇门可以择吉时，为什么不能用奇门指导一下如何把假请下来呢？于是我一边加紧安排工作，一边起第二天的奇门格局，从奇门局上选择什么时候去经理家中能顺利地请下假来。奇门起局以每两小时为一局，我排了星期六上午六个小时三个局，通过筛选觉得第一个局早上7点到9点去请假把握比较大，但因为是休息日，去得太早显然不妥。于是第二天上午8点50分，我按奇门设想准时叩开经理家的门，经过一番诉说，经理终于答应准假。但是要求星期一（15 日）上班后要安排好工作才能出发。至此参加研讨会的愿望实现。我既感激领导满足了我的要求，也感激奇门这门技能，又一次正确灵验地指导了我的行动，使我能按计划赴安阳参加第九届周易与现代化国际研讨会。

奇门格局：

1998 年 9 月 13 日上午 7 时至 9 时

戊寅年辛酉月癸亥日丙辰时，阴六局，甲寅旬，天蓬星值符，休门值使。

九地 伤门辛 天冲星庚	玄武 杜门庚 天辅星丁	白虎 景门丁 天英星壬
九天 生门丙 天任星辛	己	六合 己死门壬 天芮星乙
马直符空 休门癸 天蓬星丙	螣蛇　空 开门戊 天心星癸	太阴 惊门乙 天柱星戊

分析依据：

测请假准否，以值符为领导，为批假人，以天乙为下级为请假人。现天乙天任星落震三宫属木，宫中逢生门和丙奇主吉利，上乘九天，九天好扬兵，我应主动去讲，值符落艮八宫属土，虽逢空亡，但宫中遇马星不为空，天乙宫克值符宫请假必准。

十一、升学考试

预测原则：

1．**代表符号**

测一般考试，如果考生本人求测，日干则为考生；若长辈求测，则时干为考生；逢重要的考试，如中、高考等，则应以考生的年命为主要代表符号。年干太岁为录取学校，值使为监考官，景门为试卷。若要区分文理科，则丁奇主文科，景门主理科，玄武为文科佼佼者，白虎为理科佼佼者，测考试时万不能将玄武、白虎视为凶神，应根据宫中符号旺衰来综合分析判断。天辅星为文曲星，用神临之则吉。

2．**表现情况**

用神旺相为表现好，一般用神乘直符为班干部，乘螣蛇为学习较差，乘太阴爱思考，乘六合主善于处理各种关系，乘白虎通常主成绩好，若白虎宫中符号凶则主直爽，乘玄武学习好，若宫中符号凶则暧昧，乘九地有城府或性格内向，乘九天性格外向，用神旺志向远大，衰则好高骛远。

用神下临辛主违反纪律，临乙、丁有贵人帮助，临丙主有天威，临庚主有困难或阻力，临壬或逢冲到外地，逢合在内地，临癸有私欲。用神入墓则无作为，击刑劳累，处沐浴或下临沐浴对自己估计太高。用神临景门乘螣蛇、玄武或丁壬合易上网爱打游戏，用神逢伤门爱好体育，逢天冲星做事利索，逢天辅星学习好，逢天芮星爱结交或利学习。高中以上学生还应防止早恋发生，可参考《周易与婚姻》一书中论述。

3．**能否录取**

如果考生的代表符号处旺相，得吉星、吉门、吉神，与年干太岁宫相生、比和，则能考入理想的学校。若考生的代表符号处衰弱，逢凶星、凶门、凶神，被年干太岁宫所克，定然考不上。天盘丁奇或时干为考分，答题优劣则看此二宫的符号状态和格局吉凶。年干的因素主要适用于高考。

4. **师生关系**

测师生关系、师徒关系，以天芮星为学生、徒弟，天辅星为老师、师傅。以二宫生克决断关系吉凶，若天辅星生天芮星，表明老师愿意教授；若天辅星克天芮星则表明老师不愿意教授；若天芮星克天辅星，学生不愿意学。天辅星得吉门、吉神、格局好，老师技艺高；天芮星吉门、吉神、格局好，学生聪明、表现好；反之则差。门、神应视性质而断，如螣蛇为狡诈的代表符号，又为玄学术数的代表符号。一般人求测乘螣蛇则为狡诈、变化；研究易学者求测，乘螣蛇则较吉利。天芮乘玄武为心不诚者，乘九地主思维鲁钝，乘九天为好高骛远。

5. **吉凶格局**

戊加丙、丙加戊不逢墓、迫、击刑则榜上有名。

辛加乙、乙加辛学业难有所成。

丙加丁临生门为天遁，丁奇临太阴、休门为人遁，逢此二遁，能够得到好的际遇。

逢龙、虎二遁，应能考中。

年命逢吉门吉格，录取概率高。

逢三诈五假格，前期有挫折，后期较顺利。

三奇加值使门、地盘丁奇加值使门，走关系、托人能进入好学校。

癸加丁答题不佳，分数不高。丁加癸考卷恐有遗漏或未能答完卷，书写较乱。

庚加日干、日干加庚，恐考场有不利之事，如作弊等。

戊加庚、庚加戊，考试后防不利。

庚加癸、庚加壬，提档案会有阻力。

庚加丙、丙加庚，考试难以达到分数线。

六仪击刑考试压力大，无法正常发挥。

逢入墓和壬、癸罗网，不能入围，若年命落宫吉利方可通过考试。

逢反吟、伏吟、门迫，虽能达到录取提档分数线，但仍难被学校录取或复读。

1. 在美国考执照　遭质疑却顺利

1997年8月23日凌晨5时30分，我正在熟睡，一阵急促的电话铃把我惊醒，我拿起听筒，电话里传出了李教授的声音："老杜吗，我是老李，我在北京家里，这么早就打扰你，给你添麻烦了。刚才我女儿从美国打来一个电话，挺着急的，她在美国考行医执照，前些日子你和张会长在北京不是预测她考试成绩不错吗，现在就是因为她考得不错，惹出了麻烦，一起考试的人在8月12号都发给了通知，我女儿8月22号才收到，却是通知让她提供背景材料，解释为什么考试成绩这么好，说要等到9月8号考试中心研究后再确定。我女儿非常气愤，准备请律师和考试中心打官司，我给你打电话就是请你预测一下，打官司能胜吗?"我说："好，我预测一下。"

半小时后，我告诉李教授："我对美国的法律不了解，按奇门格局，这个事虽是凶事，但把握好了能变成好事。第一，你女儿不宜打官司，考试中心也不怕法院。第二，这次没通知录取你女儿，主要是录取人员的问题，但他们没恶意，是善意的怀疑。第三，证明你女儿考试成绩好的证据很多，但她没收集。第四，提供证据后你女儿能被录取。时间应该在阴历9月份，阳历10月份，具体说10月7号以后才能收到录取通知书。"李教授说："好，我按你说的马上告诉我女儿。"

李教授的女儿按我的建议向美国考试中心提供了大量背景材料，诸如复习笔记、在北京读医科大学6年的成绩单、校长推荐信；她在美国读研究生时导师给写的以优异成绩毕业的证明后；她为了做一名医生，放弃了在哥伦比亚大学年薪优厚的工作的证明；甚至连哥伦比亚大学图书馆管理员也出具了证明写道：她总是第一个到图书馆，最后一个离开，你们要怀疑她的考试成绩是可笑的。……总共收集了各种证据材料共8磅重，从纽约寄到费城邮资就花了30美金。9月9日她就打电话询问考试中心，当时是秘书接的电话，她一报名字，秘书立即就说：“你的名字太熟悉了，你真优秀，你是正结果（POSITIVE），等通知吧。”但是10月7号通知还没收到，李教授又接到女儿焦急的电话后，10月8日给张志春老师打了一个电话说：“老杜给我女儿预测考行医执照说阴历9月份接到通知书怎么还没到?”张老师说：“今天刚进入寒露，才进9月份，你等着吧，既然预测能考上那就错不了。”第二天10月9日其女儿果然收到了考试中心10月7日发出的通知书。

事后，李教授的爱人对我说：“当时我女儿看到别人都接到了通知书，唯有她没接到，在这近一个月的日子里吃不下睡不好，身体瘦了十多斤，所有裤子裙子腰部都肥得不能穿，急得要请律师打官司。你预测后，他们才没行动，现在已和薪金较高的某某医院签了工作合同。你从未见过我女儿，而且她在美国，那么远，我们只是给你打了个电话，你预测如此的准确，真令人信服。通过对这个事情的预测，扭转了我们全家以及周边好多人，包括一部分美国人对中国传统文化的认识，这是了不起的学问，是科学。我女儿曾激动地说：真正先进的科学文化在我们中国!”

奇门格局：

1997年8月23日5时30分

丁丑年戊申月丁酉日癸卯时，阴一局，甲午旬，天柱星值符，惊门值使。

马太阴空 杜门己 天英星丁	螣蛇 癸景门乙 天芮星己	直符 死门辛 天柱星乙
六合 伤门丁 天辅星丙	癸	九天 惊门壬 天心星辛
白虎 生门丙 天冲星庚	玄武 休门庚 天任星戊	九地 开门戊 天蓬星壬

分析依据：

1．为何断不宜打官司，考试中心也不怕法院？

预测诉讼，伏吟就不宜打官司，开门为法官伏于乾宫，宫中戊为诉讼费，入墓遇天蓬破财之凶星，必是诉讼费很高，宫中上乘九地主迟缓，如要打官司必费力又破财。

天乙为被告，现天乙天芮星落离九宫属火，宫中遇乙奇和景门之吉门，应主有理。开门为法院落乾六宫属金，被告离火克法院乾金，说明被告不怕法院。

2．考试成绩优异反倒没接到录取通知书为何说录取人员是善意的怀疑？

该格局中戊为月干，地盘戊落坎一宫，戊上逢庚为月格，凡测考试逢年月日时格就主评分统计或录取人员作祟，宫中上乘玄武也主做事不当，但宫中逢休门和天任吉星应主怀疑成绩不真实是善意的。

从另一个角度看，其女儿年命为己，也代表其女儿，己落巽四宫，宫中上乘太阴主有人陷害，己加丁主先受冤枉，后得昭雪，己下临丁奇，主录取人员非恶意。

3. 为什么断证据有利却没收集?

六合为证据落震三宫属木，时干癸为其女儿，落离九宫属火，现震三宫中逢天辅文曲吉星和丁奇、丙奇，丁奇又为太岁，均来生时干宫，说明证据有利其女儿的录取，但证据宫中伤门伏吟，伏吟主没有收集证据。

4. 为什么最终能被录取?

丁奇为太岁临天辅星落震三宫生时干离九宫，必被录取。从另一个角度看，天辅为老师，天芮为考生，天辅落宫生天芮落宫也主能被录取。从局上分析应为第几名? 年干为太岁，太岁生景门文章必是第一名。

5. 为何断10月7号以后才能收到录取通知书?

空亡必藏有玄机，宫中年命己落旺宫，下临太岁，为吉象，太岁丁又为通知书，现四宫旬空，须待填实、逢冲之日、月为应期。因日干丁在外盘，时干癸在内盘，一内一外，又八门伏吟必主时间长，所以，应断到戌月冲实四宫，通知书才能到达。10月8号是寒露节，开始进入庚戌月，所以10月9号就收到了录取通知书。

2. 儿考军事院校　母忧奇门来解

张红明的女儿被解放军西安通讯学院录取了，终于实现了美好的理想。老张两口子欣喜万分，马上打电话向我报告佳音并表示感谢，我也真替他们高兴。

张红明现任石家庄市某物资贸易中心工会主席。他们两口子都是部队转业的团职军官。出于对军队的热爱和受部队的熏陶，他们的独生女儿自小向往军营，两年前入伍到了北京，在总参通讯部队服役，非常希望能通过报考军校长期留在部队服务。张主席过去曾向我询问女儿的愿望能否实现，我答复她可以。但是部队有规定：战士服役不满两年，是不能报考军校的，他的女儿也就一边安心服役，一边准备功课，打算一到两年时间就考军校。

1998年7月2日符合报考条件的女儿终于走上了考场，参加全军军事院校的招生考试，连续考三天，五门功课总分为500分。报考人多，录取额少，竞争十分激烈。能不能考上，女儿心中忐忑不安。张主席听了女儿电话中的诉说，也很为女儿的前途着急，一连好几天要找我预测一下，但总不凑巧。直到7月10日终于用电话联系上了。

经过起局分析，我答复张主席："你女儿成绩出类拔萃，肯定会被录取，考试分数为400分左右。"

这样答复自然不是出于投其所好的目的，张主席听后自然十分高兴："啊呀，这一说我可放心多了，要是女儿录取了，我要好好谢谢你。"

我告诉她："你就静等佳音吧！"

半个月后，7月24日，张主席又来电话："报告一个好消息，我女儿考了382分，超过了360分的录取分数线，是部队里参加考试战士中的第一名，录取大有希望。你测她出类拔萃，果然很准，冉有消息我马上告诉你。"

又过了半个月，8月9日，女儿接到了录取通知书，是部队里唯一被录取的女战士。张主席两口子马上乘车到了北京为女儿庆贺一番，12日一回石家庄急忙向我转告消息。

后来张主席又向我谈了当时为什么急着找我预测的理由：其女儿考试完后对她说，考场纪律不是很严，不少人在抄书，可她又没有这方面的准备，害怕不平等的竞争，愿望要落空。当妈的听了心急火燎，几天寝食不宁，这次考中了，又高兴得几天没睡好觉。

奇门格局：

1998年7月10日10时20分

戊寅年己未月戊午日丁巳时，阴二局，甲寅旬，天心星值符，开门值使。

太阴 丁休门戊 天芮星丙	螣蛇 生门壬 天柱星庚	直符 伤门癸 天心星戊
六合 开门庚 天英星乙	丁	九天 杜门己 天蓬星壬
白虎　空 惊门丙 天辅星辛	玄武　空 死门乙 天冲星己	九地　马 景门辛 天任星癸

分析依据：

考大学要看考生自身的旺相状态，也要看丁奇、景门，还要看太岁与考生的生克关系，当然格局也是一个重要因素。

该局中丁奇为时干，为其女儿，也为试卷落巽四宫，丁奇到巽四宫为帝旺状态，说明其女儿考试的成绩比较好，自身状态好，主好运气来临。

巽宫中由休门、丁奇与太阴组成人遁吉格，逢此格为际会风云客，主出类拔萃之人物，且百事遂意。

丁奇与太岁戊同宫主学校录取。丁奇也表明考试分数，落四宫应为400分左右，所测382分与其接近。

3. 不知录取与否　测后心中宽慰

石家庄市国棉三厂子弟小学的张晓荣是我多年的工友，前些日子为她外甥能否考上大学的事曾让我预测过。1997年的8月23日16时，她又给我打来电话，很焦虑不安地说：“你预测我的外甥能考上大学，怎么别的学生的录取通知书都到了，就我外甥没接到呀？”

这事倒也奇怪。我说：“我觉得没有问题，前一段你妹妹也找我测过，我很认真地测过，不行你等两天再看。”

放下电话，我放心不下：不会有什么失误吧？不行再测一次。于是我又一次起局，结果还是可以考上，而且录取通知书今天应当寄到，但真正拿到手里须到8月28日，即壬寅日才行。

对这个结果我也琢磨不出为什么会是这样。

第二天，即8月24日，我给学生的家长张玉华打电话说：“你姐昨天问你儿子录取通知书的事，我又测了一下，昨天你们应当收到，但不知为什么没有接着？”

张玉华说：“我儿子在辛集市上学，一般通知书会发到学校，就是寄到了我们也不知道。今天去了一个女同学，要有通知书，今天就可以带回来。”

我接着又对她说：“从我预测看，仍然可以录取，但不会是你原先说的那个计算机专业，可能要改换专业。通知书要到28号才能拿到，什么原因还不清楚。”

8月25日，张玉华又给我打来电话，开头就说：“给你报个喜讯，我儿子被保定河北农大录取了而且还是本科。以前报计算机专业，后来我们又变了，志愿学食品科学工程了。23日通知发到学校，昨天那个女同学带回来了，我们还没拿到手。”

我说：“不要着急，顺其自然吧，等你儿子接到通知书告诉我一声。”

后验证，因其儿子利用假期学驾驶，时间紧，直到8月28日，即壬寅日才到女同学家取回通知书。

奇门格局：

1997年8月23日16时

丁丑年戊申月丁酉日戊申时，阴一局，甲辰旬，天心星值符，开门值使。

玄武 死门丙 天冲星丁	白虎 惊门丁 天辅星己	六合 开门己 天英星乙
九地　空 景门庚 天任星丙	癸	太阴 癸休门乙 天芮星辛
马九天空 杜门戊 天蓬星庚	直符 伤门壬 天心星戊	螣蛇 生门辛 天柱星壬

分析依据：

1. 年干丁奇为大学落离九宫，戊为时干为其外甥落艮八宫，现丁奇落宫生时干落宫，主大学能录取。

2. 时干戊为其外甥在八宫加于地盘庚之上，主换地盘，在考学上主换专业。

3. 景门主书信也主录取通知书落震三宫为旬空。今天是丁酉日，酉卯相冲为实，所以断今天通知书应该到（通知书到了辛集学校，距石家庄180华里）。

4. 时干戊为事体又为其外甥现逢空，丁奇与之无法相生，必须到艮宫填实之日方能收到录取通知书，艮宫含有地支丑、寅，这两天中究竟是哪一天呢？再看丁落宫，丁落离宫下临甲戌己，戌在离宫中与午相遇构成寅午戌三合局中的二合，三合中还缺寅，到了寅日必成三合局，故丁奇录取通知书遇三合日为到达之应期。即壬寅日收到通知书。

4. 小李拜师匆匆　无奈高师出行

1996 年 12 月，中国首届周易应用学术研讨会在湖北省鄂州市的四星级宾馆凤凰山庄举行。山庄建于一座小山之下，三面环水，一面环山，清静幽雅。大会时间安排很紧，各地代表只好利用晚饭后的时间自由交流。

12 月 6 日晚 19 时 40 分，有四川省代表李顺祥，黑龙江代表老王及山东代表小李到宾馆找我，想了解奇门遁甲预测的方法。我给他们进行现场演示，很快起局，三人赞赏地说："只用了一分钟，比六爻还快，真行。"

这时山东代表小李（1977 年生）对我说："杜老师，你能不能给我测件事?"

"当然可以，你要测什么事?"我问他。

"我想测一下拜师的事，您看能不能行?"

我依刚才起好的局对他说："拜师? 条件还不成熟，第一，拜师你要有钱，而你现在上衣右口袋里只有 400 元钱怎么能拜师呢?"我边说边用手指着他的上衣右口袋。

这时黑龙江的代表老王说："哎呀妈呀，奇门真准，我俩搁一块儿住呢，我最清楚他只有 400 元钱。"小李很不好意思地从口袋里掏出钱来，一数正好 400 块。

我又接着说："第二，你拜的师傅离你家太远，而且师傅也待不住，很快就走了，我想问问，你想拜谁为师?"

小李吞吞吐吐不愿说。这时四川省代表李顺祥说："我参加了四柱预测特训班，认识的人多，你说嘛，想拜哪一个为师?"

小李很不情愿地说："我准备拜邵伟华老师为师。"李顺祥马上说："这个可行不通，邵老师还要到泰国去呢。"

我又说出了第三项理由："第三，你文化不高，可能还只是初中毕业。"小李"嗯"了一声，老王说："他是初中毕业。"

“第四，你不想干工作，也不愿听父母的话。”

“是的，家里不愿让我来。”

听到这，我劝他：“学周易是好事，但不能脱离现实，要慢慢来，打好基础才行。”同时，我也看出邵老师的预测中心会搬迁。果然不久以后就迁到湖北省的咸宁市了。

奇门格局：

1996 年 12 月 6 日 19 时 40 分

丙子年己亥月丁丑日庚戌时，阴二局，甲辰旬，天柱星值符，惊门值使。

螣蛇 丁生门戊 天芮星丙	直符 伤门壬 天柱星庚	九天　马 杜门癸 天心星戊
太阴　空 休门庚 天英星乙	丁	九地 景门己 天蓬星壬
六合　空 开门丙 天辅星辛	白虎 惊门乙 天冲星己	玄武 死门辛 天任星癸

分析依据：

1. 怎样断出小李上衣右口袋里有 400 元钱呢？

戊和生门均为钱财落巽四宫，四数为 400 元。那为什么不断 4000 元呢？主要是开门为工作落艮八宫旬空，说明其没工作，加之生门受克，主没收入。再从日干丁落四宫来看，天芮为学生，螣蛇为预测，说明小李正在学习预测，也不会有更多的钱，另外天芮落四宫受克处于死地，财星不旺也主钱不多。

钱在上衣右口袋里是以天芮为兜、口袋，落四宫为左上部，作为小李来看就为右边了。

2. 为什么断所拜的师傅要走了？

天辅星为老师，天芮星为学生。天辅星落艮八宫旬空主不在，马星落坤宫正冲艮八宫老师，故断老师要走。

天芮星和天辅星均落四维之宫，四维宫主远，所以断其离老师家太远（山东省文登县与湖北省鄂州市）。

3. 为什么断小李文化不高？

日干丁为小李落巽四宫属木，天辅星为文曲星，景门为文凭，二者代表文化程度的高低。现天辅星落艮八宫属土，日干克天辅星，说明小李不爱学习，天辅星空亡，景门又克日干落宫，说明小李没有文凭。

4. 为什么断小李不愿干工作，又不听父母的话？

日干丁落宫属木克开门宫土主不愿干工作，克年干丙主不听父母的话。

十二、失物寻踪

预测原则：

1. **代表符号**

日干为失主，时干为丢失的物品，也可以该失物的符号来代表，如丁奇为证件、甲子戊为钱财、天芮星为包、景门为手机或电器及文字材料、伤门为汽车等。

2. **丢失地点**

失物的用神在外盘，失物则丢失在外边；失物的用神在内盘，则丢失在家里。失物用神落外盘或四维宫主失物已远去，落内盘或四正宫，则没有远去。失物用神乘螣蛇，主求测人忘记了物品的放置位置。失物用神逢开门有可能在工作单位丢失。失物用神落在什么位置可以宫中的八门、九星、八神的含义推断，如天心主圆，惊门主有缺口，值符主高档之物，天芮星主纸张、衣物、包裹、抽屉等。

3. **能否寻回**

若日时同宫、或时干乘旺相来生日干宫，则可找到失物。反之则不易找回。反吟主去而复返，但寻回的时间较长；伏吟主不动，在附近，可以较快的找回失物。若时干逢空、入墓则难找回。断其能否找回，也要多实践准确率才高。

如果失物用神乘玄武，则可能被人盗去或自己丢失；如果玄武落宫克失物用神落宫，或失物用神落宫生玄武落宫，则被人盗去，不好寻找。

何人为盗？玄武落外盘则被外人盗去，落内盘则被内部人或近处之人盗去。

玄武逢吉门吉星为有工作，逢凶门凶星则无工作，逢壬癸为流窜作案，逢庚辛为惯犯。性别、年龄可以参照八卦落宫决断。

1. 丢款急煞老太　人老健忘无奈

1999年12月3日中午，我刚吃过午饭，准备在办公室稍稍“迷糊”一会儿，手机响起，电话中传出书商小胡的声音：“杜老师，又有事麻烦你了，我妈有点钱放到纸箱子里了，又给丢了，你给测测吧，看是谁偷的?”

我一听小胡又是测丢钱之事，就问：“怎么搞的，又丢钱了?”因为前一段时间小胡就测过家里丢钱的事，如今来电话称又丢了钱，真是太不小心了，我答应预测一下。

很快起好格局，仔细推敲：不是被盗，倒是自己忘记了放钱的地方，钱应该还在家里的一个纸箱子里，钱数应该是9000元左右。

我把预测结果告诉了小胡，小胡听后怀疑地说：“家里该找的地方都找遍了，我们把屋子翻腾的就像打了败仗撤退一样乱，就是找不到，你说没丢就好，这钱是我妈放的，她着急上火，要不你给我妈说一下你测的结果?”

小胡的母亲就在旁边，立即接了电话，我边安慰边耐心地讲，经过预测认为没有被盗，钱也没丢失，是自己忘记放钱的地方了，到纸箱子里再好好找一下。

老太太则反复讲，记得非常清楚钱放到一个纸箱里了，可家里几个纸箱，都找好几遍了就是没有，我让她再仔细找。

14时，小胡又打来电话，声音中带着惊喜说：“钱找到了，确实是我妈记错了地方，你说没丢，还真没丢，是在另外一个纸箱子里找到的，纸箱很破，上面落了一层土，9000块钱用破报纸包着，报纸外面卷了一些破棉花，棉花的外面又用一个旧沙发套包着。开始我们把几个纸箱都翻了个过，一中午就是没找到，还是我妹妹来后，一下子就找到了，到现在我妈也没想起来是啥时候把钱放到那里的。”

奇门格局：

1999 年 12 月 3 日 12 时 25 分

己卯年乙亥月己丑日庚午时，阴二局，甲子旬，天芮星值符，死门值使。

螣蛇 杜门庚 天英星丙	直符 丁景门戊 天芮星庚	九天　马 死门壬 天柱星戊
太阴 伤门丙 天辅星乙	丁	九地 惊门癸 天心星壬
六合 生门乙 天冲星辛	白虎 休门辛 天任星己	玄武　空 开门己 天蓬星癸

分析依据：

1. 为什么测不是被盗？

丢没丢失钱物，先看玄武，玄武是盗贼，现玄武落乾六宫旬空，空则为无，为没出现，故断不是被盗。

2. 为什么断是其母遗忘，放错地方？

时干庚主事体落巽四宫，宫中上乘螣蛇，螣蛇主遗忘，必是忘记。

3. 为什么断钱还在家里的箱子里呢？

该局八门伏吟，伏吟主内部，主不动，所以断钱没动；戊主钱财落离九宫为内盘，也为内部，天芮主包、纸、布、箱，所以断在家里箱子里。

4. 为什么断 9000 元？

戊为钱财落离九宫处旺相，先天数为三数，后天数为九数，宫中有丁奇处禄地、为旺，应为 9000 元。

2. 夫人疏忽大意　银卡失而复得

这天，气温达42度，全国最高。我爱人从建设银行用我的银行卡取了点儿钱回来。约半小时后，就想把卡还给我，在包里翻找了半天怎么也找不到，她自己也很奇怪，刚在银行用卡取了钱，也没有到其他地方去，怎么卡就不在了呢？又找一遍还是没有。正好我在家里，于是就让我预测一下卡在哪里。

“这还用预测呀，刚用完的，你再找找。”

我爱人又翻一遍还是没有，“你测测吧，没有！”

于是我起局预测，看了下格局，我告诉她：“卡在外边儿，不在家里。你办业务期间遇到人了吗？”

“没遇到人，大热天就我自己。你说的外边儿是哪儿呀！是路上吗？”

“不是路上，是在一个圆形、有缺口的地方放着。你去找找吧，可能是你自己给落在银行里忘拿啦。”

我爱人听后急忙出去了，约十分钟回来了说：“卡找到了，就在银行的窗口下边。”

原来，我爱人在银行办完业务后，工作人员先把钱递了出来，而后又把卡放入了下凹的窗口下，我爱人因为天热着急，光收了钱忘了取卡了。这个银行储蓄所比较小，另外当天天气比较热，期间也没人办业务，所以卡一直在窗口下的凹槽里放着，储蓄员也没发现。我爱人拿了卡之后，储蓄员也挺纳闷的：“这么半天也没有人来办业务，你这个卡也没丢，我们也没发现。”

奇门格局：

2009年6月25日15时58分

己丑年庚午月辛丑日丙申时，阴三局，甲午旬，天英星值符，景门值使。

太阴空 生门戊 天冲星乙	螣蛇 伤门乙 天辅星辛	直符 杜门辛 天英星己
六合 休门壬 天任星戊	丙	九天 丙景门己 天芮星癸
白虎马 开门庚 天蓬星壬	玄武 惊门丁 天心星庚	九地 死门癸 天柱星丁

分析依据：

1. 为什么说卡没丢是自己忘了，能找到？

日干辛为求测人落坤二宫旺相，宫中临杜门主遗忘。时干丙为卡落兑七宫，日干旺相为不易丢失，日干生时干须自己去寻找才能找回，故断是我爱人自己遗忘，能找回来。

2. 为什么说丢在外面了？

丁奇为证件为卡落坎一宫为外盘，故断卡丢在了外面。

3. 为什么说丢在一个圆形、有缺口的地方？

丁奇为卡落坎一宫，宫中有天心星为圆形，临惊门为缺口，乘玄武非小偷，应断缺口不正常。丁下临庚主证件遇到了阻力（实际是银行窗下的缺口向下凹，证件不易被人发现）。

3. 柜中存款不见　孙儿如实交代

王老太太打来电话，很焦急很忧虑地告诉我她放在家里的钱少了4200元，问问是怎么回事。

“你没放错地方吧?”我先问她。

“没有，这钱肯定是丢了。”

我劝她不要着急。十分钟后给她回了电话：“第一，钱是真丢了，原先放在屋子东面的木柜中间位置的一个包里或信封里；第二，拿钱的不是外人，是家里人或熟人，应是个学生，十三岁；第三，4200元不是一次拿走而是分次拿走的，还有一个同伙，家住东南方也是学生；第四，这钱买了一辆自行车，还打了游戏机和吃喝用了。”这是我通过起局得出的信息，应该说，作案人的范围比较明确和集中。

但是王老太太不能接受这样的判断，我刚说完，她就在电话中大声说道：“唉，什么呀，你说的不对，就是放钱的地方说对了，我是放在东北角大立柜的中间，包袱下面压着一个信封，里面装着5000元，少了4200元，还剩了800元。”喘了口气，她又说道：“别的就不对啦，我那孙子倒是个学生，十三岁，他能干这事吗?哪有那么大的胆子。家里也没有增加自行车，再说他平时按时上下学，哪有时间出去玩?我想这事肯定是大人干的，我该不该到公安局去报案?”

听着她着急的声音，我连忙劝阻：“你千万不能去公安局报案。我这局上显示肯定是内部人，而且是学生，你要报了案，万一是你的孙子干的，影响可就大了。”

老太太有所考虑说了声：“那好吧，我去问问这孩子。”说着放下了电话。

二十分钟后，王老太太又打来电话：“我和老伴很严肃地问了我孙子，他不承认拿钱的事，我们看也不像是他干的。一会儿我再到他最要好的同学家去问问，不过这个同学的家不在东南方，而在西北方。”

我再次表明了我的预测意见，但无法说服她。

当晚8时10分，王老太太又一次打来电话说：“都弄清啦，还真是我那孙子干的。在我们俩去找他的同学之后，我儿子、女儿把那孩子叫到小屋里一顿吓唬，就全招了。我这孙子从小就跟我长大，平时娇惯，每天都少不了零花钱，却还干这事。他承认分十几次拿了这些钱，还真买了一辆车，不过不是自行车，而是一辆电动小赛车，只有十几公分长，车不大钱不少，花了500元，在省博物馆前边买的，准是让人骗了。余下的钱和另一个同学打游戏机，买羊肉串瞎花了。”老太太边说边叹气，最后又说了一句：“跟你测的一样啊。”

针对其中的疑点我又问：“他那个同学家在什么方向？”

“在西南边有二里多地，原先我们不清楚他这个同学，真气死我了。我这5000元钱是为我女儿买房子准备的，全让这孩子胡糟了。唉！幸好还没有去公安局报案，要不然可丢死人了。”

奇门格局：

1997年12月13日18时55分

丁丑年壬子月己丑日癸酉时，阴一局，甲子旬，天蓬星值符，休门值使。

太阴 杜门辛 天柱星丁	螣蛇 景门壬 天心星己	直符 死门戊 天蓬星乙
六合 癸伤门乙 天芮星丙	癸	九天 惊门庚 天任星辛
白虎 生门己 天英星庚	玄武 休门丁 天辅星戊	马九地空 开门丙 天冲星壬

分析依据：

1. 怎样断出放钱的位置的？

时干癸为所失之物，癸落震三宫为长生主多，震又主东方，伤门主木柜，天芮主包又主信封。

2. 为何断是家里的学生干的？

玄武主小偷落坎一宫，八门伏吟主破财，钱真丢失了，伏吟又主内部或家里人作案。小偷有什么具体特征，仍以玄武坎宫断，坎宫中有天辅文曲星和丁，应断为学生。丁下临戊，戊为钱财，说明学生与钱有关，即是学生必是小孩。时干癸代表小孩，现癸在震三宫，年龄可断13岁。

3. 为何断有同伙，且不是一次干的？

时干癸主事体，上乘六合主多次。时干又主小孩，上乘六合断有同伙，另外玄武宫中丁奇不动状态下在巽四宫（地盘丁奇），而四宫逢杜门正是小偷躲藏之方，辛在四宫又为入库，入库为在其家躲藏，辛下临丁又为学生，巽宫方向代表东南，故断同伙藏在东南方。

4. 钱的去向是如何断的？

时干癸落三宫属木，日干己为测事人落艮八宫属土，时干克日干丢失之钱不易找回。

时干既主事体又主其孙子，宫中逢伤门，伤门主车，带乙奇丙奇为好车，因该局八门伏吟主破财。联系起来断其孙子买了车。

景门主酒食，也主游玩、游戏机一类，落离九宫属火，时干癸属木来生景门火，说明其孙子将钱花销在了吃喝、玩游戏机上了。

4. 院长丢包懊悔　士兵拾金不昧

河北省赞皇县法院的李院长原是我的老部下，他不慎将“大哥大”包丢失，包里除“大哥大”外，还有钱和证件。于是电话问我丢失的包还能不能找回来？最后还说了一句：“你搞预测还需要我提供其他情况吗？”我说：“够了，不用，过一会儿再来电话问问。”

十分钟后，李院长来电询问结果。我指出：“你的包不是被盗了，而是自己丢失了，包内除‘大哥大’外，还有600元钱，三个证件。”

“哎哟，你测得都对，特别是我的三个证件，你是怎么看见的？”李院长不等我话音落下，急切地问话。

我对他说：“我既不信神弄鬼，也没有特异功能，全凭着奇门格局中的时空符号来预测。我说你的包百分之百能找回来，我连百分之九十九都不说。包的找回可能与一个女的有关，找回的时间，快了是明天，慢了，一周之内。”

李院长说：“这包是怎么丢的，我自己也说不清楚。反正下午从法院出来时还有，后来到鹿泉市的部队办了点事，回到家里发现包没有了，怎么回忆也不知道丢哪了，按你说的，那我就死等了。”

第二天早上即9月14日早8时25分，李院长家里的电话铃响起，是鹿泉市某部队的一位女家属按包内的电话号码打来的，让李院长去那里取包。李院长放下电话马上通知我，说让马上去取包，我现在就去部队。

实际情况是：9月13日李院长自己开车到鹿泉市某部队办事，在准备返回石市的家中时，把“大哥大”包放到轿车的后盖上，然后从口袋里掏出车钥匙，开车就走。轿车开出几十米，包被颠到军营内的马路上。李院长开车回家发觉包没了，但也想不起如何丢掉的。部队战士捡到包后，交给了指导员的爱人，她又告诉了指导员，便按着包内的电话号码打来电话，“大哥大”包完璧归赵。

奇门格局：

1996年9月13日18时10分

丙子年丁酉月癸丑日辛酉时，阴九局，甲寅旬，天辅星值符，杜门值使。

白虎 开门辛 天心星癸	六合 休门乙 天蓬星戊	太阴 生门己 天任星丙
玄武 惊门庚 天柱星丁	 壬	螣蛇 伤门丁 天冲星庚
九地　空 壬死门丙 天芮星己	九天　空 景门戊 天英星乙	直符　马 杜门癸 天辅星辛

分析依据：

1. 为什么断包是自己丢失而不是被盗的？

日干癸为李院长落乾六宫，癸下临辛，辛为错误，说明在丢包问题上是自己的错误造成的。

时干辛为包，落巽四宫为入库被人收存，辛加癸为日月失明，误入天网，不逢玄武必是自己丢失。

2. 为什么断包内除大哥大外，还有600元钱和三个证件？

李院长讲丢的包内有钱和证件。格局中甲子戊为钱，落坎一宫，遇空亡丢失，坎宫为一、六之数，戊下临乙奇，应断大数，故断600元。

丁为证件，天盘丁奇落兑二宫，临庚为凶，应断二、七之数，但宫中有伤门，伤门为木可断三数，又根据地盘丁奇落三宫，综合判断应为三个证件。

3．为什么断包与女人有关？

时干为丢失之物落巽四宫，巽为女，可能与女人有关，又根据景门为手机，戊为现金落坎一宫，宫中戊下临乙奇，乙奇为阴干、为女人，故断与女人有关。

4．为什么断能找回？

遇反吟局，失物必回。日干克时干自己必须去找或去取才能回来。

十三、健康疾病

预测原则：

测病以天芮星为用神，以九宫代表人体，离为头部，巽为左肩或神经系统，坤为右臂或消化系统，震为左肋左腰，兑为右肋右腰，艮为左腿，乾为右腿或头部及身体各部位的起始端，坎为泌尿生殖系统。天芮落宫处则代表该处可能有疾病。

天芮宫中的天干也可作为疾病的部位，在此古人有两个口诀可以方便的记忆：

甲胆乙肝丙小肠，丁心戊胃己脾乡；
庚是大肠辛属肺，壬系膀胱癸肾藏；
三焦亦向壬中寄，包络同归入癸乡。

甲头乙项丙肩求，丁心戊肋己属腹；
庚是脐轮辛属股，壬胫癸足一身由。

病情还可参考以下格局：天芮星落宫上乘九地主久病、慢性病；天芮星乘螣蛇为传染病或遗传病；乘白虎为受伤；丁加癸为眼睛有病，如近视眼等；丙为发烧、炎症；巽宫逢击刑神经系统有问题；天芮星逢死门为刀口、疤痕，逢庚一般为瘤，若再上乘螣蛇慎防转移；白虎螣蛇为血压，白虎为高压，螣蛇为低压；丁为暗火，丙为明火，死门逢丁加壬、癸为烫伤的疤痕，死门加丙为烧伤的疤痕；死门乘白虎为刑伤的疤痕；死门加庚、辛为刀伤、铁器伤；死门加戊（己）逢击刑为跌伤；死门加杜门或伤门为高处摔伤。

“老怕帝旺少怕衰”。若老人得病，代表老人的符号处帝旺状态一般则凶；若年轻人得病，代表年轻人的符号处衰地则不吉。

天芮落震巽二宫为土受木克，疾病易治愈。新病天芮星逢空则愈，久病天芮星逢空则加重。病人入库为住院，入墓则病重或凶。

乙奇、天心代表医院、医生、医药，若细分，则乙奇代表中医中药，天心代表西医西药。乙奇、天心所落之宫乘太岁为大医院，乘值符为高级医生，吉门、吉格、有三奇为良医，凶门、凶格、不带奇为庸医。

乙奇、天心克天芮落宫，则疾病能愈；天芮克乙奇、天心，病难愈；天芮与乙奇、天心相生，依靠药物有一定疗效。乙奇与天芮星同宫说明正在用药和医治。

测病一定要看丧门吊客宫（丧门代表家有丧事，吊客为吊唁），丧门为当年地支的前两位，吊客为当年地支的后两位。年轻人求测，其用神处衰地，若落丧门、吊客宫上的可能有性命危险；老年人求测，其用神处旺地，若落丧门、吊客宫上也可能有性命危险。若丧门吊客宫里乘值符、逢空亡、遇吉门或三奇须认真分析，不可一概而论。

例2009年是丑年，丑在艮宫，丑的前一位为寅，前两位为卯（震宫），震宫就是丧门宫；丑的后一位是子，后两位为亥（乾宫），则乾宫就为吊客宫。若求测人或病人出生年的年干落在震宫或乾宫，则临丧门、吊客，主大凶。病应以医生、医院的检测为准，预测不能代替医疗。关于丧门吊客的使用可能有很多方法，我用这个方法也是抛砖引玉，望大家在使用中摸索出更正确的方法。

吉凶格局：

戊加丙疾病易复发，丙加戊病入膏肓。若年命落宫格局（包括神、星、门、旺衰）吉利，才可以吉断。

辛加乙疾病猖狂，壬加戊病情会加重，乙加辛病情凶中有吉，若乙奇旺病疾退。

乙加己临开门为地遁，凶灾之象。

九地逢丁己癸临死门为鬼假，大凶将临。

逢鬼遁、人遁、鬼假、人假一般不是吉利的征兆，需要仔细判断才能得出结论。

逢三诈格病情有反复。

三奇加值使门病情能够得到控制。

地盘丁奇加值使门恐旧病复发，不吉。

值符、值使忌讳空亡，古语有“值符逢空，年命不保”之说。

癸加丁阴阳不协调，阳气不足，阴气更甚，病症加重。

丁加癸病重难治或有眼疾，若丁或癸有一旺相者稍吉。

庚加日干、日干加庚，病症不明，药物不对症。

庚加戊、戊加庚，身体不安康且家人惊惶。

庚加癸、庚加壬胸部或泌尿系统有问题。

庚加己或悖格，人体内气血运行通路的主干和分支（注：经脉）互相妨碍。

庚加丙病情会加重，丙加庚疾病会退消。

逢五不遇时凶灾即临，遇六仪击刑恐有伤灾，击刑病人有疼痛、难受感。

逢入墓、壬癸罗网疾病缠绵。

反吟、伏吟、门迫，慎防疾病接连发生。

1. 笑星突患中风　测后有惊无恐

14点多，我如往常一样打开电脑上网看新闻，忽然看到网页置顶标题写着“赵本山脑出血病情被证实，凌晨入院”十几个大字，心里一惊，一边迅速点击标题链接，一边想，赵本山明年春节不是还要上央视舞台吗？可别病倒了，少了这个大笑星，春晚就少了很多乐趣。

点开链接后，新网页里出现了一张上海市南汇区中心医院的图片，我赶紧转动鼠标齿轮往下看正文：

著名喜剧演员赵本山，因脑动脉破裂于今日凌晨一点多入院，但目前已经转院……

因为心急，我只草草看了两眼，立即在电脑上用排盘软件起出奇门局，简单一分析，做出判断，赵本山不会有生命危险，病因是劳累所致。我悬着的心就放了下来。

从看完这篇新闻后，我每天都上网注意赵本山病情相关的报道：

9月30日凌晨12点左右赵本山被送入上海南汇中心医院，据说是“脑出血”，住脑外科九楼病房，后送往上海华山医院。

10月1日06：56赵本山手术后身体虚弱，昨午夜已能开口说话。

2009年10月1日上午11时许，赵本山妻子马丽娟在亲友的陪同下离开华山医院6号楼，面露笑容、神情轻松。

2009年10月2日，据医院工作人员透露，赵本山刚刚下楼去做检查。目前，赵本山情况良好，但依然不能下地行走。今天已经开始进食，早上吃了稀饭。

10月3日09：30，赵本山今日可下床活动，要与医护人员共享月饼。

10月4日中午，谢大脚于月仙手上拿着中式快餐，并在医院中的食品店给赵本山买来了手抓饼。看来是在上海已经多日的赵本山开始想念东北的面食了。

10月5日16：39，赵本山CT复查结果良好，心情开朗食欲大增。

10月6日 赵本山病后"如获新生"，将全力备战春晚。

10月7日 赵本山被护士搀扶，医院走廊散步。

期间，多位名人到医院看望赵本山先生。

祝愿赵本山先生早日康复，在春晚上继续给大家带来欢乐！

奇门格局：

2009年9月30日14时47分

己丑年癸酉月戊寅日己未时，阴四局，甲寅旬，天任星值符，生门值使。

九天　马 伤门己 天冲星戊	九地 杜门戊 天辅星壬	玄武 景门壬 天英星庚
直符 生门癸 天任星己	乙	白虎 乙死门庚 天芮星丁
螣蛇　空 休门辛 天蓬星癸	太阴　空 开门丙 天心星辛	六合 惊门丁 天柱星丙

分析依据：

1. 为什么说没有生命危险？

天芮病星落兑七宫，宫中逢死门、庚、白虎为阻塞，主此病较凶。乙奇为医生与天芮星同宫，说明得到了及时的救治，且该宫中得乙、丁二奇为吉利，故判断不会有生命危险。

2. 脑出血是因何所致?

脑出血应看头部落宫，依据戴九履一之法，离主头部，宫中甲子戊落离为子午相冲，地盘壬水主流动，九地主长久，故此病为长期奔波劳累所致。甲子戊旺相，杜门与离宫门宫相生，天辅吉星处旺地，亦表明不会有危险。

因分析和长期奔波有关，再看开门工作落宫，开门落坎一宫逢空亡，空亡藏有玄机，开门落宫克离宫头部落宫，即此病因工作而起，医生治疗和好好静养则无大碍。

2. 女儿疑患绝症　母亲忧心忡忡

2002 年 12 月 2 日中午，已经到下班的时间了。我正准备去吃饭，突然接到北京某律师事务所的王律师打来电话。她的心情十分急迫，原来她有一个独生女儿是美国某律师事务所驻上海的律师，马上就要调到香港的律师事务所去工作。临行前，她的这位女儿去上海的某大医院检查身体时，意外发现自己的耳下淋巴肿大发炎。医生建议她去上海肿瘤医院做穿刺化验。一听“穿刺”俩字，她怕极了。于是马上给远在北京的母亲打了电话。俗话说：闺女跟娘亲。这位母亲得知这一消息也十分惊慌，不知所措。心急之下就给我打了电话，让我测一下她的女儿是不是有肿瘤之类的病症。

我安慰她不要着急，淋巴肿大不一定就是肿瘤，对方强烈要求给预测一下，无奈，只好起局预测。十几分钟以后，忐忑不安的她又来电话询问结果。我告诉她：“您放心吧，您女儿的淋巴应是普通发炎肿大，格局上没有显示不好的病症。您下午就安心等您女儿给您报平安吧。”她听后，稍微安下一点心来，但还是在惊恐不安的等着女儿下午检查的结果。事情就是这么怪，你越急，它越慢。女儿的检查结果一直出不来，下午王律师急得给我打了三次电话。我安慰她，让她安心等待，并让她一有结果马上

告诉给我。

下午4点多钟，她的电话来了。在电话中她用十分兴奋的语调告诉我："结果出来了，真如您给预测的一样，不是癌症，是一般的淋巴发炎。"电话中她感激得不得了，因为，我们从没见过面，只是通过朋友认识的，所以，她一再表示谢意说："这虽然只有几个小时的时间，但在这漫长的等待中，您准确的预测给我的安慰真是太大了。我只有这一个女儿，她又有着这么一份不错的工作，要真是有个三长两短……"她激动得说不下去了。我讲这没有什么，您女儿没病我也就放心了。

我为什么预测她女儿的病症只是一般的发炎肿大，而不是癌症肿瘤之类的呢？请看此局：

奇门格局：

2002年12月2日12点10分

壬午年辛亥月甲辰日庚午时，阴二局，甲子旬，天芮星值符，死门值使。

螣蛇 杜门庚 天英星丙	直符 丁景门戊 天芮星庚	九天　马 死门壬 天柱星戊
太阴 伤门丙 天辅星乙	丁	九地 惊门癸 天心星壬
六合 生门乙 天冲星辛	白虎 休门辛 天任星己	玄武　空 开门己 天蓬星癸

分析依据：

1. 该局大局伏吟，属破财伤人之事，测其女病因，正属此类事。

2. 天芮星主病症，落离九宫，上乘值符，正说明其女病在头部，宫中有丁奇，一般有奇则吉，所以不会有大病；景门不是凶门，虽有地盘庚，但这说明只是一个良性疙瘩，值符和丁奇在宫不会是恶性肿瘤。

3. 时干庚为女儿，在巽4宫，处于长生位，说明其女状态正佳，也不会有大凶。

4. 时干克日干为凶事，时干主事体，但上乘螣蛇主虚假，临杜门主事情不明，不真。

5. 日干甲辰壬在二宫，临死门，说明不高兴。从预测人的状态讲，壬处长生，时干女儿状态旺相，不可能为癌症。

3. 朋友暴病床前　预测后事凶险

我过去的一个部属小刘打来电话："部长，我问一个同事病的事，不知道能好吗？"

"谁的事？"

"是我的一个朋友，现在也在通信公司工作，1972年生的。"

"这么年轻，有病还好不了吗？我帮你看看。"

我立即起局，不看还好，一看却是大凶之象。我问小刘："你是哪年生人？"

"我是1969年的。"

我急着问："什么病呀？这么厉害，他去医院了没有？"

"我的朋友现在在医院住着呢。不知道什么病，表现就是发烧、昏迷不醒。好好的突然发病了。前几天我们还在一起热热闹闹的，挺好的一个小伙子，才三十多岁，孩子也都有了。发病也就才十几天，现在是昏迷不醒。他家里人挺着急，我们也挺着急！"

"不好！我认为这病治不了！从格局上看，病有反复，而且格局上还有'吊客'的符号，这个符号一出现就是要死人。这个事情我关注一下，有什么情况你再来电话跟我说。"

"我们关系挺好的，岁数都差不多，前几天还活蹦乱跳的，不能这么快吧！"小刘有点儿不能接受。

"黄泉路上没大小！前几年我就遇到一个四十岁的男子，有一个独生子十九岁生病后，住了好几个大医院，也没查出什么病，就是发烧，后来没救过来，他找我预测，我也没测出什么病，但我能测出小孩的病治不好。这个事情我印象特别深，千万别跟那个小孩一样。"

"那个小孩没查出什么病?"小刘问。

"嗯，没有！至今我也是很不解，现在的医疗技术这么发达却查不出病因。"

"哎呀！但愿他能挺过去!"小刘期盼朋友能治好病。

结果，5月4号上午，病者去世了，病因还是没有查出。病人家属怕其是传染病没有通知好友，将其悄悄火化了。

事后小刘说："这么年轻就没了，估计不是医疗事故，要是医疗事故家属也不会这么顺当就把人火化了。"

奇门格局：

2010年4月30日19时15分

庚寅年庚辰月庚戌日丙戌时，阳四局，甲申旬，天心星值符，开门值使。

九地 己生门丙 天芮星戊	九天空 伤门辛 天柱星癸	马直符空 杜门庚 天心星丙
玄武 休门癸 天英星乙	己	螣蛇 景门丁 天蓬星辛
白虎 开门戊 天辅星壬	六合 惊门乙 天冲星丁	太阴 死门壬 天任星庚

分析依据：

为什么说小刘的朋友病治不好且病有反复？

日干庚为小刘，现落坤二宫空亡，庚加丙凶事必来。月干也为庚为病者，庚下临丙，丙为火，为发烧，庚加己为刑格，高烧受损，庚加丙高烧不退还要加重。

天芮为病星落巽四宫，宫中丙为发烧乘九地，是长时间发烧。生门、九地、丙构成重诈格，逢诈格，病有反复。天心星和乙奇为医生、医术、医药所落之宫均不克天芮病星，故断治不好。宫中丙加戊为“鸟跌穴”格。测病逢此格意为上西天。

小刘 1969 年生人，年命己落巽四宫为入“吊客”宫，“吊客”即吊唁的意思，所以从小刘的角度也断该病人大凶之象。

4. 有病不看医生　偏信巫术丧命

1996 年 12 月 10 日下午我回家看望母亲，正好堂侄杜某来家闲坐，刚见面就说现在倒霉透了，让我预测运气。

杜某今年 48 虚岁，在某机械厂工作，近几年机械行业不景气，正好他身体有病，厂里就让他在家休息。平时我们很少见面，对他的情况也不了解，今天他提出让我预测，自然我也不能推辞。

起好奇门局，心里先是一惊，何止是倒霉，恐怕春节后就会大难临头。局上显示：第一，他患有脑血栓，已经栓了三次了，病重时身体左半部不能动或麻木；第二，有心脏病；第三，腹部右侧有个 7 厘米长的疤，可能是动手术落下的。

杜某惊讶不已，连声称赞预测都对，并说疤是做阑尾炎手术留下的。接着他又让我再给说说其他的。

我又笑着指出：“别看你病这么重媳妇对你还挺好，另外你破了财了，怎么像是在东边让骗子骗了8000块钱?"

一说到这，杜某的表情由惊讶变成了沮丧，哎了一声说："是，这事都不能提，让人家给骗了8000块钱，能看出是怎么骗的吗?"

"与文书、证件有关……在震三宫为三数，是不是骗子用三张扑克牌押钱骗的?"

"是，5月份我去人民医院看病，带了8000块钱去交费，糊涂了，不知为什么就走到医院门口去了，见有几个人围在一起，有个年轻的小子用三张扑克牌来回倒，我看别人押钱都赢了，也不知为什么我就押了钱，旁边的人都劝我押这张，押那张，糊里糊涂的就把8000块钱押进去了，真倒霉。"杜某边说边叹气。

"你出这事后，心理压力太大，不要总爱说丧气话，事情出了就别再提了，以免伤身体，我劝你从现在起就要好好注意身体，该看病就看病，千万千万别不当回事。"我极力劝慰他。

杜某只是答应。他走后我给叔伯嫂和我母亲说："我预测他身体病得厉害，你们劝劝他该看病就看病，药费报不了自己花钱也得看，我这上边符号显示明年过不去，恐怕一进正月就不行了，无论如何也要加紧看病。"

从这以后，我又见了杜某两面。正月初四，杜某去姨姨家串亲戚，姨姨看他有病，就在当地请了个巫婆，巫婆给他跳大神，还说是狐精缠身，让他又蹦又跳，搞得杜某精疲力尽，加上骑车往返20余里，到家又晚，回家不久感到有点恶心，半夜脑溢血，初五早上7时左右病逝。

奇门格局:

1996年12月10日15时30分

丙子年庚子月辛巳日丙申时，阴四局，甲午旬，天蓬星值符，休门值使。

白虎　空 伤门壬 天英星戊	六合 乙杜门庚 天芮星壬	太阴 景门丁 天柱星庚
玄武 生门戊 天辅星己	乙	螣蛇 死门丙 天心星丁
九地　马 休门己 天冲星癸	九天 开门癸 天任星辛	直符 惊门辛 天蓬星丙

分析依据：

1. 断病之依据：

（1）天芮星为病症落离宫，离主头，宫中杜门临之为阻隔，又逢庚大凶，格局庚加壬为小格也主凶，在离先天数为三，故断主要病症为脑血栓，并栓了三次；八、三、四宫在外盘主身体左侧，八宫中休门被克，己加癸地刑玄武凶，三宫生门受克，戊为击刑，四宫中白虎伤门凶，所以断身体左侧病严重时不能动或麻木。

（2）丁和景门为心脏落坤二宫，景门到坤宫为泄气，丁加庚上主心脏有病；脑血管有病是巽为血管，上乘白虎、伤门又辰辰自刑来断的。

（3）死门为疤，下临天心星为医院、为医生，七宫主7厘米，说明疤与医生有关，故断手术后落一个7厘米的疤。

（4）明年更要注意身体：时干丙为病、为事体，落兑七宫，临死门者大凶，时干丙下临丁奇当下无妨，丁又主丁丑年，年命庚金入墓则大凶现出。

2. 被骗8000元：日干辛为杜某落六宫，临惊门、天蓬星必是破财，又玄武为骗子落震三宫为东方，宫中戊为钱财受击刑，震木为三、八之数，天辅落三宫为旺，所以断8000元。天辅主文化用品与玄武同宫，震为三数，结合社会上的骗子骗人的手法断为三张扑克牌骗的。

3. 应期：日干辛落在了吊客宫内，大凶之照。再细看，正月为壬寅月，天盘壬落巽四宫为辰辰自刑，伤门白虎同宫，现旬空，待填时之月大凶必现，又地盘壬上逢庚也主壬寅月大凶。

十四、故障诊断

预测原则：

故障诊断与测病有相仿之处，任何事物均可按九宫图分成九份，一般从后面向前看，以“戴九履一，左三右七，四二为肩，八六为足”之方法判定故障部位。四、九、二宫为前，三、五、七为中，八、一、六为后。内盘为内，外盘为外。除离宫为头外，值符又可为头，乾也可为头，判断时要针对不同事物的性质而慎重判断。

杜门为阻塞，景门为设计图，死门为疤痕、为锁。丁为钥匙、开关、灯，戊代表油箱，己代表沟壑，庚为白虎为障碍，辛为肺为排气管、气体，壬为大水为水路，癸为小水为油路。六合主多，螣蛇主线路，巽也主线路。击刑为损坏，悖格、天芮星为故障。反吟故障能排除，但防反复出现，伏吟主损坏，主维修时间长。

乙奇、天心星为维修人员。乙奇、天心星克天芮星或天芮星生乙奇、天心星，故障能排除，反之则不易排除。维修人员技术高低可参照测病中医生的判断原则。

日时也是主要参考依据，日时均落内盘主维修时间短，一外一内维修时间较长，均落外盘则更长。九天主速度快，九地主速度慢。

1. 设备故障频频　技师如坐针毡

2002年4月初，中国联通某分公司的一个传输子环发生瞬间断停现象，这个子环由十几个基站及发射塔组成，涉及两三个县网络覆盖。机房的监视器显示，2兆线路出现瞬断，但是中断时间太短，每次只有两至三秒，而且发生次数也不多，一时难以查出故障在哪里，公司的技术人员认为，这可能是偶然的故障，只作为一般故障看待。

5月中旬，传输瞬断问题又开始出现，而且频率较高，这就成了大故障，所有的技术人员都到场，就是查不出原因，只好找生产厂家了。该分公司的光传输使用了甲公司和乙公司的设备，究竟是哪个公司的设备出了问题？联通公司马上通知两公司的技术人员赶来。这两公司都很重视，甲公司的高级技术督导，乙公司的副总经理以及搞研发的高级工程师都亲临现场，两公司的技术人员经过仔细分析、排查，均未查出故障的原因，于是，都称自己的设备没问题。联通某分公司无奈，只好将这一情况汇报到省公司。

省公司某部的孙经理接到这一报告，非常重视，立即派副经理赶赴某分公司现场指挥，处理该事故，派出的人出发后，他想试试我的预测水平，于是打来电话，电话中只说某分公司的传输出了问题，让我预测什么地方出了故障？

为了让传统文化发扬光大，近几年我特别重视周易在工作中的应用，这又是一次实验，对这次传输故障，我很快做出如下判断：

故障在传输设备内部，不是传输线路问题；

该故障会反复出现；

故障持续时间较长，且不好查出原因。

讲完这三条，孙经理说："肯定是设备内部的问题这没错，瞬断每次信号只有几秒钟，还没等监测就又好了，不好捕捉。那你再给预测一下是哪个厂家的设备出了问题。”

“可以，但你必须分别用数字代表两个厂家，我再预测一下。”我之所以这样说，是为了取两个厂家在奇门格局中的空间位置，以空间位置符号的状态来判断故障出在哪一家。

“甲公司用1代表，乙公司用2代表。”孙经理答道。

“甲公司的设备有故障。”我肯定地说。

“看看吧，我已经派人去某公司了。”因为没有查出故障，孙经理也不好断言我测的对不对。

瞬断的故障还在不时地发生，技术人员使出浑身解数，就是找不出原因，两个厂家反复称自己的设备没有问题。

5月28日深夜，这个分公司在调测设备时，突然又出现了这个问题，技术人员立即分别切断两家设备，进行测试，发现是甲公司的设备有问题，让甲公司调换了交叉板和线路板之后，故障才得以解除，但最终也没有找出事故的原因。

奇门格局：

2002年5月22日17点25分

壬午年乙巳月庚寅日乙酉时，阳七局，甲申旬，天英星值符，景门值使。

白虎 开门辛 天蓬星丁	玄武　空 休门己 天任星庚	九地　空 生门癸 天冲星壬
六合 惊门乙 天心星癸	丙	九天 伤门丁 天辅星戊
太阴 死门戊 天柱星己	螣蛇 丙景门壬 天芮星辛	直符　马 杜门庚 天英星乙

分析依据：

1. 为什么说故障在设备内部？

天芮星主故障，现天芮星落坎一宫，在阳局为内盘，且景门主通信设备，所以断故障必在内部。坎宫中丙辛合，说明设备不通畅。壬下临辛，辛也主错误（故障），该格局为“螣蛇相缠”，为凶格。再看光缆线路：巽为长，为线路，巽四宫中逢开门，主线路畅通，说明不是线路上的故障。

2. 为什么故障会反复出现？

因为大局八门反吟，故障必反复出现。

乙奇和天心星主排除故障的技术人员，上乘六合，主技术人员多，乙奇和天心不克天芮病星，又因天芮宫临螣蛇，主缠绕之象反吟又要反复，所以故障一时半时排除不了。

3. 为什么说故障在甲公司？

因为预测人讲甲公司用“1”代表，乙公司用“2”代表，坎一宫有天芮故障之星，二宫旬空，空则代表没有，故断是甲公司的设备有故障。

4. 为什么说查找时间长？

时干乙奇落震三宫，日干庚落乾六宫，时一内盘，一外盘，主时间长。

2. 故障隐于何方　直指东南八十

中国联通河北分公司成立四年多了，已建了32个基站。1999年4月份传输中心的某主任开始对河北的干线微波巡检，发现石家庄至邢台间，电路一直有故障，表现在主备不能切换，这种故障很容易造成两市的中继线路中断，一旦中断，邢台、邯郸两市130网的用户手机将不能使用。

这事可不能马虎，某主任立即利用通信网上不忙的夜间，奔赴各个基站去查找故障源头，一个多月没发现故障，最近一连三个晚上查找仍没结果。

6月4日下午我们从省分公司开会回移动电话局。某主任对局长说："我已经连查了三个晚上了，都没结果，这可怎么办哪?" 局长边开车边说："还得想法查，不查怎么办!" 我看两人都为查不到故障而发愁，于是就想用奇门遁甲试一试，看故障在哪个方向，局长一听就高兴了，说："嗨，忘了杜局长这一手了，你给测测，看看是哪个基站的毛病?"

回到办公室，某主任迫不及待地让我预测，我起好局，却有些发愁，因为我是行政干部，对设备情况不清楚，又刚调到移动电话局，一次基站都没去过，不太清楚什么符号代表什么故障，于是对某主任说，只能依符号说它代表的含义，然后你再具体去找故障。某主任表示理解，并让我先断出故障所在方向。我指出在东南方约80里的基站有问题，并问某主任这个方位是否有站。根据方向、距离，某主任说那就是赵县基站了。

接着某主任又问什么故障，我依符号说，设备中带孔的东西或有气体的部件有故障，位置偏上半部，这故障时间很长了。

某主任心中有数了，表示检查回来验结果。

他们直奔赵县基站，先查带孔的调节板子，确有故障，更换了一块，又检查微波波导充气机，这波导充气机是向波导馈线里充气用的，它一坏，波导里传的电磁波就会进潮湿气体，波导损耗增大，很容易引发大事故，这次一查还真有故障，发现难，排除容易，很快就修好了。

实际上预测的还不很准，在同一方向的隆尧县基站，设备的站型开关也有故障存在，我没能断出来，某主任他们及时查出并排除了。

奇门格局:

1999年6月4日16时48分

己卯年己巳月丁亥日戊申时，阳二局，甲辰旬，天心星值符，开门值使。

九地 辛伤门戊 天芮星庚	九天 杜门癸 天柱星丙	直符 景门壬 天心星戊
玄武　空 生门丙 天英星己	 　　　辛	螣蛇 死门乙 天蓬星癸
马白虎空 休门庚 天辅星丁	六合 开门己 天冲星乙	太阴 惊门丁 天任星壬

分析依据：

1. 天芮星主故障，落巽四宫，宫中六仪有辛和戊下均临庚金，主凶，辛在巽宫为入墓，辛主肺，肺带孔，又辛主气，故断是带孔、带气的部件坏了。

2. 九地主久远，所以断此故障时间很长了。

3. 能排除故障是因：乙奇技术人员落兑七宫克巽宫天芮故障星之故。

4. 未能断出隆尧基站的故障是：站型开关位置不对。丁为开关，天盘丁落乾六宫，丁壬主淫荡之合、临惊门有故障，又地盘丁落艮八宫入墓主凶，上乘庚和白虎，应断为开关有故障，但我未能断出来。

3. 除夕电视故障　何处寻找机师

要说家里的电视机出了点故障，找人修修就可以了，算不得什么大事，可是要是发生在特殊的时间和地点，那就很令人头痛了。1997 年的 2 月 6 日，正是鼠年的除夕，家家户户都急急忙忙地准备迎接中国人最重要的日子牛年春节，特别是这天晚上的春节联欢晚会更是举国瞩目的欢乐焦点。而偏偏在这天早上，我爱人对我说：“昨天晚上电视机图像突然不清楚了，你打开看看是不是天线有问题了？”

我打开电视一看：图像严重失真，颜色模糊不清，有彩色，有黑白，画面扭曲得像条绳索在屏幕上来回晃动。经查天线没有问题，家中还有一台小彩电播映正常，说明也不是电视台信号问题，据此判断是大彩电内部出现故障。

我爱人十分着急：“哎呀，可别坏了，今天是小年，到处都放假，没处给修呀。要不你测测，看看是什么毛病？”

我起局预测后对爱人说：“是电视本身的问题，内部电的毛病，不是大毛病，一修就好。可是今天上哪去修呢？”

虽说有一台小彩电也还可以看，可是在大过年的时候，放着大彩电不能看，喜庆的气氛将会减少不少，况且今天不修好，好几天的假期更难找人修理。

我灵机一动：“你们学校不是有教无线电的老师吗？找个老师给修修吧。”

我爱人一想对呀，但打了两次电话都没有人接。她无奈地说：“可能都回家过年去了，没有人再会修了，怎么办？”

“不论技术好坏，只要稍懂点常识就行。奇门局上显示不管良医庸医，只要懂点技术就能治好，而且 11 点以前就能治好，楼内还有没有懂无线电的。”我问。

“要不然找楼上的小乔给看看？他是我们电子技工学校毕业的学生。”我爱人说完马上上楼去找小乔。

8 点半，小乔来后，检查了线路和开关，沉思了一会猛然说：“哎呀，你这是电视着磁了。”

我忙问：“是怎么造成的？”

乔说：“肯定是你们不注意拿着带磁铁的东西如小收音机一类电器从电视机前走过造成了着磁。”

我仔细一回忆，可能是我昨天拿吸尘器，吸尘土时离电视机近了一

点，让它着了磁。

小乔说："这不是大毛病，这样吧。老师讲过修理的方法，用块磁铁，把电视机屏幕上的磁赶走就行，家里有磁铁吗？我试试看。"

家里还正好有块小磁铁，小乔拿着它在电视机前晃来晃去，彩电图像随着磁铁的晃动，逐渐变得清晰，令人烦恼的扭曲变得正常起来。经过一个小时的消磁，除了屏幕的四角还有磁消不掉外，正面基本恢复正常。

小乔说："没有专用工具，只能修到这种程度，好在电视机本身也具有消磁功能，剩下的一点磁慢慢也会自动清除。"我非常感激说："大年三十让你忙了这半天，没有你，今晚的春节联欢会，就看不好了，太谢谢了。"

果然，过了一段时间，电视机屏幕上的磁一点也没有了。

奇门格局：

1997年2月6日6时59分

丁丑年壬寅月己卯日丁卯时，阳八局，甲子旬，天任星值符，生门值使。

九地马 开门丙 天心星癸	九天 休门庚 天蓬星己	直符 生门戊 天任星辛
玄武 惊门乙 天柱星壬	丁	螣蛇 伤门壬 天冲星乙
白虎 丁死门辛 天芮星戊	六合 景门己 天英星庚	太阴　空 杜门癸 天辅星丙

分析依据：

1. 怎样断电视机故障的？

景门为电视机、又为电视图像落坎一宫，景门属火，火入水乡，主电视机有故障，寅月景门旺相没大故障，宫中有地盘庚，庚为白虎主凶，主损坏，上乘六合主家有两台电视，也主画面多处不清晰。有何故障？天芮星和时干丁主故障落艮八宫，死门、白虎主凶，丁为电也主电磁在艮八宫为入墓，说明电视机内部与电有关的部件故障，实际该故障应在着了磁上。

2. 为什么说不管良医庸医一修就好？

乙奇、天心星为医生，为修理人员，分落震三宫和巽四宫均属木，寅月木旺正克天芮星落宫，所以断只要懂点修理常识就能修好。从局中分析，乙奇落三宫逢惊门，说明小乔心存余虑，上乘玄武主技术不高，天心星落四宫，开门克宫为门迫，丙加癸为悖格，上乘九地主迟慢，也说明修理人员技术不高或修理器械差，所以故障不会全部排除。

3. 当日11时前修好：预测时已近早7点即卯时，天心星主修理人员落巽四宫，辰巳时天心星当令正旺，克天芮故障之星有力，故断11时前就能修好。

4. 车子前胎跑气　测得局长服气

主抓运行维护和工程技术的某副局长和传输中心某主任都想用预测的方法，测测通信设备的故障情况。

“你测测石家庄市我们联通和电信之间网上有故障吗？”某副局长问我。

我依局回答说：“有故障，不是一个，这故障电信已经查出来了，还涉及钱的事，数目应是6万。”

某副局长连声说测得对。

原来中国电信的 GSM 移动通信网和联通的 GSM 移动通信网最近信号有时连不通，信号也有不稳定现象，影响了通话质量，经检查必须更换设备部件才能排除故障。要换部件电信提出要联通出钱，某副局长经初步测算需要 58600 元，与我预测的数字接近，现故障正在排除中。

兴头上，某副局长又让我测测他的自行车有没有损坏，某主任也在一边助兴。我笑了笑回答说："你的自行车前胎慢跑气!"某副局长笑了，点头称是，说是一星期打两次气。接着我又指出自行车是黑色的，后闸坏了，自行车的车把碰了个死坑。某副局长验证说车把没有死坑，别的都对。

第二天是公休日，我与易友们研究奇门，谈及此事，说是车把死坑没有测对，请大家帮助找原因。易友们一分析认为不该断车把，而应该断前车轮坏了四根辐条，我立即电话核实此事，某副局长讲辐条是断过，但不知几根，我让他去检查，果然是前轮坏了四根辐条。

网络故障和自行车故障是怎样断的呢？

奇门格局：

1999 年 6 月 4 日 17 时 10 分

己卯年己巳月丁亥日己酉时，阳二局，甲辰旬，天心星值符，开门值使。

螣蛇 死门乙 天蓬星庚	太阴 惊门丁 天任星丙	六合 开门己 天冲星戊
直符　空 景门壬 天心星己	 辛	白虎 休门庚 天辅星癸
九天　空 杜门癸 天柱星丁	九地 辛伤门戊 天芮星乙	玄武　马 生门丙 天英星壬

分析依据：

通信网故障：

1. 为什么断网上故障不是一个？

时干主事体，现时干己落坤二宫，为六仪击刑凶，开门主设备、主机器，遇击刑应有故障，上乘六合为两个，逢开门说明故障已经查明。

2. 为什么断涉及6万元钱？

时干下临戊，戊为钱财。天盘甲子戊落坎一宫，坎宫代表一、六之数，宫中伤门旺、辛旺应取大数，故断6万元。

自行车故障：

1. 为什么说自行车前胎慢跑气？

天芮星主故障落坎一宫，辛主肺、主气体落坎宫受冲，辛加乙虎猖狂之凶格，必是自行车的胎气有问题，九地主久远、主迟缓，说明胎气早就慢跑气。是前胎还是后胎？值符为头落震三宫，宫中天心星主圆，震宫主动，该宫空亡，又有壬加己凶蛇入狱之凶格，说明前轮胎慢跑气。

2. 为什么说自行车是黑色的？

伤门主自行车落坎宫，遇天芮星主黑色。

3. 为什么说后闸坏了？

断故障除看天芮星外，还应综观全局，仔细分析。地盘丁落艮八宫空亡又入墓主凶，丁上乘癸形成癸加丁蛇夭矫之凶格，因丁主车闸，必是闸损坏，是前闸还是后闸？现天盘丁落离九宫，离主头，本应断前闸，但离宫中丁为临官旺地，又有天任吉星、太阴吉神和丙奇，所以不能断前闸损坏。地盘丁落艮八宫，按戴九履一之法断，应为后闸损坏。

4. 为什么说自行车前轮的四根辐条损坏？

格局中巽宫格局较凶，也应有故障，巽宫主前、主长型、主风、主四数，天蓬星为坎水之星，坎主轮，螣蛇主缠绕，乙加庚为日奇被刑凶格，综断前轮损坏四根辐条。

5. 断电不是唬人　有备方能无患

中国联通石家庄移动电话局是河北省石家庄地区130移动电话网的运营单位，现已拥有4万多用户。

2000年3月30日中午11时移动电话局突然接到供电局将于31日上午10时30分停电的通知。停电对我们通信单位来说是太可怕了，即使有自备发电机也不敢保证通信网络不出问题，要是出了问题，后果不堪设想。

我急忙看了通知书，通知书是发给承租方石家庄某医疗器械厂的，原因是某医疗器械厂欠电业局1407810.42元电费，我们移动局租了某医疗器械厂的房子做机房，停它的电也就停了我们的电。我们的电费是按月付给该厂的，可近几个月该厂生产经营不景气，被石家庄市中级人民法院执行庭封了财务科的账，有钱也没法支付电费。

处理停电的事，局里决定由我出面协调。我下午一上班就找到石家庄电业局某分局，向办公室说明了来意，阐明了停电可能会造成不可估量的损失，并请求暂不要停电。主任联系后称局领导在开会，让我等。但局长一下午也没露面，办公室主任转告我“局领导的意思：不交电费就停电。”我心里话：我们是电信运营部门，电业局不一定敢停电，下停电通知书也可能是吓唬我们一下吧。

第二天早6：30我起床后，心里直犯嘀咕，于是起局预测电业局今天上午10：30时到底停不停电，预测结果是停电！太可怕了！我怕测不准，又按10：30时起局预测，结果仍是停电，仔细推敲结论是：巳时（9—11时）停电，申时（下午5—7时）复电。

我就停电一事立即与我的上司通了电话，并通知了相关部门，他们半信半疑地说：“真停电吗？你可别吓唬我们。”我的回答是肯定的。

为了尽可能不让供电局停电，我不到8点就到供电局某分局去找局长，局长答复不交电费必须停电。我以停电可能会人为的造成重大通信中断事故为由，试图阻挠他们停电，供电局长则以国家有规定，不交电费就停电为由，坚持按通知时间停电。

我回到单位，立即找了承租方——某医疗器械厂的冯厂长，冯厂长哈哈一笑，不在乎地说："停不了电！以前欠的电费比现在还多，也没停过，这回更停不了，我找个人给说说情，你放心吧，停不了电。"

找来的说情人不是别人，正是供电局局长的夫人，现某医疗器械厂的财务科长，经再三交涉也没成功。

上午10点20分供电局来了四个人，毫不客气地给停了电，由于我们早有准备，用自备发电机发电，保障着通信设备能正常运行。

没钱电业局不会给复电，我们让承租方冯厂长想办法，可某医疗厂的财务室被法院封了，找法院给某医疗器械厂解封，法院没有答应，但倒想出了一个办法，即先由我们移动局用房租垫付电费，经过一翻周折总算解决了电费。16：33分，供电局来人，现开支票，现复电，与预测完全一致。

奇门格局第一局（按预测时间）：

2000年3月31日6时30分

庚辰年己卯月戊子日乙卯时，阳九局，甲寅旬，天禽星值符，死门值使。

太阴　马 生门丁 天心星壬	六合 伤门己 天蓬星戊	白虎 杜门乙 天任星庚
螣蛇 休门丙 天柱星辛	癸	玄武 景门辛 天冲星丙
直符　空 癸开门庚 天禽星乙	九天　空 惊门戊 天英星己	九地 死门壬 天辅星丁

奇门格局第二局（按电业局发的停电通知时间）：

2000年3月31日10时30分

庚辰年己卯月戊子日丁巳时，阳九局，甲寅旬，天禽星值符，死门值使。

白虎 开门乙 天任星壬	玄武 休门辛 天冲星戊	九地 生门壬 天辅星庚
六合 惊门己 天蓬星辛	癸	九天 伤门戊 天英星丙
太阴　空 死门丁 天心星乙	螣蛇　空 景门丙 天柱星己	直符　马 癸杜门庚 天禽星丁

分析依据：

1. 为什么断电业局10：30时会停电？

第一个格局，丁为电，现丁落四宫与地盘壬相合，合则为停电；10：30时为巳时，正是巽宫，丁又在巽宫逢合，必是10：30时停电，时干乙为事体现落坤二宫，乙落坤二宫为入墓，入墓则有不顺之事，且乙下临庚，庚为白虎主阻隔，也表明停电。

第二个格局中丁奇为电，落艮八宫入墓，为停电。又空亡主停电，宫中死门主通电的大门关闭，所以也断停电，因为这个局是按巳时起的局，这个时辰代表电的丁奇入墓又空亡，必是10：30时停电，当然电业局通知已写明10：30时停电。

2. 为什么断申时会复电呢？

这主要是依第二个格局断的，丁在艮八宫为入墓，只有冲出墓才能复电，何时冲出墓呢？丁的对冲宫是坤二宫，待到申时坤二宫当令时，冲出丁奇，则会来电。

6. 借助奇门判断　光缆故障时点

2001 年联通石家庄分公司分工郭总负责公司基础网络的光缆传输工作。10 月份的一天，我从三楼到二楼郭总的办公室，郭总问："杜总，你用奇门遁甲测一测，什么时间一干光缆断?"联通公司的一干光缆是从北京通向广州的主传输光缆，如果一干光缆断掉，就会影响南北光缆的信号传输。我也深知一干光缆的重要性。

我随手撕了一张便签纸，起了奇门遁甲格局，对郭总讲："明年要断两次缆，第一次立春后四十五天内要断一次，第二次立夏后四十五天内要断一次。"

郭总一听，有些着急："全省一年才允许断一次半，我这里断两次，这不是要我的命吗?"

我讲："那你就好好维护呗。"郭总听完后，认真地把断缆的时间记录在本子上（可惜因为记到便签上，后来便签丢了，预测时间忘了）。实际情况是 2002 年立春和立夏确实断了两次。

年底，石家庄分公司领导班子重新分工，由我分管基础网络部，我给郭总预测断缆的事早忘了。

2 月 19 日是立春后第十八天，突然管线路的小赵打电话向我报告："杜总，一干线路光缆断了。"

我立刻问："什么位置?"

"在西二环和中山路交叉口北侧一百米。"

"好，我马上赶到。"

我叫上司机，马上驱车向西二环驶去。路上我想：哎哟，我给郭总预测网络时说过立春后 45 天一干断缆，这不是刚过立春半月吗? 轮到我头上了，坏了，坏了。

约十分钟，我赶到西二环故障点，现场已经有省基础网络部和抢修人

员的五六辆汽车了。

西二环是南北走向，维修人员打开光缆井盖，正欲下井维修，我问技术人员："找到断缆点没有?"

"还没有，应该在这条南北路上。"

因为我不是技术人员，我就站到一边，在手上起奇门遁甲局预测：格局显示断缆点在西南方。可是这是一条南北走向的马路，管线铺设也是南北走向，怎么显示会是西南角呢？我对线路情况也不了解，我就问小赵："怎么我预测在西南方呢?"

小赵说："哎哟，有可能，这个线路管线应该是南北走向，当时正修马路，管线过不去，建设任务比较急，只好改道走部队的管道井，所以向西南的部队营房拐了几百米。"果然，下井寻找故障点的维修人员没有找到。这时我说："是不是向西南方找找?"

大家也分析，马路上没有开放点不可能断缆，所以大家也同意向西南方找。

我们十几个人都向西南方营房里寻找，结果发现西南方位于宿舍中间有一个光缆井口，三块水泥盖板只剩下一块，另两块不知去向。裸露的光缆有烧焦的痕迹，光缆附近有十几块砖头，一看，故障点就在这，抢修人员很快就抢修成功了。

后来了解到，小孩子过年放炮，其中有一个二踢脚掉到光缆井里去了，光缆井不深，只有一米多，把光缆引燃了。小孩一看，光缆引燃了，就用砖头往里砸，火是扑灭了，但光缆却被砸断了。

奇门格局:

2002 年 2 月 22 日 18 时 4 分

壬午年壬寅月辛酉日丁酉时，阳二局

甲午旬，天禽星值符，死门值使。

太阴 开门壬 开心星庚	合 休门乙 天蓬星丙	白虎 生门丁 天任星戊
螣蛇 惊门癸 天柱星己	辛	玄武 伤门己 天冲星癸
直符 辛死门戊 天芮星丁	九天 景门丙 天英星乙	九地 杜门庚 天辅星壬

分析依据：

1. 为什么寻找断缆处不顺利？

大局反吟主不顺，时干为丁火，日干为辛金，时干火克日干金为五不遇时也主不顺，说明断缆处不好找。反吟局应反复寻找。

2. 为什么说断缆的位置在西南方？

时干丁为事情落坤宫，宫中丁加辛为官人失位，即光缆发生故障，没有发挥其应有的作用，坤主西南，故发生故障处应在西南方。

十五、体育赛事

预测原则：

1. **代表符号**

天盘时干为客队，地盘时干为主队，值使门为裁判，景门主战略、战术。若测金牌数，以辛为金牌，再以日干与时干这一对矛盾为主。

2. **主客区分**

主客代表的是比赛双方，确定主队与客队要以具体情况而定，根据不同的地点及与预测人的关系而定，不能一概而论。例如我国和其他国家队体育比赛时，在我国比赛，我方为主队；在对方国家比赛，我方则为客队；在第三方国家比赛，我方又为主队。与我方不相干的两个国家比赛，以场地为准，近场地者为主队，远场地者为客队。主客队的区分应以预测时为准，而不能以比赛时为准。若已开赛了，先发球、先开球、先进攻的一方为客队，反之为主队。分不清主客则测不准，预测者务必头脑清晰，分清主客关系再测。若测赌球，比测其他事情准确率相对低点儿，最好不参与此类预测。

3. **结局判定**

胜负以宫的五行生克决断，一般情况下，克者胜，被克者负。哪方用神入墓哪方状态不佳，比赛失利。逢刑格凶猛，击刑受损，开、休不利竞赛，伤、杜、景、死、惊、生利竞赛。例如足球比赛，逢开门主球门大开，被进球；逢休门战斗力不足；逢杜门大门紧闭，不会进球。比赛虽裁判能起一定重要作用，但不起决定作用，结局故不能以裁判生克为主，应以主客队的生克为主，胜负要综合分析。

1. 测世界杯大赛　料开局者必败

世界杯是世界上最高水平的足球比赛，与奥运会、F1并称为全球三大顶级赛事。每四年举办一次，任何国际足联（FIFA）会员国（地区）都可以派出代表队报名参加，今年在南非举办第十九届足球盛会。

茶馆里，我和几个朋友在一起喝茶聊天，不知哪个朋友把话题转到了第十九届世界杯上，因为只有中央第五频道转播，于是喊服务员来调第五频道，可是电视没有第五频道，服务员调整了好长时间也没有调出来，于是有人就问我："十点钟乌拉圭对韩国已经开赛半小时了，你能预测是谁胜吗?"

"这事简单。"我边起局边想，虽然中国队没参加，但我还是希望亚洲队赢。韩国是亚洲队，打进了世界杯，今晚和乌拉圭踢，当然我是希望韩国队赢了。

在本上起了奇门遁甲格局，测比赛，首先区分谁是主队谁是客队？已经开赛了，主队客队怎么确定呢？按照奇门遁甲主客论的原则，先动者为客，后动者为主，也就是说，先进攻者为客队，后进攻这为主队。因为没看电视，也不知道谁先开球，我只有按局说："今晚的足球赛，乌拉圭和韩国，谁先开球谁败。这次预测和平时的预测不一样。今天如果按老方法不行。"

这时有人就问了："哎，你原来不是能提前测出来哪个队胜负吗？为什么今天不行啊?"

"这要分主队和客队，若是提前预测，是能测出哪个队胜负的。我必须分清哪个队是主队？哪个队是客队？就能测出胜负来，比如：乌拉圭是非洲队，距我们比较远，韩国是亚洲队，我们也在亚洲，所以就为主队。可今天已经开赛了，就不能按照以前的办法分辨主客队了。"

"嗯，你说的我们也能听懂。"大家都说。

第二天，我也迫不及待看录像，实际情况是，这场比赛韩国队先开的球，韩国就是客队，按照奇门遁甲预测，它必败，最终比赛结果是，乌拉圭2比1胜韩国队。

奇门格局：

2010年6月26日22时30分

庚寅年壬午日丁未日辛亥时，阳九局，甲申旬，天芮星值符，死门值使。

螣蛇马 生门戊 天英星壬	太阴 癸伤门庚 天芮星戊	六合 杜门丙 天柱星庚
直符空 休门壬 天辅星辛	癸	白虎 景门丁 天心星丙
九天空 开门辛 天冲星乙	九地 惊门乙 天任星己	玄武 死门己 天蓬星丁

分析依据：

为什么说谁先开球谁败？

格局中天盘与地盘时干为比赛的两支球队，已经开赛了，怎么判断主客呢？应以谁先开球谁为客队。现天盘辛为客队落艮八宫，宫中辛加乙家败人亡比赛不利，宫中开门主球门洞开，被进球之象。地盘辛为主队落震三宫，克客队艮八宫，综断主队胜，客队败。

2. 问世界杯决赛　今晚谁主沉浮？

章鱼预测西班牙胜，动物还有预测功能？觉得不可思议，正在疑惑不解时，正好北京的朋友杨磊先生打来电话问："今晚第十九届世界杯决赛，我特别想早点知道比赛结果，不知道杜老师您看不看足球？"

"我有时候看，但我对足球不熟悉，只关心胜败。"

杨先生又问了："我挺喜欢足球的，你用你的奇门遁甲测测，今晚的决赛西班牙和荷兰谁是冠军。"

"可以，前一段，我看报道，章鱼都参与预测了，你看到这个报道了吗？"

"我看到了，挺有意思的，要不我就赶紧问问你，谁胜谁败，北京有好多人都关心这场比赛。"

"西班牙和荷兰两队谁离南非比赛场地近啊？"

"反正这两个队都是欧洲队，远近我还说不好，可能是西班牙近些吧。"

"算了，我查谷歌地图吧，一会儿我给你回电话。"我说。

谷歌地图显示比赛场地南非在地球的最南端，西班牙在北半球的南侧，而荷兰在北半球的北侧。两队南北相距一千多公里，按照奇门遁甲的主客论：近比赛场地者为主，远比赛场地者为客。两个外国队比赛，就要看两个队离比赛场地的远近，以决定主客队。西班牙距比赛场地近，应为主队，而荷兰距比赛场地远，应为客队。现格局上显示主队克客队，必然是西班牙胜。

于是我给杨先生回电话说："今晚西班牙胜，章鱼的预测我虽然没有研究，但我的预测怎么和章鱼预测的一样呢？"

杨先生笑笑说："不知道章鱼是不是真的有特异功能。"

实际赛况是西班牙队胜。据报道：北京时间7月13日凌晨，一天前夺得世界杯冠军的西班牙队乘机返回马德里，随后球队一行乘坐经典的西班牙红黄配色大巴开往马德里市中心，一路上兴奋的西班牙球迷挤满了街道两旁，马德里形成万人空巷同庆西班牙夺冠的经典场景。

奇门格局：

时间：2010 年 7 月 11 日 19 时 46 分

庚寅年癸未月壬戌日庚戌时，阴遁六局，天芮星值符，死门值使。

直符 己杜门壬 天芮星庚	九天 景门乙 天柱星丁	九地马 死门戊 天心星壬
螣蛇空 伤门丁 天英星辛	己	玄武 景门癸 天蓬星乙
太阴空 生门庚 天辅星丙	六合 休门辛 天冲星癸	白虎 开门丙 天任星戊

分析依据：

为什么断西班牙队胜？

1. 先看大局，西班牙距比赛场地近，应为主队，而荷兰距比赛场地远，应为客队。大局伏吟，利主不利客，现是大局伏吟必是主队西班牙队获胜。

2. 地盘庚为主队落巽四宫处长生旺相，表明该队士气旺，技术高。天盘庚为客队落艮八宫入墓击刑表明虽凶猛但没作为，又地盘庚主队西班牙克天盘庚队荷兰，主队必胜。

3. 英雄飞越壶口　新郎壮举黄河

我国新华社5月21日发布一则消息：黄河壶口摩托车大飞跃活动将于6月20日上午在黄河壶口瀑布两岸举行，届时，北京电视台将现场直播。即将驾驶摩托车飞跃壶口的是一位从小在黄河边长大的黄河娃——朱朝辉。他表示，6月20日的飞跃将采用“硬着陆”的方式，让摩托车在不设置任何保护设施的情况下完成飞跃。

这则消息发布后在中国乃至世界产生了不小的反响，朱朝辉以这种史无前例的英雄壮举向新中国成立五十周年和迎接澳门回归献礼，并显示了一个黄河边长大的24岁青年的力量。

风险无疑很大，成功了是英雄，万一有个闪失……

这一天终于来到了：1999年6月20日星期六。恰巧这一天河北省周易研究会正在举办奇门遁甲研讨班，我上午讲课。9点48分，也就是北京电视台现场直播前十分钟，书商小胡打来电话说山西有个小伙子要骑摩托车飞跃黄河，挺惊险的，10点钟电视台要直播，赶紧测测他是否能飞过去？我对他说，我现在正在讲课不能测。10点零5分，课间休息。我立即向学员们宣布了此事，学员们顿时情绪大振，纷纷要求老师给现场测一下，活跃活跃气氛。

我随即答应道：“咱也不怕露丑，现在预测，正好一会儿验证。”

我起好局，简单观察了一下格局，然后在黑板上写了四条：一、飞越成功；二、反复几次才能飞越；三、车辆受损；四、人摔倒，但无险。写完以后学员们个个显出惊讶神情。

我当场解释：从预测看能成功飞跃，不会失败，但小伙子可能要试车才正式飞过去。局上显示车辆被克，可能飞过去后冲力过大，摩托车会有损坏，人可能要摔个跟头。从局上看这辆车买有两个月了。

解释完后，我立即打电话给小胡，转告了这四点预测意见。小胡在电

话中说又改到11点半才能飞跃。因为教室里没有电视机，我把飞跃时间又向学员们公布。学员们都要求按飞跃时间再起局预测。我把11点半的格局写到黑板上，张会长又详细地讲解了该局也是飞跃成功之象，但仍有不顺之事。由于飞跃时间还不到，继续上课，只好有待下午上课时再验证了。

新华社壶口6月20日电（记者刘书云）：山西吉县青年农民今天驾驶摩托车成功飞越黄河壶口瀑布，从而成为驾驶摩托车飞越黄河的第一人。上午11时50分许，在山西一侧起飞跑道上，朱朝辉戴上头盔，跨上摩托车，加油向壶口冲去。朱朝辉腾空飞越，成功落在陕西一侧80米长的接迎跑道上。但落桥接口处的不平造成他摔倒，人车飞离，朱的手部受了轻伤。……

《燕赵晚报》载文：这是本世纪末最浪漫的一场婚礼……12时整，盛大的婚礼在黄河岸边降重举行，新郎朱朝辉穿着他飞跃黄河时的紫色骑士服，挽着新娘王彩丽款款走上飞车跑道上的红色地毯，数以万计的观众热烈欢呼……

以上是新华社和燕赵晚报记者写的文字报道。当天中午学员们都知道了飞跃结果，预测的四条与实际完全相符，无不称赞奇门的测事准确。

奇门格局：

1999年6月20日9时48分

己卯年庚午月癸卯日丁巳时，阳三局，甲寅旬，天任星值符，生门值使。

九天 开门丙 天蓬星己	直符 休门癸 天任星丁	螣蛇 生门戊 天冲星乙
九地 惊门辛 天心星戊	庚	太阴 伤门己 天辅星壬
玄武　空 死门壬 天柱星癸	白虎　空 庚景门乙 天芮星丙	六合　马 杜门丁 天英星辛

分析依据：

1．为什么断飞跃黄河能成功？

首先从日干与时干这一对矛盾来分析，日干癸落离九宫属火，宫中吉门、吉星，又乘值符，下临丁奇处旺相之地。时干丁落乾宫属金，处于休囚之地，测事情成败，一般时干生日干或日干克时干成功率较高。

其次，从航线上来分析，因为摩托车要在宫中飞行30多米，所以要看航线如何，九天主航线落巽四宫，巽主长河，蓬落该宫主大水，但宫中有丙、己，丙为天威，己为沟壑，说明河道里水流湍急。航线逢开门主航线畅通，天盘丙处长生，加地盘己为“火悖入刑”本为凶，但遇开门之吉门则为吉利。

再看车辆，伤门为摩托落兑七宫，宫中有己，己处长生说明车辆处于良好状态，己为太岁，主高级车、也主平安，又上乘太阴吉神、天辅吉星，更加断定平安。车辆宫克航线宫定能飞跃成功。

2．为什么断反复几次才飞跃成功呢？

时干丁主事体，临马星又上乘六合，且大局八门反吟主反复，说明朱朝辉要试几次车才能飞越。

3. 为什么断成功飞跃黄河，但车要受损?

伤门主摩托车落兑七宫受克，地盘有壬主飞驰，说明飞过后要受损，幸宫中有太岁等吉神，吉神护佑，故断不会有大损伤。

4. 为什么断人要摔个跟头，但没危险?

首先以时干主事体又主驾驶员来断，丁为时干落乾六宫，丁下临辛为“朱雀入狱”官人失位，辛又主失误，上乘六合，说明此事有两个以上的动作做的不好。

其次看伤门，伤门即主摩托车，又主驾驶员，伤门落兑受克主受损，己加壬为“地网高张”，狡童佚女，奸情伤杀，表明驾驶员要受伤，但有太岁己，又处长生，不会有大凶险。再次伤门宫中地盘为壬，壬主流动主车速快，这也是受伤的原因之一。

怎么受伤? 综观九宫格局，虽坎一宫和艮八格局最凶，但这两个宫旬空，不会出凶险，再看离九宫格局也较凶险，宫中癸加丁为相冲，该格又为“蛇夭矫”文书官司，难逃火焚。离和值符为头，相冲表明摔跟头，电视画面显示的实际情况是，人从车头前摔了出去。

十六、气象阴晴

预测原则：

测天气主要看有雨无雨，以天柱星为主要用神，若天柱星中逢壬、癸则有雨，反之则无雨。

若冬天在北方测天气，以天心星和天柱星来判断有雪无雪。天心星逢壬、癸落兑宫，或天柱星逢壬、癸落乾宫，皆有雪。

丙为太阳，丁为星星，若不下雨雪，逢丙、丁入墓，则为多云。

丁临地盘螣蛇，主闪电；落空亡、墓、库之地，主起雾。

天辅星主风，若天辅星落离九宫处旺相之地，或落二宫、八宫，或克日、时二干，主有风。凶门、格局差，主有大风，反之风不大。

天英星主火，落三宫、四宫，或克日、时二干，主晴天。

吉凶格局：

丙加戊主晴。

戊加丙主雨。

辛加乙有风。

乙加辛主雨至。

癸加丁阴云密布。

丁加癸大雨淋漓。

丙加庚有彩虹。

庚加丙主雷。

逢庚格阴晴变换。

1. 阴雨连绵误工　老天何时放晴

2002 年 12 月中旬以来，石家庄地区由于大雾，已经一周没有见到阳光了。这雾能见度只有二十几米，汽车开着雾灯缓缓的行驶，就这样交通事故还是增加了许多，人们的心情也变得郁闷起来。

今天一上班，我的同事刘副总经理就到了我的办公室，进门就说："这鬼天气什么时候能变好啊！害的我们也割接不了！"原来，刘副总经理是负责工程建设的，CDMA 网二期和 GSM 网六期工程最近又建了一批基站，这几天他正忙着要把这批基站割接入网的事情，又是 CDMA 网的割接，又是 GSM 网的割接。准备工作忙得不可开交。

人忙天不忙，老天不帮忙，每天照样布撒大雾。为了保证通信，按要求，割接工作只能在夜里 11 点到凌晨 5 点进行，而且，这些基站分布在 18 个县区，这么大的雾，考虑到人员安全，谁敢出车去施工。所以，他今天一到这里就牢骚满腹，叫苦连天。"快测测，这天气什么时间能晴？"刘总迫不及待地催我。事关工作，不测也得测，于是我便开始起局。

经过预测，我告诉他："晴天，可就时间长了。局上显示，以后几天，还会有雨雪天气，要到 27 日天才会真正出太阳。"

他一听就急眼了："天气老不放晴，这割接怎么进行啊！总部都已经批准割接了，这鬼天气，怎么办哪？"

我跟他半开玩笑地说："不晴天，你就好好休息吧！"刘总十分丧气地走了。

实际情况是：第二天，仍下大雾，21 日雨加雪；后来，又连续几天下大雪，直到 27 日中午才出了太阳。

奇门格局：

2002 年 12 月 19 日 14 时 42 分

壬午年壬子月辛酉日乙未时，阴一局，甲午旬，天柱星值符，惊门值使。

马太阴空 伤门己 天英星丁	螣蛇 杜门乙 天芮星己	直符 景门辛 天柱星乙
六合 生门丁 天辅星丙	癸	九天 死门壬 天心星辛
白虎 休门丙 天冲星庚	玄武 开门庚 天任星戊	九地 惊门戊 天蓬星壬

分析依据：

1. 近日为什么不会晴天？

天英星为火神落巽四宫，如天英星火神克时干则会晴天，现时干乙落在离九宫，天英星不克时干宫，又空亡，所以不会晴天。

2. 为什么必然有雾？

丁奇逢空亡，一般主有雾，现地盘丁奇落巽四宫逢空亡，必然有雾。

3. 为什么还会有雨雪？

天柱星为雨神，逢壬癸，则下雨。现在天柱星落坤二宫逢癸，故不但不会晴天，反而还会下雨；另外，冬天天心星逢壬癸要下雪，现在天心星落兑七宫，宫中有壬故断要下雪。

4. 为什么断 27 日才能晴天？

天英星为火神落巽四宫，甲午旬中空辰巳，现巽四宫旬空，火神不现，须待填实火神发力才能出太阳，27 日是己巳日，填实巽宫，才出太阳。

2．难求晴空万里　开通仪式有雨

中国联通邢台分公司因多种外部原因没有按时开通 GSM 移动电话网，被上级通报批评，总经理和副总经理被扣罚了全月的业绩工资，全体员工的业绩工资也被暂时下浮了20%。为此，其主管单位联通河北分公司的总经理亲自督战邢台，才使工程工作和中国电信的互连互通工作得以顺利进行。

7月7日上午10时正，我突然接到省分公司派到邢台准备开通仪式的某秘书科长从邢台打来的长途：明天举行的开通仪式至关重要，还要向邢台的下岗职工捐款，邢台市市级领导和各界要人参加，你是否给测一下明天的天气状况？要是有雨，我们好早做安排。

当时我面前正好摆有现成的奇门格局，就随口答道："明天有雨。"

"能肯定吗？"某科长又问。

"能。"我答道。

"那我们可按你的意思，准备雨具了？"

"准备吧，肯定有雨，雨不会太小。"我的口气使在座同事张某某感到吃惊，他说："杜部长，你这一手真不简单，你不是正在测足球赛吗？怎么又测起下雨来了，看来奇门遁甲真是奇妙无穷，明天我也到邢台，要真下雨可就麻烦了。"

第二天一早，还未到上班时间，某科长就传来信息："雨具已经准备好了，现在邢台的天空乌云密布，阴得像一张黑脸，只是目前雨点还没有哗啦啦啦……"

1998年7月8日上午9点多，位于闹市区的联通邢台分公司门前，彩球飘扬，军乐齐鸣，参加开通仪式和看热闹的人围了一片。原定9点18分正式举行开通仪式，因我预测有雨而提前剪彩。大约9时20分左右，总经理正讲着话，雨点便不客气地开始往下砸，工作人员准备好的雨具这时全派上了用场，由于是雨中即景、情景交融，邢台市长、电信局长、劳动局长、总经理在讲话时，真是越讲越有劲，越讲越鼓舞人心。

会后大家开玩笑说：这叫风调雨顺。

说来也凑巧，联通邢台分公司半个多月就放号600多个，一炮打响，实现开门红，在全国三省九市的开通工作中争了个第一名。

奇门格局：

1998年7月7日10时

戊寅年己未月乙卯日辛巳时，阴二局，甲戌旬，天蓬星值符，休门值使。

九地 生门乙 天冲星丙	玄武 伤门丙 天辅星庚	白虎　空 杜门庚 天英星戊
九天 休门辛 天任星乙	丁	六合　空 丁景门戊 天芮星壬
直符 开门己 天蓬星辛	螣蛇 惊门癸 天心星己	太阴　马 死门壬 天柱星癸

分析依据：

天柱星主雨、壬、癸为水，天辅主风。天柱星落于乾六宫，宫中见天盘壬和地盘癸，必是下雨之象，天柱如落坎一宫为旺相，带壬主大雨，带癸主小雨。现天柱落乾六宫为比和之宫，说明雨不太旺，虽带壬水，只能是中雨。

天辅星主风落离九宫主旺，又逢伤门之凶门，必有风。另外整个格局中，三宫中辛加乙为白虎猖狂，遇有虎猖狂也主有风。天辅落离宫，离火主三数，应断风力三级。

十七、诸事百问

预测原则：

奇门遁甲格局其大无外，其小无内。诸事百问的预测原则，主要是依据九宫、九星、八门、八神、万物类象代表的事物含义及五行生克来综合判断的。首先看大局，伏吟主不动，反吟主动，具体事情要抓主要矛盾，扣住主题，如测汽车故障，则以天芮病星落宫的符号含义来断。测分家、合作以内外盘来判断。判断物品的真假，以八神为主，玄武、螣蛇为假，值符为高级。丢失宠物猫、狗看寅即艮宫，但时干又代表丢失的猫和狗，与日干又构成一对联系的符号。方正的东西看天禽星，圆的东西看天心星，带缺口的东西，如：项链、夹缝、沟壑看兑宫，包裹、布料、纸张、抽屉看天芮星。螣蛇主佛，天芮星主佛龛，丙丁为香火等。

1. 不懂手相抱歉　掌上格局灵验

1997年5月22日晚，参加安徽省宿州市中国易学科技应用学术研讨会的部分专家在宏宇宾馆雅间用晚餐。“各路英雄”聚齐，有南京大学教授，江苏省周易研究会李廉会长，湖北省十堰大学李玉瑞教授，杭州市周易研究会任易德副会长，陕西省周易研究会陈鼎龙第一副理事长及助理张正安，南京东方文化书社闫海青经理，河北省周易研究会会长张志春教授，还有东道主宿州市古代易学文化研究教育中心高飞董事长及夫人王小红。高夫人王小红比别人到的稍晚，是第一次与大家见面，介绍以后就坐在我的旁边。席间，闫海青经理指着坐在对面的陈鼎龙老师对高夫人说：“请陈大师送你几句话吧。”意让陈老师预测一下。陈老师稍停便对高夫人说：“你是女人长着男人相，脾气不好，爱发火，有话存不住，有火不发，闷着，喉咙会闹毛病。”接着开玩笑说：“实在憋不住你就砸东西，把电视机，屋里的大小东西都砸了。”他的话引得大家一阵大笑。

不一会，坐在我身边的高夫人伸过手来让我给她看手相，我说：“这我不内行，你让陈大师看吧。”高夫人不吭声，一会儿又伸过手来让我看。她的这一动作在座的各位都看到了，如果再不预测似乎不太合适。我推开她的手，伸出自己的左手说：“我不看你的手，我这里有反光镜。”说着左手上快速布起奇门局。高夫人莫名其妙，又伸出手来让我看。我仍将她的手推开说：“那我也送你两句。”大家的目光一齐转向我这里，我很明白：在座的哪一位都不是等闲之辈，皆为易界名人，他们也很想看看奇门遁甲预测的效果如何。“你是做生意的，原来有公职，现在不干了，自己做点买卖，应该是做烟酒生意的，对不对?”我问她。

“是的，我原来在纺织厂工作，现在自己开着一个门市，卖烟酒、日杂用品。”高夫人回答。

“但你的生意做得不好，赔了本，你现在压着一百箱高档酒，急着出

手但卖不出去。”

高夫人惊讶得连连点头：“是的，是的。”

此时，桌上鸦雀无声，高夫人要求我继续预测。

我又看了看左手说：“你昨天还为一件口舌是非事生气了，而且掉了眼泪。”

“你是看哪里知道的？你也没看手相，怎么说得这么具体？”高夫人似乎有些不可思议，也不再继续追问了。

高飞董事长说：“她压了多少箱酒，我也不太清楚，杜老师怎么测得这样准？”

张志春会长回答说：“这两年我们致力研究奇门遁甲，经过研究认为奇门预测是一种高层次的预测学，它信息量大、准确率高、简捷、直观，刚才我们老杜就是用奇门预测的。”

饭后，高夫人找到大会工作人员问：“酒桌上那个瘦高个是谁，他什么都不看，但说得真准。”

工作人员告诉她是河北张会长的学生，不一会儿高夫人就带着她的妹妹到了我和张会长的房间。

我问高夫人：“你都压了什么酒？”

“五粮液、剑南春、沪州老窖、古井贡四种共一百箱，这些连高飞都不知道。”

“那你昨天是不是生气了？”

“是的，昨天在宾馆和高飞生气，我哭了，不过俺们也没吵架，从来没有动过手，只是说了说。这个你们也能从奇门遁甲上看出来？可怪不怪？”

从这以后，当地很多人要找张会长和我预测，忙得不亦乐乎。

奇门格局：

1997年5月22日18时30分

丁丑年乙巳月甲子日癸酉时，阳五局，甲子旬，天禽星值符，死门值使。

六合 杜门癸 天蓬星乙	白虎 景门辛 天任星壬	玄武 死门丙 天冲星丁
太阴 伤门己 天心星丙	戊	九地 惊门乙 天辅星庚
螣蛇 生门庚 天柱星辛	值符 戊休门丁 天禽星癸	马九天空 开门壬 天英星己

分析依据：

1. 为什么说高夫人原有公职，现不干了，自己是做烟酒生意的？

日干戊为预测人落坎一宫，临休门，表明休息了，开门主公职，落乾六宫空亡，主不干公职了。

日干戊落坎一宫，戊又为钱财、资本，必与钱打交道，所以断高夫人是做生意的。做什么生意的？戊为资本飞落坎一宫，癸主阴水应断为酒。丁为阴火应主烟。所以断高夫人是做烟酒生意的。

2. 为什么说生意赔本？

该局是八门伏吟，伏吟测生意主破财。另外，戊为资本落坎宫，生门为利润落艮宫，利润克资本也必赔本。

3. 为什么说压着100箱酒，又卖不出去？

八门伏吟主积压，戊落坎宫逢戊癸合也为积压财物，坎一宫水主1数和6数，戊在坎一宫为十二状态的“胎”地为弱，故应取1数，开店积压货1箱和10箱数少，不符合赔本一说，故断100箱。时干癸落四宫，逢杜门主闭塞，也主积压卖不出去，逢天蓬星主赔本。

日干戊落坎一宫属水，时干癸落旬四宫属木，现日干生时干主价格低货主不愿意卖。

4．怎样断出高夫人昨天生气了，并且掉了泪？

日干戊主高夫人落坎宫，坎宫中，戊加癸主无情之合，丁加癸主口舌是非，八门伏吟主内部，综断高夫人生气了。什么时间？今天是甲子日，天盘时干癸六仪击刑，昨天为癸亥日，故断昨天生气了。掉了泪是这样断的，丁为火主眼睛，现丁火入坎宫为火入水乡凶，丁加癸主眼不好，但上乘吉神值符，无病。根据其昨天生气，又不是眼睛有病，故断掉了眼泪。

2．思维模式不同　异意却是真理

“老杜，真是应了你说的了，邯郸的基站最后还是拆了。”我的同事对我说。

原来中国联通河北分公司已在石家庄等七个城市又建立了分公司，且很快就要全部开通运营，而邯郸分公司虽成立了分公司，并建了四个基站，但由于技术上的原因，邮电部始终没有批准其开通。因此邯郸分公司的四个基站就处于闲置状态，而别的城市基站短缺，网络覆盖不好，影响通信质量，特别是邢台分公司基站少的可怜，市内只有两个基站，急需增加基站，以增加网络覆盖面。

1998年5月7日下午，中国联通河北分公司的中层干部，在会议室里研究拆不拆邯郸基站的问题，会场气氛显得有些严肃，因为这不是一个小问题。参加会议的人员约20人，由总经理主持，每个人都发表自己见解，持拆除邯郸基站意见的中层干部认为：邯郸没被上级批准开通，放着基站不用，是个浪费，不如先补充到其他城市，这样可以增加营业收入。持不拆除的意见认为：说不定邮电部很快就批准邯郸开通了，现在把已安装好的设备拆除，将来再安装浪费太大，另外，从邯郸拆下的基站设备运到邢台，一路颠簸，会不会使设备受到损坏。两种意见争执不下。

我坐在会议室里听着他们的争论，随手起了个奇门格局，预测该基站到底拆还是不拆？结果格局显示是必拆无疑。正在这时，参加会议的石家庄移动电话局某局长走到我座旁，悄声地问我："你测没测拆基站的事？"

我也悄声说："刚测了，拆！"

与会的中层干部已基本发表完意见，会议暂时处于沉默。我按捺不住对预测结果的相信，说了一声："拆！"

总经理立即冲着我就批了起来："你是行政干部，你懂什么，发表什么意见。"

要从懂不懂技术的角度来说，我确实不懂技术，但我运用的是另外一种思维模式"奇门遁甲预测"，预测的结果是拆除邯郸基站，我发表意见也是想让公司少走弯路，但我挨了批，我也不反驳，心里想：实践才是检验真理的唯一标准，让事实来说话吧。

会上，总经理综合大家意见，最后拍板：邯郸基站不拆了。

进入7月份，邢台分公司告急，该公司拟于7月8日正式开通，但诺大的一个邢台市区只有两个基站，即使开通了，网络也覆盖不住全市，势必造成用户不满，公司领导面对这种状况，只好又于7月3日开会研究，会议最后决定马上组织人员，立即拆除邯郸的两个基站，补充到邢台市区。

7月4日，邯郸拆除基站的工作就紧张地进行了，7月8日邢台130移动电话网正式开通，新补充的两个基站发挥了重要作用，邢台分公司的放号业务也一炮打响。

奇门格局：

1998年5月7日16时20分

戊寅年丁巳月甲寅日壬申时，阳一局，甲子旬，天蓬星值符，休门值使。

九地 开门丁 天柱星辛	九天 休门癸 天心星乙	直符 生门戊 天蓬星己
玄武 壬惊门己 天芮星庚	壬	螣蛇 伤门丙 天任星丁
白虎　马 死门乙 天英星丙	六合 景门辛 天辅星戊	太阴　空 杜门庚 天冲星癸

分析依据：

1．为什么断基站必拆无疑？

首看大局，该局是八门反吟，反吟说明基站必拆；次看时干壬，壬现落震三宫，壬下临庚主流动，也说明要拆；再看景门，景门主基站落坎一宫，宫中辛加戊格局，形成子午相冲，相冲则拆迁。

2．为什么拆了好？

反吟利客，利拆迁，所以应选择为客，即拆基站，这样才有利大局。

3．老汉操劳够多　分家又起风波

同家族的杜某一生勤奋，1994 年将自家原有的 11 间旧平房翻盖成两层楼，拥有房屋 20 间。他家有三个儿子，现都成家立业。盖楼时为不引起家庭矛盾，杜某自己独资建楼。房子盖好了，杜某寻思：自己已经 50 多岁，黄昏夕阳，万一哪一天突发急病，三个儿子再为房产闹起矛盾，我这一片好心岂不……越想越不安，一种急迫感促使他想早一天为孩子把家分开，但是又舍不得让孩子们离开自己。于是1995年3月22日请来律师帮助分割财产，并将自己与老伴的赡养事宜书写了律师见证书，书中除阐明房产及赡养事宜外，还规定了老人在世或房屋拆迁以前，家中出租的房租应归老人。三个儿子当时并无异议，律师见证书也就没有分发给儿子们，几年过去生活正常。

到了1999年初，长子就提出：早点分家。而杜某夫妇商议：坚决不分。

到4月中旬长子闹得很凶，非分不可。杜某无奈打电话给我，要我晚上到他家里解决纠纷，目的是还要维持现状，暂不分家，原因是该地块很快就要开发，面临拆迁问题，我明白他的意思。

当晚19时，我去了他家，先起了个奇门局看看今晚家是分成还是分不成？一会开家庭会是谁有理谁没理？结论是：一、该家必分无疑；二、谁坐西边谁不讲道理。结论虽有，但我不动声色，静观事态发展以验证预测成果。

到晚8时，全家人到齐了。另有三个长辈，其中我辈分最大，还有孩子的舅舅及一个伯伯。先由其舅舅开场白要求全家人顾全大局，家务公开，心平气和，解决好分家事宜。接着我把律师见证书宣读一遍。随后大家发表意见。

长子气哼哼地说：“我什么也不管，今天就是必须要分家，分不成我就把我花钱买的玻璃全部砸了。叫我搬出这个家也行，盖楼用我的八号铁丝全部给我抽出来。给多少钱我不要，必须把楼砸了，把铁丝抽出来。”

他这么一说，我再一低头看格局：他正好坐在西边，西边乘玄武，主办事不讲道理。这时大家议论纷纷，异口同声谴责长子说话没有道理，不依律师见证书为原则。长子则不听别人相劝并扬言：“我是个痛快人，最迟明晚8点给回话，否则就采取行动，出了人命也不怕。”

说完拂袖而去，独自上楼回自己屋去了。

我一看谈僵了，就劝，让其媳妇去叫他，过了一会儿仍不见其回来，我亲自上楼去做工作，他仍坚持必须分家，不分不行，分家后的房租也要归他自己，大有九牛不回之势。

我又转回楼下，杜某为顾及脸面怕事情闹大影响不好，便与老伴商量，作出让步：将房产分给三个儿子，由他们自己支配，房费也各随其便。

当下又叫来长子继续开会，三个儿子各得 5 间或 4 间房，家庭矛盾遂告平息。由此也验证了奇门遁甲预测的准确性。

奇门格局：

1999 年 4 月 24 日 20 时

己卯年戊辰月丙午日戊戌时，阳八局，甲午旬，天芮星值符，死门值使。

太阴　空 生门丙 天心星癸	六合 伤门庚 天蓬星己	白虎　马 杜门戊 天任星辛
螣蛇 休门乙 天柱星壬	丁	玄武 景门壬 天冲星乙
直符 丁开门辛 天芮星戊	九天 惊门己 天英星庚	九地 死门癸 天辅星丙

分析依据：

1. 为什么断分家必成事实？

先定六亲，分出内外盘，分家的双方，同在一处不分，一内一外必分。现年干已为父母，为杜某夫妇，已落坎一宫，阳遁为内盘，时干戊为儿子，落坤二宫为外盘，用神一内一外必定分家。

局中九星反吟，反吟主快。

2. 为什么断谁坐屋西边谁没道理？

一家共十口人，分坐屋中各方，局中九宫分八方。西方上乘玄武，玄武主贪财无理，天盘壬也处沐浴状态，所以断西方坐落之人为计较财利之人，也主不讲道理。

4. 疑惑真品赝品　起局一测即准

1997年4月23日，石家庄物资贸易中心的业务员张某在和大家一起交谈时，突然想起一件事，向我发问：“杜处长，听说你用奇门遁甲能测很多事，我得到一幅画很珍贵，说是名家作品，你能给测测是真品还是赝品？”

我依局判断：“应该是真品，这幅画大小尺寸应为30厘米或38厘米，画面颜色由黑、红、黄、碧色组成。但这幅画毁损严重，目前放在一个长辈家里的木柜中间部位。”

听我说得具体，在场的人似乎都半信半疑，目光集中到张某身上，张说：“你说的都对，是个朋友弄来的，那能测出这画一共弄来几幅吗？”

“三幅。”我回答。

“还真是三幅，是从一个老和尚那里搞来的，是清朝皇帝溥仪的弟弟溥杰先生画的，经行家鉴定过，画有八开纸大小，画的是一只水碗，碗上有花，旁边有蜡烛和蜡烛的影子。颜色也相符，画弄来后，让我妈一直把它保存在木柜里。”

奇门格局：

1997年4月23日11时9分

丁丑年甲辰月乙未日壬午时，阳五局，甲戌旬，天心星值符，开门值使。

九天 死门庚 天柱星乙	直符 惊门己 天心星壬	马螣蛇空 开门癸 天蓬星丁
九地 戊景门丁 天芮星丙	戊	太阴　空 休门辛 天任星庚
玄武 杜门壬 天英星辛	白虎 伤门乙 天辅星癸	六合 生门丙 天冲星己

分析依据：

1．为何断该画是真画？

景门为画，落震三宫为旺，上乘九地吉神，宫中又有丁奇和丙奇故断真画。

2．怎样断出画的尺寸大小和颜色的？

景门主画在震三宫，三宫为 3、8 木，因宫中戊受击刑，不能断大幅画，只能断 30 厘米或 38 厘米大小。颜色是以三宫中奇仪九星和宫的颜色所属断的，丁、丙为火主红色，戊主黄色，天芮星主黑色，震三宫为碧色。

3．为何说该画损坏严重？

景门宫中有天芮病星，甲子戊又受击刑，说明该画损坏严重。

4．怎样断出该画存放地点的？

丁奇为年干，主长辈，现与景门画同宫，必放在长辈处；又景门画落震三宫，震宫属木，天芮星为包、箱、柜，故断放在木柜中；把九宫看成一个木柜整体，依戴九履一之法断，三宫为柜的胸部，该画应在木柜的中间部位。

．说其搞了三幅画，是因景门在三宫，三数之故。

5. 年轻酒后胆壮　闯祸隐情显现

石家庄市物资贸易中心保卫处有个年青的警卫芦某，他25岁，高1.80米，英俊魁梧，可称是标准的男子汉形象。1996年9月29日给班长打来电话要请假一个班（12小时），说是腿上有一个小伤口，到第二个班时又请假，班长来向保卫处报告，保卫干事小徐答复说："请病假要有医院证明，还要经保卫处批准。"到第三个班时，芦某的爱人又打电话为芦请假，小徐告诉她："杜处长要小芦到处里来，有事要讲。"

10月8日小芦上了班，我让小芦和他的班长一块到我的办公室。我关心地问他："腿伤着了？"

小芦气恼地说："嗨，甭提了，那天喝了点酒，在舞厅被人在腿上扎了一刀，还好，不太重。"

我的桌上刚好摆着一副起好的奇门格局，我一边听他讲，一边看着格局说："小芦，怎么我听你讲的情况和我这奇门遁甲预测的不一样呢？"

芦说："我说的可都是真的。"

我问他："你是在什么地方被扎伤的？"

芦答："桥西区的一个舞厅。"

"别人为什么扎你？"

"喝酒喝多了。"

我又问："几个人？"

"两个。"

"扎什么地方了？"

他回答："就扎腿上了。"

我问一句他答一句，倒也流利。我很严肃地对小芦说："小芦，现在咱们屋里共五个人（梁副处长、徐干事、苏班长在场）。我按奇门遁甲给你说说：第一，你说的不全是事实，主要部分被你隐瞒了；第二，你的起因是酒喝多了，还与钱有关；第三，你的右胸部应该还有一刀。你看是我测错了？还是你没说实话？”

这时小芦的班长老苏沉不住气了，对小芦说：“你说实话吧，处长学的是周易，这玩意可神哩，你啥都瞒不住。”

小芦低着头红着脸说：“是因为钱，不过也喝了酒。”

我说：“不是两个人吧，应该是三个人。”

小芦再也不敢隐瞒：“处长说的都对，是三个人。那是农历八月十五，晚上我上班，朋友来找我，还有上一班的警卫小刘。我在后门值班，违犯制度班上喝酒，玩了会儿扑克，为输十几元钱，朋友在我腿上扎了一刀，就这么回事。”

“还没说全吧，你胸部有伤没有？”我追问。

苏班长急了，对小芦说：“你这是干啥？让你捉迷藏呢？到底胸上有没有伤？你让我看看。”

小芦犹豫了半天才小声说了一个字：“有”，并撩起上衣，只见其左胸部有黄豆粒大小的一块疤，还结着红伤口，小芦无气地说：“胸口这一刀，我跟谁都不敢说。”他接着叙说了经过，“他扎了我腿上一刀后，我就跑出了警卫室，他就追我。我只好围着院里的设备转，最后被他堵住，他朝我胸部扎了一刀。后来小刘把他拉住了，我就赶紧打出租上医院了。”

显然这是一件严重违犯制度的重大问题，苏班长赶紧向我做检讨：“处长，我当班长的也有责任，那天晚上我在前门值班，光知道他们吵了几句，不知道出了这么大的事，真危险，刀子再偏一点就扎到心脏上了，回去我们开个会教育教育。”

我对他们进行了批评教育。事后，警卫们互相传说：“以后不能在杜处长那里说瞎话，人家一掐指头，什么事都算得出来。”

奇门格局：

1996年10月8日14时

丙子年戊戌月戊寅日己未时，阴四局，甲寅旬，天任星值符，生门值使。

九天　马 伤门己 天冲星戊	九地 杜门戊 天辅星壬	玄武 景门壬 天英星庚
直符 生门癸 天任星己	乙	白虎 乙死门庚 天芮星丁
螣蛇　空 休门辛 天蓬星癸	太阴　空 开门丙 天心星辛	六合 惊门丁 天柱星丙

分析依据：

1. 怎样断出小芦没说实话？

景门主信息落坤二宫为泄气，为休囚状态，上乘玄武主假信，当小芦一开始说被扎伤过程，就断其讲的是谎话。另外，戊为日干落离九宫，宫中逢杜门为保密，说明小芦不说实话。

2. 为什么断是为钱而被扎伤的？

时干己主事体，因小芦是部属，己也代表小芦，现时干落巽四宫，时干己下临戊，戊为钱财，必与钱财有关。宫中九天好扬兵，伤门为争斗，天冲主风厉，又临马星，故断为钱而被扎伤。

3. 为什么断三个人？

日干和月干均是戊，落离宫为先天三数，故断有三个人参与。

4. 为什么断左胸部还被扎一刀？

死门主伤疤落兑七宫，宫中有天芮病星、庚金和白虎，说明胸部还有一刀，落兑宫主面对我的右侧，他本人的左侧。

6. 奇门能否判断　囊中钞票几多

2011 年 5 月 17 日，受朋友之约赴澳门、香港旅游。19 日中午 12 点我们在澳门大三巴牌坊游玩，当时陪同我们的是澳门的一个大学生，同去的有易友王瑞民、香港的林先生，还有广州的代老板等一行共八人。

途中，大学生得知我是研究奇门遁甲的，于是好奇地问道："奇门遁甲真那么准吗？"

我说："一定的时间可以反映一定的空间的内容，奇门遁甲是个时空数理模型，还是有一定准确度的。"

"那你能算出我包里有多少钱吗？"大学生半开玩笑地说，看他身上斜背一个黑挎包。

香港的易友林先生及在场的几个人都看着我，我说："没问题。"于是拿出本子迅速起了一个局，对他说："你这个包里的钱应该是三数、九数，三百元太少，应该是一千三百元。"

他说："我也不清楚多少钱。"

大伙都对他说："你数数，你数数。"实际也在验证我说得对不对。

他打开包，包里全是港币，大家在旁边一起数着，一千三百零三块。

大伙都笑了，称赞奇门遁甲厉害，都能知道包里有多少钱。

这小伙子冲着我笑笑，指着十米外的哥哥说："我哥在那边，您能算出我哥包里有多少钱吗？"

"你哥包里的钱比你多。"

他又笑着问："多少？"

"应该是三千或者两千三，不可能是三万。"

"对，三万确实不可能，他不会有那么多钱，您等等，我把我哥叫过来。"他把他哥叫过来后，对他个说明原委，让他哥也打开包数数钱数。包里有港币也有人民币，当数到两千三百元，还剩几块时，大伙哗的一下都乐了，直夸奇门遁甲准。

奇门格局：

2011年5月19日12时15分

辛卯年癸巳月甲戌日庚午时，阳七局，甲子旬，天柱星值符，惊门值使。

九天 丙惊门壬 天芮星丁	直符 开门戊 天柱星庚	螣蛇马 休门乙 天心星壬
九地 死门庚 天英星癸	丙	太阴 生门辛 天蓬星戊
玄武 景门丁 天辅星己	白虎 杜门癸 天冲星辛	六合空 伤门己 天任星乙

分析依据：

1. 为什么说他包里有一千三百元？

甲子戊代表钱数落离九宫，离宫代表三数、九数，结合实际而断，出来游玩不可能身上只带三百元，故断一千三百元。

2. 为什么说他哥包里钱比他多？

日干（甲戌）己代表该大学生落乾六宫处衰地不旺，月干癸代表其哥落坎一宫处禄位旺地，哥哥的状态比弟弟旺，故哥哥身上带的钱应该比弟弟多。钱数仍以甲子戊落宫来看，含三数、九数，综断应为两千三百元或三千元。

十八、预测来意

预测原则：

测来意需具有较深的奇门基础知识和实践经验，才能测准。虽然古语有“学会奇门遁，来人不用问”之说法，但因为在现在的时空条件下，符号代表的含义非常多，现在的事情远比古代的事情复杂得多，若一味地追求测来意的准确性，是不现实的。只有用时空数理模型给求测者做出正确的指导及运筹，才能真正体现传统文化的意义。以下原则仅供参考。

时干主事体，日干主求测人，二宫均表示求测人来意。时干下逢乙、庚、丙、丁者测婚者多。日、时宫中逢开门，多主测工作或已明了的事情。用神逢死门、天芮星多主测病。用神下临辛多主有错误之事发生。用神逢惊门多主有口舌官司事。日干逢击刑，表明求测人着急、上火，日干逢死门主求测人内心不高兴。甲子戊击刑多主破财。甲子戊逢合有资金被占压之事。甲子戊在八宫逢戊癸合，求测人有投资之事，在三宫逢戊癸合说明资金被占压、破财。日干或时干下临戊或处禄地或宫中有生门，多为求财之事。伏吟多主有破财伤人之事。反吟主不顺，若判断对方来测工作、出行，一般主调动、外出；若是外出之人则很快返回；若求财，则有宝难留。落宫也主所测之事。不同符号都有不同的含义，不管求测人问不问，都代表一定的事情。虽然来人是测其他事情，宫中有这方面符号也要多往这方面考虑。

六冲为动，天干与地支相冲也为动。

天干相冲：乙与辛、丙与壬、丁与癸、戊与庚。

地支相冲：甲子戊与甲午辛子午相冲，甲辰壬与甲戌己辰戌相冲，甲寅癸与甲申庚寅申相冲。

地支落宫相冲：甲子戊落离九宫为子午相冲，甲戌己落巽四宫为辰戌相冲，甲申庚落艮八宫为寅申相冲，甲午辛落坎一宫为子午相冲，甲辰壬落乾六宫为辰戌相冲，甲寅癸落坤二宫为寅申相冲。

戊与辛相冲一般为财动，丁与癸相冲一般为口舌是非而动，乙与辛相冲一般为婚姻事、工作事而动。

逢冲时，宫中临开门一般为工作而动，临休门的一般为旅游而动，临生门一般为财而动，临伤门的一般为车动，格局凶则可能有车祸或打斗之事，临杜门一般为秘密而动，临景门一般为学习和宣传（制度、合同、文书）而动，临死门一般为不愉快的事而动，临惊门一般为官司而动。六合为合住、为绊。

常用的天干之合：乙与庚合，丙与辛合，丁与壬合，戊与癸合，这种合是指上述一对符号同在一宫处于天地盘时，上下构成相合。乙庚同宫即为相合，称为仁义之合；丙辛合为威制之合，丁壬合为淫荡之合，不正当之事而合；戊癸合为无情之合或为财物积压等。

1. 来者尚未开口　预知何事相求

新加坡国立大学教授黄先生（现调南洋大学），为弘扬传统文化，利用暑假期间遍访国内周易界高手。黄先生通过省外事办的刘某来到了河北省，快中午时我接到张志春老师电话，在宾馆见了黄先生。除刘某和张老师外，还有刘某的妹妹。

黄先生显然对奇门遁甲很感兴趣，午饭后，刘某的妹妹说："我正好有个事想预测一下。"

我立即接过话茬说："到了宾馆房间再说吧，你先不要说你测什么事，我一起局就知道你要测什么。"这句话勾起了大家的兴趣。

进了客房，我在纸上起好局对刘某的妹妹说："我把结果写在纸上，然后你对大家说你测什么，我再公布结果，反正咱俩也不认识。"于是，我背着他们在纸上写了三个字，实际上我就想给黄先生展示一下奇门的神奇性。

刘某的妹妹看我准备好了，疑惑地冲我说："我想问一下，工作调动的事。"

这时大家把眼光都投向了我，我用两个手指把纸提起来让大家看，纸上写着"调动事"。大家都很惊讶。

我看看局又对黄先生说："顺便说一下，你的牙齿不好，有换掉的。"

黄先生说："是，牙齿换了好几颗了，都是后牙。"

大家都不明白，刘某的妹妹没开口，这奇门就测出什么事来了，有些困惑。张老师从奇门是个时空数理模型的角度又详细介绍了奇门的科学性，大家这才对奇门有所认识。2007 年我应邀赴新加坡讲学，谈起当年奇门测来意时，黄教授仍赞不绝口说："奇门遁甲厉害。"

奇门格局：

1997年7月12日14时

丁丑年丁未月乙卯日癸未时，阴二局，甲戌旬，天蓬星值符，休门值使。

白虎　马 杜门庚 天英星丙	六合 丁景门戊 天芮星庚	太阴　空 死门壬 天柱星戊
玄武 伤门丙 天辅星乙	丁	螣蛇　空 惊门癸 天心星壬
九地 生门乙 天冲星辛	九天 休门辛 天任星己	直符 开门己 天蓬星癸

分析依据：

1. 为什么断刘某妹妹是测调动事呢？

时干、日干、值使门是判断来意的主要依据。现时干癸落兑七宫，癸下临壬为流动之意，上乘螣蛇主变化，惊门主担心事，日干乙奇落艮八宫，乙下临辛形成“龙逃走”格局，值使休门伏于本宫，但辛为甲午辛，落坎宫形成子午相冲，上乘九天，也主远走高飞之象，故断是为调动事而预测。

2. 为什么断黄先生牙齿不好、换了好几颗？

因为黄先生在我预测时一直站在我面前看我的格局，这个格局又代表黄先生本人，局中显示丁落离宫，离为“戴九”为头部，丁为牙齿，下临庚，庚为白虎主凶，宫中天芮为病星，说明牙齿有病，上乘六合主多，戊加庚主换地盘，综断，牙齿坏了，换了好几颗。

2. 调动实乃上策　升迁还能发财

“杜总，我是林某，我到你们公司楼下了，我想去拜访你。”这是林某第三次来电话了，前两次来电话找我预测，我均以没在单位为由拒绝了，这次人家到了我楼下，尽管很忙，我也不能再推辞了，何况林某又是我们“关系单位的人”，于是我请林某到我办公室，其间，我起好了奇门局。

林某刚入座，不等其发问，我便先开口：“你找我是为调动工作的事。”

“我2005年怎么样？”林某也不接我的问话。

“你今年最大的事是调动工作。你是哪年出生的？”我也边看格局边说。

“丁酉年出生。”

“2005年你升职。”

“除了调动升职，还有什么？”

“发财。你今年调动工作，而且是向上走，调了工作，又升官又发财，今年运气不错。”

“那好，到时候再验证吧，我去年找过你，你说我去年提升不了，2005年才能提升，所以今年一过年我就找你来了。另外，我调动工作的事已经有点消息了，但不知道最终能调成吗？”

“能调成，调了不错，用术语说：‘这叫小蛇化龙’，财官两旺。”

2005年6月17日，林某正式调动了，确实由小部门调到了一个大部门，并且升了职。

9月林某给我来电说：“杜总，你年初说的三件事，已经实现两件了，工作调了，职务升了，只剩下发财的事还没实现。”至12月中旬，林某又来了电话：“谢谢杜总，我发了点儿财，年初与人合伙做了一个项目，结算刚下来，我落了几十万吧！”

奇门格局：

2005年1月18日15时40分

甲申年丁丑月壬寅日戊申时，阳八局，甲辰旬，天冲星值符，伤门值使。

太阴 开门己 天英星癸	六合 丁休门辛 天芮星己	白虎 生门乙 天柱星辛
螣蛇　空 惊门癸 天辅星壬	丁	玄武 伤门丙 天心星乙
马直符空 死门壬 天冲星戊	九天 景门戊 天任星庚	九地 杜门庚 天蓬星丙

分析依据：

1. 为什么断林某是为调动工作事来的？

时干戊主事体，落坎一宫，戊加庚主换地盘。九天主远走高飞，开门代表工作单位，落四宫，日干代表其本人落艮八宫逢马星为动，现开门宫克日干宫，依以上两条断其来意是调动工作。

2. 为什么断林某要升职？

开门为官印，年命为丁奇落离九宫，官印生丁奇，必定升职。日干壬加戊为“小蛇化龙”，为向上发展的意思。

3. 是怎样断其要发财的？

年命丁奇落离，为临官禄地，地盘己也为禄地，综合看，其升官又发财。

3. 赵总何事求测　奇门一语道破

2010年5月16日下午，应朱老板邀请我赶到了茶馆。朱老板中途有事，要晚到些。我坐下后按时间起好了格局。

经常来这里喝茶，茶馆里的服务员都和我很熟，女服务员边倒茶边问我："杜老师，你给我看看吧。"意思是让我用周易给她预测一下。

我看了眼格局说："看什么？你头上有个疤，找医生治过。"

小孩惊讶地说："哎呀，我头上是有个疤，不过头发盖住了，谁也看不到。"说着用手摸了摸后头顶。

我问："怎么落的疤？"

"小时候碰得，到医院缝了两针。"

这时朱老板进来了，冲着服务员哈哈一笑："又来麻烦杜老师了！"

小女孩忙说："没有没有，我随便问一下。"说完就退出了房间。

不一会儿，又进来一个年轻女子找朱老板谈生意上的事。

待女子坐下后，朱老板向我介绍："这是赵总，做装修生意的。"

紧接着朱老板又介绍我说："这是真正的奇门专家，会预测。"

女方惊讶地看着我说："是周易吗？"

朱老板回答："是。"

大家寒暄了几句，朱老板说："你给王经理看看吧。"

"需要问我的生辰八字吗？"一脸好奇的王经理问。

朱老板说："不用，杜老师这个方法什么都不用问！"

我转脸问赵总："你想测哪方面事？"

"看看我的婚姻吧。"赵总不太相信，疑惑地说。

"你婚姻不顺。"我仍看了下已起好的格局说："找的对象你家里反对或你不高兴，你和对象分手了，这个男的已经和别人结婚了。"

王经理看我说准了，赶紧坐到我旁边说："你接着说吧。"

“我前面说得准吗?”

“说得准！我和男友搞了三年对象，本来已经订好2010年6月结婚，结果我觉得我们俩脾气不和，家里人也反对，我就和他吹了。他结没结婚我不清楚。不理他了，你就跟我接着说吧。”

“我就直说了，不一定对，错了你原谅。格局显示你过去有好几个情人，我说的情人是指在一起居住过的。”

“是，朱老板也知道我这事。”赵总若无其事地回答。

“另一个事我不让朱老板听，我写在本上给你看。”我在本上写：做过人流。

“是，现在年轻人都这样。这也能测出来呀！还能看出什么?”赵总既惊讶又想知道更多。

“你头上有个疤，经过处理，也就是说找过医生治疗过。”

对方说：“我下巴有一个大痦子，我给去掉了，是在美容院做的。”说着抬起下巴指着靠右的位置让我看，我瞥了一眼也没看到疤，可能是美容院整容技术好，不容易看到瘢痕。

“呀！杜老师，你这是什么方法哪？说得这么准，也不问我生辰八字什么的，还挺快!”赵总疑惑又好奇地问我。

“这叫奇门遁甲，是根据时间、空间和数理来的。这也说明事物是有规律的，规律是可以认识的，不然我就是再能耐也看不出来你的事。呵呵!”

奇门格局：

2010年5月16日16时13分

庚寅年辛巳月丙寅日丙申时，阳五局，甲午旬，天任星值符，生门值使。

螣蛇空 景门丙 天冲星乙	太阴 死门乙 天辅星壬	六合 惊门壬 天英星丁
直符 杜门辛 天任星丙	戊	白虎 戊开门丁 天芮星庚
九天马 伤门癸 天蓬星辛	九地 生门己 天心星癸	玄武 休门庚 天柱星己

分析依据：

1. 为什么说女服务员头上有疤，找医生治过？

按照戴九履一，左三右七，四二为肩，六八为足之方位判断，死门为瘢痕落离九宫，离九宫为头部，宫中有乙奇，乙奇为医生，故断服务员头上有疤。

2. 为什么说赵总婚姻不顺？

乙奇为女方为赵总，落离九宫。宫中死门加乙奇婚事不成，庚为男为丈夫落乾六宫，乙庚两宫相克，必是婚姻不顺之象。

3. 为什么说赵总的家人反对或是她自己不高兴？

乙为赵总，宫中有死门，说明女方不高兴或家长反对。

4. 为什么说赵总有好几个情人？

乙为女方赵总落离九宫，丙为女方的情人落巽四宫旬空，现丙宫生乙宫，但丙宫逢空，说明过去赵总曾有过情人，丙落四宫为禄地旺相，说明多情人。

5. 为什么说赵总做过人流？

天芮为子宫，宫中逢白虎主血光，宫中戊加庚为换地盘，逢开门子宫曾流过产。

十九、一局多断

预测原则：

一人求测多事或多人同时求测时，可以一局多断，预测原则同上。方法大致可以分为三种，不管哪种方法，目的是确定“用神”的空间位置，而后再与所测事情用神的空间作五行生克比较。

1. **方位判断法**

将一个事物均视为一个太极，如一个城市为一个太极，一个房间为一个太极，一个桌子也为一个太极。以太极为中心，八卦（后天八卦）为八方。多人判断时，以八卦的八方为用神的状况，与时干及所测事情的用神构成一对矛盾，生克决定成败。如：酒桌上对多人预测，某人坐西南方（坤二宫），则坤二宫的符号就是某人的状况。

2. **年命判断法**

以求测人的年命，即出生年的年干代表该人，年命落哪宫，哪宫就是该人的状况。与时干及所测事情的用神构成一对矛盾，生克决定成败。如：多人来测，某人的出生年干落震三宫，震三宫的符号就是该人的状况。

3. **数字判断法**

让求测人任意报数，以该数代表其求测的事或人。求测人报数后，若为个位数，则几数看几宫内的符号；若为多位数，则除以九，余数则为落宫数，整除则看九宫。采用此方法时，因人们多愿报三、六、八、九等人们认为是吉利数字，所以最好要求求测人报两位数或三位数，这样可避免人为因素。如测两个人谁对我好时，第一个人报十九数，除以九，余一，则可看坎一宫；第二个人报二十一数，除以九，余三，则看震三宫。两宫谁生日干，谁对求测人好。有人可能怀疑其准确度，经实践我认为是准确的，原理可看奇门遁甲模型六个特点。

怀抱琵琶遮面　三女欲语难言

时空在奇门格局中是反映事物规律的基本原理，下面这个例题我就根据同一时间，三人所坐方位不同，断出三人的婚姻都出现了问题。

傍晚6点多，朋友刘某打来电话说，有两个朋友早就想让我给预测预测，我正好晚上没有其他安排，也就答应了。

19点40分，老刘到家里来了，随其来的不是我想象的两位男士，而是三位中年女士。老刘开门见山："她们都是我的朋友，早就想见见你。"

我笑笑也不说话，拿笔起好局，开口就对着坐西边的董女士说："你是测婚姻事！"

这位女士好像还没回过味来，一愣神才说："是。"

坐西北的毛女士赶紧问："你看我测什么？"

"婚姻。"我毫不含糊。

第三位女士姓张，坐北边，比较稳重，先冲我笑了笑，然后，不紧不慢地问："那我呢？"

"你也应该是测婚姻，或者说有测婚姻的因素，不过你们三人一起来，准确率怕不高，最好你们一个一个测，另外，婚姻问题最好保点密。"我边说边想：怪了，怎么三人婚姻都有问题呢？

这时坐西北的毛女士站起来要求先测，我把她领到书房里，问她，是不是想测婚姻。她讲是，并告诉我她是1961年出生的。

这局中显示其丈夫已有小妾，其与丈夫离婚，丈夫应远走高飞，该女有再婚之象。我讲完，她说，测的都对。我问她既然和丈夫离了婚，为什么现在和原夫还有联系呢？她说原夫是搞艺术的，已调到北京，因离婚时讲好孩子的抚养费由原夫负担，所以常为孩子的学费联系。其间我再三指出其心目中早有情人，但男方没离婚，她承认以前有过情人，但一直担心自己还有没有再婚的缘分分，我告诉她，再婚无疑。

第一个女士又问了一些注意事项，挺满意地走了。

坐西边的董女士来测，我第一句话就说："我直说，你丈夫有病，有一个男人与你相好。"

董女士干脆跟我说白了：夫妻二人因性格不和而分居，主要想问能否离婚。

我劝她，凑合过比离了好，再找一个不一定比现在的好。

轮到第三位张女士了，我怕测错了，让她用数字代表自己，她报了个"6"数，我心里一惊，又是婚姻上有问题，该人长期有外遇。于是我采取了你不问我不说的策略，一会该女憋不住了说："是不是我婚姻上也……"

"从我这局上看，你丈夫与你能白头偕老，但你心中另有所爱，是个没离婚的人。"该女也不否认，绕开话题问财运，财运当然不错。

对上述三女的预测，朋友刘某不等我问，就主动述说三人的婚姻状况，与预测完全一致，奇门的数理时空模型一局测三人，三人测同一事又一次反映了奇门数理模型的准确性。

奇门格局：

2002年10月6日19时45分

壬午年庚戌月丁未日庚戌时，阴四局，甲辰旬，天英星值符，景门值使。

太阴 死门已 天冲星戊	螣蛇 惊门戊 天辅星壬	直符　马 开门壬 天英星庚
六合　空 景门癸 天任星已	乙	九天 乙休门庚 天芮星丁
白虎　空 杜门辛 天蓬星癸	玄武 伤门丙 天心星辛	九地 生门丁 天柱星丙

分析依据：

1. 为什么说三人都是测婚姻事？

三人的来意，我都是按方位断的。

第一位女士坐在西边看兑七宫，宫中庚代表夫，乙代表妻，丁代表男方的情人，宫中夫妻、第三者的符号均出现了，必是为婚姻事来测的。

第二位女士坐在西北方看乾宫，丁下临丙，丙为女人的第三者，九地、生门、丁奇形成诈格，也说明婚姻有问题。

第三位女士坐北边看坎宫，宫中乘玄武主暧昧，丙为女方情人，丙下临辛主犯错误，更说明是为婚姻事来测的。

2. 对西北方女士婚姻的预测。

第一人先以乙、庚落宫看，庚为夫，落兑七宫，庚下临丁，其夫已有婚外恋，庚乘九天远走高飞，1961 年出生辛为年命落艮八宫，现辛为求测人，与辛相合的丙则为夫，辛落宫旬空又克丙夫落宫，必离婚。

日干丁也为求测人落乾六宫，丁下临丙，主有婚外恋，上乘九地主久远，说明早就有情人。其情人天盘丙落坎宫，宫中丙辛相合主情人没离婚，乘玄武只是搞婚外情。该女子必婚是丁下临丙，又丁与壬相合，现壬落坤宫生丁奇，再就是逢诈格主过舍填房客必再婚。壬也为原夫生日干丁，说明二人仍有来往。

3. 对第二位女士婚姻的预测。

第二位女士坐西边，以兑七宫分析，庚为夫，临天芮病星，丈夫必是有病，庚加丁为日格，日格主夫妻不良，婚姻不顺。乙为妻，下临丁，主甘为人妾。劝其不离主要是临休门吉门暂不会离，休门也主退让为吉。

4. 对第三位女士婚姻的预测。

以其所报“6”数用乾六宫来预测，与夫不离婚是宫中逢生门之吉门，另有所爱是因丁下临丙，宫中有九地、生门、丁奇诈格必是填房人，一般逢诈格没离婚的有外遇，离婚的要与有过婚姻史的人结婚。

其财运好是因乘生门、九地、丁奇。吉门、吉星逢丁奇之故。

二十、年运综断

预测原则：

俗话说：一年之计在于春，一日之时在于晨。这句话是我国劳动人民在千百年的生产实践中总结出来的一条经验，它强调了“春”、“晨”的作用，强调了计划、谋划的作用。年初，每个人要对一年的工作、生活做出总体计划，制定自己的目标，避免盲目行动。但每一个人都有自身规律，凡超越自身能量或达不到自身能量，都是不正确的。奇门遁甲模型基本上可以反映人的主要规律，可以为制订计划提供重要参考依据，更可以指导人的行为沿着正确的规律前进。

测年运是一个综合性的预测项目，会涉及以下几个主要的方面：官运、事业运、婚姻家庭、官灾、凶灾、财运、身体疾病等。测年运一般都在年初立春后进行，也可以中途预测，原则上一年一至两次，若测多了就会显示某阶段的具体事情，而不是年运了。

测年运应以即时局为准，其代表符号应以日干、年命为主。一般地盘日干代表以前，天盘日干代表现在或将来。日干、年命与各宫的符号以旺衰、五行生克来比对，决定吉凶状况。

详细原则可参考相关的分类预测，以下主要叙述一些一般判断原则。

1. **官运**

日干、年命代表自己，年干太岁代表最上级领导，值符为顶头上司，开门为工作、官印，生克和旺衰决定吉凶。开门空、格局差不利。生克均以落宫为准，下同。

2. **事业运**

以日干为自己，年干为上级领导、长者或大学学校，值符为顶头上司，值使门为具体办事机构或人员，开门为工作单位，若是学生，还要参考天芮、天辅的关系，五行生克定吉凶。用神空亡，测吉事不吉，测凶事不凶。

3. **婚姻家庭**

仍以婚姻的主要原则来进行判断，庚为丈夫，乙为妻子，丁为丈夫的情人或第二任妻子，丙为妻子的情人或第二任丈夫。若庚、丁相生或乙、丙相生，则可能会出现第三者或二次婚姻。此时若丁、丙逢开门，可能是在同一个单位。丁、丙处禄位、上乘玄武说明第三者主要为了财利方面的好处才交往，逢此类格局须防人财两空。

在此重点申明三个原则：

（1）在工作单位，老板身边不可有情人。

（2）若已经有了，不可委以重任。

（3）若委以重任，逢高度机密的事情不可让情人插手。违反这三条大原则的，即使运筹再得当，预测再准确，也可能使自己的事业毁于一旦。

4. **官灾、凶灾**

年命、日干为求测者，庚为凶灾的代表符号。年命、日干衰弱逢刑，又受庚冲克或宫中带庚者要谨防凶灾，具体判断可参照前面凶灾预测原则。

5. **财运**

年命、日干为求测人，若处旺相财运较佳，或下临之干处禄地、旺相也吉利，临生门与生门相生比和也为财运好。戊为资本的代表符号，生门为利润的代表符号。若年命、日干处衰弱之地，被生门冲克，或整个格局中有甲子戊击刑，则财运不佳，支出较大。若生门临庚或遇击刑等，做生意则利润要分给他人一部分。若日干克生门，需努力才能求到财。

6. **身体健康**

年命、日干为求测人，若处旺相之地则身体健康。若处衰弱之地且逢天芮病星，则今年当注意身体疾病。是何病则结合天芮落宫中的天干、八门、八神来综合判断。天芮星临击刑，也要注意健康状况。测健康最怕遇丧门吊客，遇之则防自己和家人有凶事。

7. **流年运气**

看流年以地支为主。若求测人想看今后几年的状况，则以每年地支落宫中的符号来综合判断该年的吉凶情况。如 2008 年是农历戊子年则看坎宫，以宫中符号的旺衰、吉凶来判断该年的顺利与否。2009 年农历己丑年应看艮八宫，艮八宫的星、门、神、天干、格局，就代表了该人当年的概略状况。奇门测流年只是概略的预测。若测终身运气，应以出生局为准，只能概略的或从几个方面获得信息，奇门遁甲不能代替四柱。

8. **吉凶格局**

伏吟：运气不佳，防破财伤人。

反吟：凡事不顺，慎防半途而废，遇此格策略应主动、积极、大干。

戊加丙：顺心如意，若与天芮病星同宫，则要防病。

丙加戊：声名显扬，天芮星若落该宫，须多加注意身体疾病。

日干加庚、庚加日干：恃强有伤，小心暗算。

庚加戊：小心盗贼，宜更换地盘。

戊加庚：事业不利，此地不如他地。

庚加丙：测贼必来，测病必重，求财利买，做事利进。

丙加庚：测贼必退，测病易愈，求财利卖，做事利退。

癸加丁：做事虚惊，有口舌是非。

丁加癸：文信遗失，口舌官司。

乙加辛：有走动变动之事。

辛加乙：事有变化，合作不利。

三诈、九遁格：运气较佳，可以设计谋、变换方法应对各类事情，但三诈五假测婚不利，五假格不利升职，反而利退职。

9. **指导意见**

日干克值符或太岁，要注意和上司关系，不应抗上或反对给你发工资的人。

值符或太岁克日干，上司对自己不满，也要注意与上司的关系。

日干下临丙，个人要谦虚，防固执，不要集权，要多民主为宜。

日干下临己、辛、癸，应注意个人修养，克服私欲，防止贪占行为。

时干克日干，要注意与下级或其他员工、群众的关系。另外，在事情多的情况下，要分清主次矛盾，妥善处理，不要眉毛胡子一把抓。

日干克月干，和同级要多沟通，加强友邻关系。

月干克日干，同事对自己不满，要注意和同事的关系。值使门克日干，在办事时，要注意和具体办事人员处好关系。

开门克日干，在单位不受欢迎，或工作担子重。若日干旺相，应敬业工作，若衰弱或逢开门空亡，应离开该单位。

日干逢冲或临马星，应做好思想准备，可能有出差、调动事出现。

日干逢合，调动、出差少，不能有调动、跳槽思想，即使想动也会因事而绊。

伏吟局，应伏而不动或后发制人。

反吟局，须积极主动、大张旗鼓去做事，也可乱中取胜，用神衰时要慎防半途而废。

遇击刑，工作劳累、急躁、破财或有凶灾，应注意休息或控制情绪，检验各种防范措施，慎防出现凶灾。

年轻人求测逢用神衰，老年人求测逢用神旺，且庚在内盘冲克日干，年命又带丧门、吊客者，要防大的凶灾。用神入墓，若再被庚、太岁克，格局又差，要防官灾或没有作为，应制定切实可行的、能够实施的、有作为的方案。

玄武为暧昧之神。乙（女）、庚（男）若乘玄武，小心婚姻出现第三者或受骗。日干乘玄武或遇壬加辛格局，也要防上当受骗。甲子戊落三宫击刑，可能有大的开销，若甲子戊上乘玄武，防止钱财被骗。

遇九遁格，一定要多变换方式、方法做事情。

逢三诈五假格，要设计谋做事情。

女老板测年运　无牵挂出国门

2006 年 2 月 8 日下午我乘的飞机平稳落在了某城市机场，第二天一早，宏顺公司的总经理路某见了我。路总 1974 年出生，33 岁，开办公司好几年，已是拥有亿万资产的女中豪杰了。虽和路总接触过几次，但也了解不多，路总先发了话："杜老师请你来主要是看看我今年各方面运气如何？应该注意点什么？符号上怎么显示，就怎么说，我今年想出国，企业能管好吗？"

我也是直爽的人，起好格局，思索了一会儿，迅速归纳了十几点意见，开门见山说：

1. 年运总体不错，有利策划，工作上比较操心，利走后门，企业仍是有发展势头，但困难较大。

2. 你能出国，在国外可以操控企业。

路总插话："我丈夫能出国吗？要是出国辞职好还是不辞职好？"

3. 丈夫可以出国，但暂不能辞职，其单位有人议论，但因为丈夫处于旺相状态，故无大碍。

4. 利收回资金，做工程时甲方拖欠的工程款能及时收回。

5. 财运较大，今年多处赚钱赢利，企业可获利润 600 万或 1000 万。

6. 今年不宜大投资，每项投资应策划后再去决定投不投资。

7. 公司团队精神强，内部有变化但不会受影响大局，因为你的管理是人性化管理。

8. 小孩子开销比较大，格局中显示破财。

9. 你身体仍不好，能治，但是时间比较长。

10. 上级太岁支持，但对方贪财，你能控制住对方。

11. 婚姻不错（其虽是初婚，但丈夫的原配病亡后与其再婚）。

12. 企业项目变化，若有收购则利，但收购有困难。

13. 同行竞争激烈，对手会变换手段，我们会很快发现，但采取措施有些慢。对手对我们抵触情绪大。

14. 年计划利润虽然定的有点高，但总体能实现，比较迟缓。

15. 凶灾不会出现。工作中有官司事，比较缠手。

策略和建议：

1. 企业立足点还是要做熟人、老客户的业务。

2. 利收敛欠账，这点你尽量放心，客户不会欠账不还。

3. 做事应求稳。

4. 内部应坚持以制度管人，企业的愿景，员工的利益要统筹兼顾，多搞一些企业文化活动，增强企业凝聚力，加强团队精神。

5. 防小人陷害，特别是涉及工作方面的事情。

我以格局讲了路总今年各方面的情况后，路总讲："你的分析有些和我考虑的一致，有些还是未知数，你的意见我会作为重要参考依据考虑。"

事实是：路总在我预测后不久就出国了，按说总经理远在国外，其公司可能受到严重影响，但路总平时实行的是人性化管理，分配制度好，还每年都组织骨干员工外出旅游，企业团队精神强。同行虽然竞争较激烈，但路总一直做老客户的业务，公司发展前景看好，再加上公司实行 OA 办公软件系统，路总可以远程掌控整个公司；公司 2006 年实现利润 1100 万元，另外，路总在国外廉价买进房产稍进行装修再卖出又赚了 100 多万人民币；甲方拖欠的工程款也及时收回；其爱人受年龄限制，已无实质性工作，虽出国，但没辞职，工资、福利待遇照拿；两个小孩在国外上学，每年费用要 3 万多美金，确实开销较大；路总的病是慢性病，也没大碍，打算今后在国内手术治疗。因路总的企业是利税优良单位，上级非常支持，但有个别领导因受贿受到了处分，路总也受到一些牵连，但因防范较好，无实质性问题，故无大碍。

奇门格局：

公元：2006年2月09日7时43分

干支：丙戌年庚寅月己巳日戊辰时，阳五局，甲子旬，天禽星值符，死门值使。

九地 景门乙 天辅星乙	九天 死门壬 天英星壬	直符 戊惊门丁 天芮星丁
玄武 杜门丙 天冲星丙	戊	螣蛇 开门庚 天柱星庚
白虎　马 伤门辛 天任星辛	六合 生门癸 天蓬星癸	太阴　空 休门己 天辛星己

分析依据：

1. 为什么说路总的总体年运不错，企业有发展势头？

日干己为求测人落乾六宫，宫中得天心吉星、休门吉门和太阴吉神，说明运势不错。年命（甲寅）癸落坎宫处临官禄地，得生门吉门、六合吉神，也表明年运较佳。日干己上乘太阴利思考策划，下临地户己为阴沟里办事，利走后门。开门为企业落兑七宫，宫中庚处旺相，说明企业有发展势头，但庚又为白虎的代表符号，主阻力，故企业发展还存困难。

2. 为什么说在国外操控企业？

日干己为求测人落乾六宫，阳遁局乾宫为外盘，主外地、国外，开门为企业落兑七宫，二者落宫比和，且开门上乘螣蛇主缠绕，表明求测人不会离开现在的企业，到国外后仍会对该企业进行操控。

3. 为什么说丈夫可以出国，但暂不能辞职？

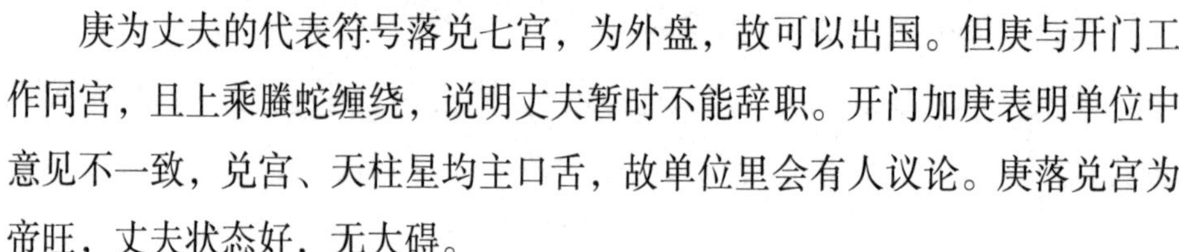

庚为丈夫的代表符号落兑七宫，为外盘，故可以出国。但庚与开门工作同宫，且上乘螣蛇缠绕，说明丈夫暂时不能辞职。开门加庚表明单位中意见不一致，兑宫、天柱星均主口舌，故单位里会有人议论。庚落兑宫为帝旺，丈夫状态好，无大碍。

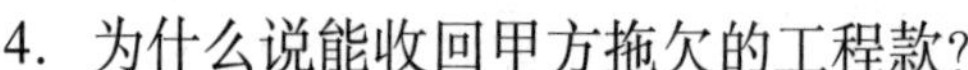

4. 为什么说能收回甲方拖欠的工程款？

大局伏吟利讨债。值符为债主，天乙天芮星为欠债人，二者同落坤宫，伤门为讨债人落艮八宫，与值符、天芮星落宫比和，也说明欠款能即时收回。

5. 为什么说今年财运较大？

生门为财运落坎一宫，与日干已、年命癸为相生、比和的关系，且年命癸处临官禄地，说明今年财运较大。生门上乘六合，六合代表数量多，即多方来财，多处赚钱赢利。坎宫主 1、6 数，结合实际情况，今年企业可获利 600 万或 1000 万。

6. 为什么说今年不宜大投资？

虽然上边已分析，求测人财运较好，但该局中九星伏吟利主不利客，故不宜进行大的投资，在每项投资前都应先做好利弊分析，方能避免破财，赚钱赢利。

7. 为什么说公司团队精神强，路总的管理是人性化的管理？

时干戊为公司的员工，值符为公司各部门的管理人员，值使死门为具体办事人员，三者分别落坤宫和离宫，为相生比和的关系，说明公司团队精神强，大家关系较融洽。日干已为路总，受值符、时干所生，且宫中格局均吉利，表明路总的管理是人性化的管理，其受到员工们的支持和爱戴。开门公司上乘螣蛇主变化，说明公司内部会发生变化，但宫中庚和天柱处旺地，此变化不会影响大局。

8. 为什么说小孩开销较大？

大局九星伏吟主破财。时干戊为孩子，戊又为资金、资本，戊下临戊也表明孩子开销比较大。

9. 为什么说身体不太好？

时干临天芮病星，说明身体不太好。天芮病星落坤二宫，坤主腹，故断其腹部有问题。乙奇为医生落巽四宫克天芮病星落宫，说明此病能治，但大局伏吟主时间长，一时难以治好。

10. 为什么说上级贪财，路总能控制住对方？

值符为直接领导落坤二宫生日干己六宫，故领导对其不错。年干丙为上级领导落震三宫，宫中上乘暧昧之神玄武，且丙处沐浴状态，说明上级领导贪财。日干落乾宫克太岁丙落宫，路总能控制住对方。

11. 为什么说不会有凶灾？

庚为凶灾落兑七宫，阳遁局七宫为外盘，庚在外盘凶灾不来。且庚与日干己为比和的关系，也表明无凶灾。

12. 为什么说婚姻不错？

因为丈夫曾经有过婚史，故乙为妻子为路总，则丙为丈夫。乙落巽四宫处沐浴状态，丙为丈夫落震三宫也处沐浴，二者落宫比和，且乙落宫中得天辅吉星和九地吉神，说明夫妻婚姻关系较佳。

13. 为什么说收购某企业有利，但收购有困难？

大局伏吟利买货，故收购有利。开门为该企业，上乘螣蛇，企业的项目有变化，逢庚为阻力，收购有困难。

14. 为什么说同行竞争激烈，会变换手段，而我们采取措施慢？

月干庚为同行落兑七宫，宫中庚加庚兄弟雷攻说明同行竞争相当激烈，上乘螣蛇主变换，对方会变换手段。宫中逢开门主公开，保不住密，故我方会很快发现，但大局伏吟主速度慢，我们即使知道也不会很快采取措施。

15. 为什么说计划虽然定得有点高，但总体能实现？

景门为计划落巽四宫，宫中乙奇处沐浴状态为想好事，说明定的计划稍高。日干己为求测人落乾宫克景门落宫，主求测人通过努力，基本上能使计划得以实施。但因大局伏吟，整个计划完成得比较迟缓。

16. 为什么说要做熟人、老客户的业务?

大局伏吟主内部，故今年的生意还需要继续做好熟人、老客户的业务。

17. 为什么说今年利收敛欠账?

该局九星伏吟，伏吟利讨债，故今年可加大力度，把各方所欠债款收回来。

18. 为什么说今年做事应求稳?

伏吟局利静不利动，凡事都应求稳，不可操之过急。

19. 为什么说内部应坚持以制度管人，企业的愿景，员工的利益要统筹兼顾?

景门为制度落巽四宫，宫中天辅星、乙奇、九地，表明制度制定的合理且时间久远。时干戊为员工落二宫，景门克二宫，应靠制度管理员工。生门为利润落坎一宫，宫中有癸加癸，癸为脏水，要分一部分利润给员工，以达到阴阳平衡，增强团队精神。

20. 防小人陷害?

日干宫中上乘太阴，下临地户己，表明必有人陷害，自己做事要合法，但也要防小人。

二十一、误判错断

粗心误断错判，认真才是根本

朋友刘某来访，正聊到兴头上时突然话锋一转，问道，我的孩子快考博士了，你看他能考上吗？我看了看格局答复考不上。再次见到刘某时，刘某说杜总，你测的不准啊，我的孩子已经考上了博士。上次你说完，回去后跟我们孩子一说，孩子天天晚上加紧复习，结果还不错，终于考上了。我听了后，回家翻出当时的格局，发现自己确实当时没用心，这也反映出我做事马虎，学艺不精。教训是深刻的，特别是当你较熟悉奇门遁甲术的时候，更要认真对待每一次预测，要知道每一次预测对整体可能是百分之一，但对个人则是百分之百，所以越是顺的时候，越是要细心，否则，会酿成大错。

奇门格局:

2007年3月16日20时30分

丁亥年壬寅月己酉日甲戌时，阳三局，甲戌旬，天辅星值符，杜门值使

直符 杜门己 天辅星己	螣蛇 景门丁 天英星丁	马太阴　空 死门乙 天芮星乙
九天 伤门戊 天冲星戊		六合　空 惊门壬 天柱星壬
九地 生门癸 天任星癸	玄武 休门丙 天蓬星丙	白虎 开门辛 天心星辛

错误的分析依据:

1．首先大局伏吟，代表考学的事不顺利。

2．此儿1983年出生，年命为癸，在沐浴状态，不旺，又癸加癸天网四张，因此断考不上大学。

正确的分析依据:

1．日干、时干均为己，同宫且处帝旺位，断考学一般旺主学习成绩好，能考上。

2．太岁为丁，时干为其子与太岁相生，也为考上之相。

3．其子年命为癸，在沐浴状态，说明其极想考博士，年干丁也生其子年命癸落宫，也表明能考上博士。

后　记

经过几易其稿，这部《百事》终于将要付梓了。但是，我总觉得意犹未尽。一是所谓百事，很难概况世间万事。无论是人生旅途，抑或是居家生活，需要预测并谋划的事情很多，涉及的谋略和策划广博而庞杂。我自己感到很难全部包罗。所以，所谓“百事”，难免挂一漏万。二是当今社会，万事万物都成为人们关注的对象，小到邻里关系，大到国际纠纷，都有人想要预测。尤其是世界经济一体化的进程，美元黄金的价格，已经影响到我们国人的钱包，所以，预测关系到人们的抉择和谋略，大家都想知道。但是，我这一部书，不能解决各方面的预测问题。

另外，关系到人们生活、居住的环境科学与科学的风水理论，咨询者甚多。我也积累了大量的案列。为了着意突出周易与环境科学及风水理论的实用性，我已经在着手编著《周易与环境》，因此，这部书中不再涉及这一领域的问题。

预测是奇门遁甲的低级阶段，谋划、趋吉避凶才是奇门遁甲的高级阶段。易学博大精深，而本人才疏学浅、知识面有限，预测原则和对事情的谋划运筹多是我个人实践体会，难免会出现一些错误，希望大家斧正。

此书的出版首先感谢易友刘成云、王瑞民，以及学生杜少平、郭军飞、杜少宁、黄振峰、王建、邢俊的帮助，我的朋友梁勇、马恒君、安国辉、朱宏亮、石延博、丁利民、王久升、刘国华、刘志华等先生在我成书的过程中给予了大力帮助，在这里一并表示深深的谢意。

联系地址：河北省石家庄市光华路 9 号博雅庄园 5 号楼 2 单元 402 室
邮编：050000
收信人：杜新会
博客网址：http：//blog. sina. com. cn/qq228815613

2011 年夏于石家庄博雅庄园

图书在版编目（CIP）数据
周易与百事/杜新会　著. —北京：新星出版社，2011. 10
ISBN　978-7-5133-0418-4
Ⅰ. ①周…　Ⅱ. ①杜…　Ⅲ. ①周易-通俗读物　Ⅳ. ①B221-49
中国版本图书馆 CIP 数据核字（2011）第 208095 号

周易与百事

杜新会　著

策　　划：世纪拓普
责任编辑：梓　若
责任印制：韦　舰
装帧设计：文渊阁图文工作室

出版发行：新星出版社
出 版 人：谢　刚
社　　址：北京市西城区车公庄大街丙 3 号楼　100044
网　　址：www. newstarpress. com
电　　话：010-88310888
传　　真：010-88310899
法律顾问：北京市大成律师事务所

读者服务：010-88310800　service@ newstarpress. com
邮购地址：北京市西城区车公庄大街丙 3 号楼　100044

印　　刷：北京龙跃印务有限公司
开　　本：710×1000　1/16
印　　张：22. 25
字　　数：300 千字
版　　次：2011 年 10 月第一版　2011 年 10 月第一次印刷
书　　号：ISBN　978-7-5133-0418-4
定　　价：38. 00 元